terra
NaturReiseführer

Namibia

August Sycholt

Tecklenborg

terra NaturReiseführer – eine Chance für den sanften Tourismus?

Dem Massentourismus ist sehr viel Natur zum Opfer gefallen. Der Versuch, den Ballungsräumen in eine »intakte Natur« für die kostbaren Wochen des Jahres zu entfliehen, misslang. Denn der Ruhe und Naturgenuss suchende Mensch wurde im Touristikboom schnell wieder in die Massen einbezogen. Der Massentourismus wälzte sich, da er fortlaufend seine eigenen Existenzgrundlagen zerstört, bis in die letzten Winkel der Erde. Mit größter Sorge betrachten Naturschützer in aller Welt diese Entwicklung.
So wurde der Tourismus als nicht natur- und umweltverträglich gebrandmarkt. Nicht ganz zu Recht! Denn nicht wenige der unersetzlichen Naturreservate der Welt konnten gerade wegen des Tourismus gesichert werden, der manchen Staaten mehr harte Währung einbringt als eine Umwidmung dieser Flächen zu anderen Formen der Nutzung. Durch gezielte Lenkung des Besucherstromes ist es möglich, die Schäden gering zu halten, aber großen Nutzen zu bewirken.
In Afrika und in Südostasien gelingt es offenbar besser, Naturreservate zu erhalten als in Mitteleuropa. Es fehlt aber an Information und an Personal, das die Schutzgebiete überwacht, Besucher betreut und für die Erhaltung der Natur wie für die Einhaltung der Schutzbestimmungen sorgt, den Besucherstrom also sinnvoll lenkt. So bleibt der Naturfreund auf sich allein gestellt, wenn er Natur erleben will, ohne sie zu zerstören.
Die Serie »terra NaturReiseführer« will Naturfreunden helfen, sich schöne Landschaften mit einem reichhaltigen oder einzigartigen Tier- und Pflanzenleben auf eine »umweltverträgliche« Art zu erschließen.
Ein Tourismus, der auf Information aufbaut und dessen Ziel die Sicherung der Naturschönheiten ist, wird vielleicht eine Wende zu ihrem wirklich nachhaltigen Erhalt bringen. Unberührte Natur, naturnahe Landschaften und frei lebende Tiere und Pflanzen haben ihren besonderen Wert.
Aber er wird nicht zum Nulltarif auf Dauer zu erhalten sein.

Dr. Einhard Bezzel
Prof. Dr. Josef H. Reichholf

Einführung 9

Reiseziele 22

Inhalt

Tiere und Pflanzen 160

Nützliche Reiseinformationen 210

Anhang 255

Essays und Übersichten

Das »Land der großen Stille«,

wie Namibia von manchen Kennern genannt wird, verheißt unbegrenzte Natur, Sonne, Sand und Meer, weite Horizonte, stahlblauen Himmel, Freiheit und himmlische Ruhe unter sternübersätem Wüstenhimmel, die mancher lärmgeplagte Europäer beinahe als utopisch empfindet. Schnell wird er aber dem zwanglosen, nonkonformen Rhythmus verfallen, der im »Anti-Stress-Land« schon zur Überlebensstrategie gehörte, als Buschleute und andere Ureinwohner ungestört durch das weite Land streiften.

Gott schuf Namibia im Zorn, meinten die kleinen Jäger, die ohne Vierradantrieb auskamen und die durchschnittlich 315–330 Sonnentage im Jahr wohl nicht so recht würdigten.

Ein Wunder, dass hier in einer der trockensten Regionen der Erde 180 000–200 000 Pflanzen- und Tierarten leben. Etwa 5 % davon, nämlich die auffälligeren »höheren« Organismen, sind bis heute dokumentiert worden. Deshalb warten große Aufgaben auf die Naturkundler. Jeder aufmerksame Besucher kann forschend und staunend durch herrliche Landschaften fahren, die noch frei sind vom menschlichen Einfluss, belebt von Afrikas Großtieren, von denen europäische Zoos nur Ahnungen vermitteln können.

Safaris und Reisen durch Namibia wirken wachsender Naturentfremdung entgegen, der sich besonders junge Menschen ausgesetzt fühlen. Der enge Kontakt baut Ängste ab vor der Zerstörung der Natur

Die berühmten Sanddünen des Sossus Vlei.

und die Gewissensbisse, die sich beim Kontakt mit der Natur immer öfter einstellen. Das »Durstlandparadies« ist aber auch begehrtes Ziel geworden, weil es so ganz anders ist als alle anderen. Für deutsche Besucher repräsentiert es natürlich auch ein Stück eigene Vergangenheit, versteckt hinter einem verheißungsvollen Horizont.

Das während langer Kolonialzeit gebeutelte Namibia erhielt 1990 als eines der letzten Länder Afrikas seine Unabhängigkeit und war das erste Land der Welt, das Umweltschutz und Naturschutz verbunden mit Dauernutzung ohne Ausbeutung ausdrücklich im Grundgesetz verankerte. Umweltverschmutzung nimmt zu, auch wenn die Staubfahnen, die zu schnell fahrende Autos auf den 28 000 km langen, guten und schlechten Schotterstraßen hinter sich herziehen, eher ärgerlich aber nicht gefährlich sind.

Größe, Lage, Grenzen

Namibia ist extrem dünn besiedelt. Auf jeden Quadratkilometer Landesfläche kommen weniger als 2,4 Einwohner. In Deutschland sind es 231. Nur knapp 1 % des Landes kann bewässert werden.

Mit 824 269 km² ist die »Republic of Namibia« mehr als anderthalb Mal so groß wie Deutschland, Österreich und die Schweiz zusammen. Trotz abgelegener Randlage im ariden Südwesten des afrikanischen Kontinents ist Namibias Infrastruktur erstaunlich gut entwickelt. Das ist hauptsächlich eine Folge militärischer Zwänge während der südafrikanischen »Kolonialzeit«. Vom 32 760 km langen Straßennetz sind fast 5000 km geteert. Annähernd 30 Städte und Dörfer sind daran angeschlossen. Das zeigt, wie dünn besiedelt das Land ist. Durch die Randlage sind die Verbindungen zu den Nachbarn beschränkt. Die Ausnahme bilden die Verknüpfungen mit Südafrika, das am Oranje River (englisch: Orange River) im Süden an Namibia grenzt und noch immer großen wirtschaftlichen Einfluss besitzt. Im Osten liegt Botswana, im Norden Angola, und am Ende des Caprivistreifens grenzt Namibia an Sambia und Simbabwe. Im Westen schließt der Atlantik die 1500 km lange und 80–130 km breite Namibküste ab. Landesgrenzen wurden während der Kolonialperiode im 19. Jahrhundert willkürlich, ohne Rücksicht auf die einheimische Bevölkerung gezogen. Dadurch sind Konflikte im gesamten Afrika vorprogrammiert.

Erdgeschichtliche »Augenblicke«

Die Abdrücke von Schulter, Brustkorb und Klauen eines Dinosauriers, die eine internationale Gruppe Geologen und Paläontologen aus den 200 Mio. Jahre alten Sandsteinkliffs des Waterberg-Plateau-Parks (Reiseziel 11) freilegte, wecken Erwartungen von weiteren reichen prähistorischen Funden in Namibias neuem »Jurassic Park«. Wahrscheinlich handelt es sich um einen *Massopondylus*, einer der ältesten bekannten Dinosaurier. Das riesige, pflanzenfressende Reptil aus dem Erdmittelalter durchstreifte die endlosen Ebenen des südlichen Afrikas unter wüstenähnlichen Bedingungen. Vermutlich ähnelte die damalige Landschaft der heutigen Kalahari, die vor Zehntausenden Jahren die reine, saharaähnliche Sandwüste durch die gegenwärtige tierreiche Trockensavanne ersetzte.

Noch zu Lebzeiten des *Massopondylus* traten erste Säugetiere in unbedeutender Zwergform in Erscheinung. Lange vorher war Namibia vorübergehend in ein Urmeer untergetaucht, in dem sich Sedimentgesteine bildeten, die große Teile des Landes als Damara-System im Norden und Nama-System im Süden bedeckten. Sie vermischten sich mit Sedimentformationen des Karoo- und Kalahari-Systems und prägen noch heute das Gesicht des Landes. Ferner beeinflussten ausgedehnte Eiszeiten das südliche Afrika vor etwa 250 Mio. Jahren zwischen Karbon und Perm. Die gewaltigen Eisschichten hinterließen Ablagerungen mit zahlreichen Felsblock-Einschlüssen, die auch in der Namib vorkommen. Aufwölbungen, Brüche und Senken veränderten die Erdoberfläche weiter. Magma aus dem Erdinneren und Lava strömten über das Land und hinterließen ihre Spuren. Brandberg, Spitzkoppe und Erongo-Berge sind 120 Mio. Jahre alte Zeugen dieser erdgeschichtlichen Ära, die mit den letzten Eruptionen des Vulkans Brukkaros vor etwa 90 Mio. Jahren zu Ende ging. Im Erdmittelalter, vor gut 100 Mio. Jahren, erhielt der aus dem zerspaltenen Gondwanaland entstandene Kontinent Afrika seine endgültige heutige Form.

Über 50 % der Landmasse des Subkontinents sind heute von Wüste bedeckt. Die Namibwüste, eine »kalte« Küstenwüste, entstand vor etwa 40 Mio. Jahren. Sie bedeckt das Land im Westen in einer Länge von 1350 km und 50 – 160 km Breite. Sie endet an den aufgewölbten Rändern des binnenländischen Hochplateaus, das im Osten in das Kalahari-Becken übergeht. Im Norden reicht das größte Sandbecken der Welt weit über das südliche Afrika hinaus. Es wird von einer großen Senke unterbrochen, die der Okavango River bewässert, bevor er im Sumpfland des Okavango-Deltas von Botswana endet. Im Süden reicht die südafrikanische Karoo bis nach Namibia hinein, während die Namibwüste etwa am Olifants River in Südafrika endet.

Dicker Wilhelm, einer der durch Verwitterung entstandenen vielen Inselberge der Äußeren Namib.

Vegetationsformationen

Die wichtigsten Vegetationsformen Namibias sind Savanne (64 %), Trockenwald (20 %) und Wüstenvegetation (16 %).
Etwa 25 % des Landes sind noch mehr oder weniger reine Wildnis. Der größte Teil davon besteht aus staatlichen Schutzgebieten. Weitere 45 % sind Kultursteppe. Dieses Land gehört etwa 4000 überwiegend weißen Farmern.
Folgende Vegetationsregionen lassen sich abgrenzen (vgl. Vegetationskarte S. 13):
Die **Nördliche Namib** ist eine Schotter- und Nebelwüste in der hauptsächlich Flechten und einzelne Zwergsträucher wachsen. Der Skelettküstenpark (Reiseziel 46) nimmt den größten Teil ein. Zur **Mittleren Namib** gehören das Gebiet zwischen Swakopmund, Walfischbucht und Robbenkolonie am Kreuzkap (Reiseziele 56, 57, 61) sowie das Namib-Wildreservat (Reiseziel 60) mit ausgedehnter Schotterwüste, Welwitschia-Flächen und Baumbeständen an den Trockenläufen. *Stipagrostis*-Gräser gehören zu den dominierenden Pflanzenarten der **Südlichen Namib** mit dem Namib-Naukluft-Nationalpark (Reiseziel 62). Hier gibt es die hohen Sterndünen und ausgedehnte Felder von Wanderdünen zwischen Koichab und Kuiseb. Gräser tragen zu ihrer Stabilisierung bei. Lüderitzbucht (neuer offizieller Name ist Lüderitz, Lüderitzbucht aber immer noch gebräuchlich, von Deutsch sprechenden Einwohnern bevorzugt; Reiseziel 72) liegt am nördlichen Ende der bis zum Oranje River reichenden **Wüsten- und Sukkulentensteppe**, die vom Winterregengebiet am Kap der Guten Hoffnung gestreift wird.
Die ausgedehnte **Mopane-Savanne** geht nach Osten in Baum- und Waldsavanne über. Kaokoland (Reiseziel 37) und Etosha-

Der zur Ebenholzfamilie gehörende Falsche Ebenholzbaum ist wie kein anderer tief in die Namib vorgedrungen.

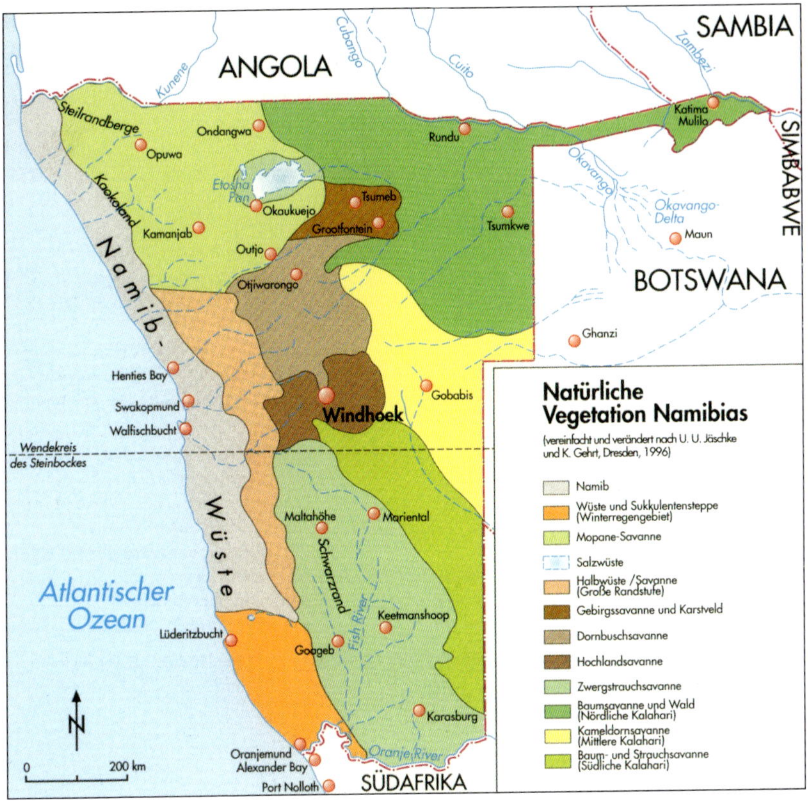

Nationalpark (Reiseziele 13–16) liegen in diesem Gebiet. **Salzwüste**, umgeben von Zwergstrauchsavanne, ist auf die Etosha-Pfanne und ihre engere Umgebung beschränkt. Im Übergangsraum zwischen **Halbwüste/Savanne** und **Großer Randstufe** liegen die interessanten geologischen Formationen des Damaralandes: Brandberg-massiv, Erongo-Berge, Spitzkoppe (Reiseziele 50, 51, 55) und das Naukluft-Massiv (Reiseziel 64). Im gebirgigen **Karstveld** versickern die meisten Niederschläge im durchlässigen Boden. Flüsse gibt es kaum. Im Westen erreicht die Kalkstein-Landschaft den Etosha-Nationalpark, dessen artesische Quellen teilweise aus dem verkarsteten Gebiet gespeist werden. **Dornbuschsavanne** beginnt nördlich von Okahandja und geht östlich der Waterberge (Reiseziel 11) in Kameldorn-Savanne über. Windhoek und Daan-Viljoen-Wildreservat (Reiseziele 1 u. 4) liegen im Herzen der **Hochlandsavanne**. Nach Süden hin folgt die ausgedehnte Zwergstrauchsavanne, die wie die Namib weit über den Grenzfluss Oranje River hinausreicht.

Baumsavanne und **Waldbestand** sowie Teile der **nördlichen Kalahari** bilden ein vielfältiges Areal vom Ovamboland (Reiseziel 34) ostwärts zum Caprivistreifen (Reiseziele 22–30) und weiter nach Botswana und Simbabwe (Reiseziele 31–33). Der übrige

Teil wird vom abflusslosen Sandveld der Kalahari geprägt. Der Khaudum-Wildpark (Reiseziel 21) liegt in dieser Trockenzone. In der **Mittleren Kalahari** überwiegt Kameldorn-Savanne. Diese Region zieht nur wenige Besucher an. Kameldorn und vielseitiger Weißstamm gehören zu den landschaftsprägenden Bäumen. In der **Südlichen Kalahari** herrschen Baum- und Strauchsavanne vor. Sie unterscheidet sich landschaftlich wenig vom benachbarten 36 000 km² großen Kgalagadi Transfrontier National Park, der aus dem Kalahari-Gemsbok-Nationalpark in Südafrika und dem Gemsbok-Nationalpark in Botswana entstand.

Klima

Namibia ist eines der trockensten Gebiete der Erde. Der durchschnittliche Regenfall liegt landesweit bei 270 mm pro Jahr. Nur im Nordosten, im Caprivistreifen bei Katima Mulilo, wird ein Jahresdurchschnitt von 700 mm erreicht. Nach Westen, zur Namib hin, nimmt die Niederschlagsmenge rapide ab. Swakopmund und Walfischbucht erhalten höchstens 10 mm Regen jährlich. Zwei Jahreszeiten beherrschen das Land. Kühl ist es im Winter von Mai bis September, warm bis heiß im Sommer von Oktober bis April. Nach Norden hin nehmen jahreszeitliche Unterschiede ab. Die Großwetterlage wird bestimmt von kühlen stabilen Luftmassen entlang der Küste, bedingt durch den Einfluss des kalten Benguelastroms, der von der Antarktis her am westlichen Kontinentalsockel entlangstreicht, der Höhenlage des inneren Hochlandes und den Hochdruckeinflüssen der

Vielseitiger Weißstamm in den Naukluftbergen. Der landschaftsprägende knorrige Baum ist außerhalb der Dünennamib über das ganze Land verbreitet.

Land unter Wasserstress

Der zukünftige Wasserbedarf Namibias übersteigt bei weitem die vorhandene Kapazität seiner Flüsse. Die fast überall vorhandenen Grundwasserreserven sinken, das Wasser ist oft von schlechter Qualität, besonders im Gebiet von Etosha. Schon heute leidet Namibia an Wassermangel.
Nur die 5 Grenzflüsse Kunene, Kavango, Quando/Linyanti/Chobe und Sambesi im Norden sowie der Oranje River im Süden fließen ganzjährig. Da sie aber weit von den entwickelten Zentren entfernt sind, werden sie nicht optimal genutzt. Alle Inlandflüsse können jahrelang trocken liegen und dann plötzlich nach starken Regenfällen von Wasserfluten durchströmt werden.
Kein Wunder dass Regen oder sein Ausbleiben wichtigster Gesprächsstoff der Namibier ist. »Das Rivier kommt ab« (führt Wasser), ist eine der wichtigsten Nachrichten.
Manchmal läuft so ein Trockenfluss nur wenige Stunden. Im Osten, dem ursprünglichen Herero-Gebiet, heißen die Trockenflüsse »omurambas«.
Es sind keine wirklichen Flussläufe. Sie entstehen ohne Quellen und versickern irgendwo im Sand.

Durch den Sesriem Canyon fließt in guten Regenjahren Wasser bis ins Sossus Vlei, eine Attraktion für Fotografen, bis es im Dünensand versickert.

Lufttemperaturen in Namibia

Ort	Maximum (°C)	Monat	Minimum (°C)	Monat
Opuwo	40,4	Nov.	-4	Juli
Rundu	40,8	Nov.	-4,2	Juli
Etosha/Tsumeb	42,7	Nov.	-3,9	Juli
Swakopmund	35	März	+3,4	Juli
Windhoek	36,6	Dez.	-6,9	Juni
Lüderitzbucht	40,6	März	0,0	Juni

benachbarten nördlichen Passatbreiten. Diese Kombination ist nicht nur die Ursache für den geringen Regenfall, sondern auch der weit niedrigeren Temperaturen (Minimum 9 °C Juli – September, Maximum 20 °C Januar – März), als sie außerhalb der Namibküste zu erwarten sind. Sie bescheren über 300 Sonnentage jährlich. Tägliche Sonnenstunden: Caprivi 8 Stunden, Etosha 9 Stunden, zentrales und südliches Inland 10 Stunden. An der nebligen Küste bei Swakopmund scheint die Sonne nur 5,6 Stunden täglich. Hier beginnt jeder dritte Tag mit Nebel.

Die meisten regenlosen Tage und nur unregelmäßigen, sporadischen Regenfall melden die westlichen Trockengebiete. Dürreperioden dauern hier länger als gewöhnlich und sind schwerwiegender als in den anderen Regionen. Im feuchteren Nordosten wird der Regenfall regelmäßiger und intensiver. Die Regenzeit dauert hier etwa 5 Monate jährlich und nimmt nach Westen hin bis auf 1 Monat ab. Namibia ist Sommerregengebiet. Nur im Süden regnet es gelegentlich im Winter, wenn ostwärts ziehende Kaltluftfronten vom Kap der Guten Hoffnung weit nach Norden vorstoßen. Die Regenfälle beginnen im Oktober/November, meist im Norden. Der Höhepunkt, wenn überhaupt, ist im Januar/Februar zu erwarten.

Grundsätzlich steigt die potenzielle Evaporation (Verdunstung) im zentralen Gebiet an. Das Binnenhochland ist charakterisiert von einer Verdunstungsrate, die den durchschnittlichen Regenfall übertrifft. Unglücklicherweise fällt die Periode höchster Evaporation mit der Sommersaison zusammen. Das Landwirtschaftspotenzial wird dadurch sehr beschränkt.

Die Temperaturen an der Küste sind im Durchschnitt mäßig kühl (15 – 20 °C), im Inland mäßig warm (20 – 25 °C). Die Temperaturunterschiede zwischen Tag und Nacht sind im Inland wesentlich größer als an der Küste.

Kurzfristig hohe Temperaturen an der Küste zum Ende der warmen Jahreszeit und am »Winteranfang« werden durch warme, trockene und staubtragende östliche Fallwinde verursacht. Sonst herrschen entlang der Küste kräftige südliche und südwestliche Winde vor. Der Wind im Inland ist wechselnd und generell schwächer.

Kühle Luftmassen über dem kalten Meer werden von trockenen, wärmeren Luftmassen überlagert. Das Ergebnis ist eine anhaltende Temperaturumkehr mit einer Luftfeuchtigkeit über 80 %, ideal für die

Bildung von Nebel und niedrigen Schichtwolken. Meerestemperatur in der Brandung: im Sommer 16–18 °C, im Winter 13–17 °C.

Geschichte

Erste Menschenspuren in Namibia stammen aus frühester Steinzeit vor 1–2 Mio. Jahren, als Affenmensch und Urmensch nebeneinander im südlichen Afrika lebten. Namibias älteste Felsmalereien wurden im Süden des Landes gefunden. Sie sind wahrscheinlich weit älter als 25 000 Jahre, die jüngsten Malereien etwa 2000 Jahre alt. Um diese Zeit gab es am Brandberg, dem Gebiet der reichsten Felsmalereien, bereits Ziegen und Schafe. Hirten könnten deshalb die Jäger und Sammler verdrängt haben. Allgemein wird **San**-Künstlern die namibische Felsenkunst am Brandberg, im Damaraland, in den Erongo-Bergen und an anderen Stellen zugeschrieben. Noch ist keineswegs sicher, ob wirklich nur sie die Urheber waren.

Aus einigen Jäger-Sammler-Gemeinschaften der San wurden Viehzüchter. Sie nannten sich **Khoikhoi**. Bei den Europäern, die ihnen zum ersten Mal am Kap der Guten Hoffnung begegneten, hießen sie Hottentotten oder **Nama**. Erst zu Beginn europäischer Zeitrechnung wanderten zum Bantu-Sprachkreis gehörende Bauern aus dem Norden ein und besetzten das heutige Ovamboland im nördlichen Namibia. Als der portugiesische Seefahrer Diego Cão im Januar 1486 an der namibischen Skelettküste landete, hatten **Herero** aus Südangola längst den Kunene überquert und drangen zu besseren Weidegründen nördlich der Etosha-Pfanne vor. Hier wurden sie von den **Ovambo** nach Westen in das gebirgige, unwirtliche Kaokoland abgedrängt, wo sie als Hirtennomaden lebten. 200 Jahre später entschied sich die Mehrzahl für das menschenfreundlichere zentrale Namibia.

Um diese Zeit benutzten englische und amerikanische Walfänger die Lüderitzbucht, Walfischbucht und Sandwichhafen als Stützpunkte beim Walfang, Robbenschlagen und Guano-Abbau. Sie kamen mit Khoikhoi in Kontakt, die ab 1750 aus der Kapkolonie das Territorium nördlich des Oranje River besiedelten. Die Khoikhoi gehörten zu den teilweise gemischtrassigen **Orlam**-Stämmen, die von weißen Kolonisten aus dem Kap der Guten Hoffnung verdrängt worden waren. Bei Windhoek trafen sie auf das Hirtenvolk der Herero und drängten es mit ihren riesige Rinderherden auf die Grassavannen zwischen Erongo und Waterberg zurück. Sie besetzten auch den Ort mit den heißen Quellen und nannten ihn Winterhoek, nach ihrer Heimat am Kap.

1805/06 kamen die ersten deutschen Missionare aus Südafrika über den Oranje nach »Great Namaqualand«. Ihnen folgten Händlerkarawanen und Großwildjäger, die reiche Beute an Elfenbein und Straußenfedern machten. Zuerst schossen sie das Hereroland am Omatako leer und verringerten den Wildbestand in der Etosha-Region beträchtlich. Missionare versuchten, den andauernden blutigen Konflikt zwischen Nama und Herero zu schlichten. Bewusst oder unbewusst bereiteten sie damit die deutsche Kolonialisierung vor. Als der Bremer Kaufmann Adolf Lüderitz 1883 vom Nama-Kapitän Joseph Frederik die Lüderitzbucht und umliegende Wüste erstand, waren die Missionare auch dabei. 1884, ein Jahr später, erklärte Reichskanzler Bismarck das Territorium vom Oranje River bis zum Kunene zum deutschen Schutzgebiet. Adolf Lüderitz musste seine Rechte an die Deutsche Colonial-Gesellschaft abtreten. Nach einer Goldsuche ertrank er im Atlantik unweit der Oranje-Mündung.

Das Reich schloss mit einheimischen Führern »Schutzverträge« ab. Zur Bekräftigung landete 1889 die erste Schutztruppen-Abteilung in Swakopmund und baute 1890 eine Festung in Windhoek, das dadurch buchstäblich über Nacht zum größten Ort der Kolonie Deutsch-Südwestafrika wurde. Im gleichen Jahr tauschte das Deutsche Reich die ostafrikanische Insel Sansibar gegen Helgoland und einen schmalen Landstreifen zwischen Angola und Botswana, um sich einen Zugang über den Sambesi zu den Kolonien in Ostafrika zu verschaffen. Erst durch den modernen Tourismus wurde der nach dem damaligen Reichskanzler Georg Leo Graf von Caprivi de Caprera de Montecuccoli benannte Caprivistreifen eine wichtige Verbindung zum inneren Afrika.

Durch die Caprivi-Doktrin, »erhalten, aber nicht vermehren«, begann sich das neue »Schutzgebiet« langsam zu entwickeln. Eisenbahnlinien wurden von Swakopmund nach Tsumeb und nach Windhoek verlegt und die aufständischen Einwohner immer wieder mit Gewalt »befriedet«. Höhepunkt war die »Schlacht am Waterberg«, nach der die aufständischen Herero von deutschen Truppen in die wasserlose Kalahari gedrängt wurden. Etwa 80 % der damaligen Herero-Bevölkerung von 80 000 kamen durch den brutalen Befehl des kommandierenden Generals Lothar von Trotha ums Leben. Der Völkermord wurde vom Generalstab in Berlin zu spät erkannt. Insgesamt verlief das weitere Wachstum für Kolonialverwaltung und Neusiedler im »wertlosen Sandloch« enttäuschend, bis es 1908 am Wüstenrand funkelte. Beim Sandfegen an der neuen Schmalspurbahn von

Mancher kleine Ort im Ovamboland scheint fast nur aus »Cuca Shops«, winzigen Tavernen am Straßenrand, die das angolesische Cuca-Bier anbieten, zu bestehen.

Lüderitzbucht nach Keetmanshoop wurden Diamanten entdeckt. Als sie dann in der Wüste wie »Pflaumen unter einem Baum« aufgeklaubt wurden, entstand ein kolossaler Diamantenboom. In Lüderitzbucht und auf den Diamantenfeldern ging es wild her, bis die »Deutsche Diamantenregie« Ordnung schaffte und den Segen für das Reich abschöpfte.

Der Erste Weltkrieg beendete alle Träume. Die schwache Schutztruppe kapitulierte bereits 1915 bei Tsumeb vor der Armee der Südafrikanischen Union unter Botha, die zum ersten Mal Automobile zur Kriegsführung in Afrika einsetzte. 1919 verlor das Deutsche Reich seine Kolonien endgültig durch den Vertrag von Versailles. Ein Jahr später stellte der Völkerbund das Territorium durch ein C-Mandat unter südafrikanische Verwaltung. Deutsch blieb als dritte Amtssprache erhalten. Nach 1961 versuchte die Burenregierung der Republik Südafrika, sich die Kolonie als fünfte Provinz einzuverleiben und das Land wie Südafrika in weiße Gebiete und »Bantu-Heimatländer« zu zerstückeln, in denen jeder nach seiner Manier selig werden sollte.

Die im Norden des Territoriums lebenden Ovambo begannen den Aufstand gegen die südafrikanische Besatzungsmacht. Sie erhielten globale Schützenhilfe, als der Internationale Gerichtshof in Den Haag 1971 die südafrikanische Okkupation für rechtswidrig erklärte. Obwohl die südafrikanischen Rassengesetze schon 1977 außer Kraft gesetzt wurden, blieb Apartheid ein alltägliches Ereignis im Territorium. Erst die eskalierende Konfrontation an der Nordgrenze Namibias, der Aufmarsch kubanischer Truppen, der Druck der Weltmeinung und wirtschaftliche Sanktionen zwangen Südafrika zum widerwilligen Nachgeben. Nach einer von der UNO überwachten Übergangszeit erhielt die von Sam Nujoma

Damarafrau, Pfeife rauchend

geführte SWAPO (South West African Peoples Organisation) bei den ersten freien Wahlen im Jahre 1989 die absolute Mehrheit. 1990 wurde Namibia als letzter Staat Afrikas unabhängig. Danach wurde das Land nach sozio-ökonomischen Gesichtspunkten in 13 Verwaltungsregionen eingeteilt.

Bevölkerung

Die Einwohnerschaft hat bereits die 2,5-Mio.-Marke erreicht. Trotzdem bleibt das Land einer der am dünnsten bevölkerten Staaten der Erde. Das Ovamboland ist die am dichtesten besiedelte Region. Hier leben an die 1 Mio. Ovambo, also etwa die Hälfte aller Namibier. Konzentriert in verschiedenen anderen Regionen siedeln Kavango (9 %), Herero (7 %), Damara (7 %), Nama (5 %), Caprivianer (4 %), San (3 %), Rehoboth Baster (2 %), Himba (0,9 %) und Tswana (0,5 %). Die Landeshauptstadt Windhoek ist mit etwa 450 000 Einwohnern die einzige Stadt mit über 100 000 Einwohnern, in der auch die meisten der 92 000 Weißen leben. Auch hier spiegelt sich die ethnische Gliederung wider. Etwa 87 % der Einwohner sind schwarz, 7,5 % gemischter und gut 5 % europäischer Abstammung. Etwa die Hälfte der Einwohner Namibias kann zur Zeit lesen und schrei-

Hererofrau in Katatura (Stadtteil von Windhoek)

Himbamädchen im Kaokoland

ben. Im Ovamboland erreicht die Rate fast 80 %. Durch ihren Anteil von etwa 90 % sind die christlichen Religionen besonders einflussreich.

Von den 28 in Namibia gesprochenen Sprachen wird Englisch als offizielle Lingua franca (7 %) immer wichtiger und soll das am weitesten verbreitete Afrikaans ersetzen, das von etwa 60 % der weißen Bevölkerung und vielen anderen Bürgern gesprochen wird. Deutsch folgt mit etwa 20 %. Unter den ca. 100 000 weißen Einwohnern sind etwa 25 000 deutscher Abstammung.

Weit verbreitet sind vor allem auch Oshivambo, Herero und Nama. Die größten Varianten bestehen zwischen den verschiedenen San-Sprachen, die sich aus den isoliert lebenden Gruppen entwickelten.

Während die Ovambo heute die politische Macht ausüben, beherrschen die weißen Einwohner immer noch zahlreiche Schaltstellen der Wirtschaft und repräsentieren über 70 % des Volksvermögens.

Wild- und Naturreservate

Namibias große Naturreservate entstanden früher als das zunächst dürftige »Sabie Sands Reservat«, der Vorläufer des Krüger-Nationalparks in Südafrika. Wie dort schien auch die Tierwelt Namibias zum Verschwinden verdammt, weil schießwütige Großwildjäger alles niedermachten, was sich bewegte. Zusätzlich geriet die Umwelt in Namibia durch die anschwellende Einwanderungswelle Anfang des 20. Jahrhunderts unter großen Druck. Friedrich von Lindequist stoppte den Niedergang im letzten Jahr seines Wirkens als Gouverneur (1905–1907). Er proklamierte 3 große Wildschutzgebiete. Wildschutzgebiet Nr. 3 war Vorgänger des heutigen Namib-Naukluft-Nationalparks. Wild-Schutzgebiet Nr. 2 schloss außer Etosha ein großes Stück des Kaokolandes ein und reichte bis an den Atlantik. Zeitweise war es fast 100 000 km² groß. Es schrumpfte in der Apartheids-Ära auf seine heutige Größe von 22 270 km² und wurde von den weiträumigen Wandergebieten der Großtiere abgeschnitten. Wildschutzgebiet Nr. 1 umfasste das Kaokoland (vgl. S. 91).

Nationalparks, Wildreservate, Naturreservate und Freizeitgebiete

Name	Größe (km²)	Reiseziel
/Ai-/Ais-Richtersveld Transfrontier Park	4611	84
Bwabwata National Park	6100	27
Dorob National Park (am 1. Dez. 2010 proklamiert, tritt a. d. Stelle des Nationalen Erholungsgebiets Westküste)	7800	56, 57, 59, 61
Etosha National Park (bereits 1907 proklamiert)	22 935	13
Khaudum Park	3842	21
Mamili National Park	320	29
Mangetti Park	420	22
Mudumu National Park	1010	28
Namib-Naukluft Park	49 768	62
Skeleton Coast Park	16 390	46
Sperrgebiet National Park	22 000	75
Waterberg Plateau Park	405	11

Dazu gehört auch eine Reihe kleiner und kleinster Naturschutzgebiete: Cape Cross Park, Daan Viljoen Park, Gross Barmen Park, Hardap Park, Naute Park, Popa Game Park, South West Nature Park, Von Bach Park.

Leutnant Adolf Fischer, Kommandeur der Garnison Namutoni 1906–1910, war Etoshas erster Naturschützer und Wildwart auf dem einsamsten Außenposten des Reiches. Er unternahm Patrouillenritte gegen Wilderer und beteiligte sich an wissenschaftlichen Expeditionen. Die erste sorgfältige Studie der Fauna und Flora des Gebiets (s. S. 255) stammt von ihm. Die letzten einschneidenden Änderungen der Schutzgebietsgrößen erfolgten in den vergangenen Jahren. Der Bwabwata-Nationalpark (s. S. 64) entstand 2007 aus dem Zusammenschluss von Caprivi-Nationalpark und Mahango-Nationalpark. Der Caprivi-Nationalpark wurde bereits 1968, der Mahango-Nationalpark 1986 gegründet. Im Osten schließt sich der Mudumu-Nationalpark an. Ende 2010 wurden 2 weitere Schutzgebiete neu proklamiert. Der neue Dorob-Nationalpark soll den Platz des bisherigen Nationalen Westküsten-Erholungsgebiets (s. S. 90) einnehmen. Ziel ist vor allem besserer Schutz der Landschaft und ihrer Fauna und Flora. Sie wurde in der Vergangenheit durch rücksichtslose Fahrten auf Schotterflächen und im Dünengürtel mit Geländewagen, Motorrädern und Quads erheblich geschädigt. Zur gleichen Zeit proklamiert wurde auch das Superschutzgebiet Namib-Skelettküsten-Nationalpark (s. S. 88) als eine allumfassende Einheit zu der die bestehenden Reservate und Nationalparks zwischen Kunene und Orange River gehören.

Reiseziele

1 Windhoek

Der Internationale Flughafen Hosea Kutako liegt in der Dornbuschsavanne 45 km östlich von Namibias Hauptstadt Windhoek. Er trägt den Namen von Herero-Stammeshäuptling Hosea Kutako und ist der einzige internationale Flughafen des Landes, der von der nationalen und mehreren internationalen Fluglinien (s. S. 215) bedient wird. Deshalb beginnt und endet hier fast jede Reise durch Namibia. Die kleine Großstadt ist für eine kurze Einstimmung in das »Durstland« geeignet. Wegen ihrer deutschen kolonialen Vergangenheit macht sie besonders neugierig. Ihre Architektur und Denkmäler aus der Wilhelminischen Ära sind wie ein vertrauter Brückenkopf, von dem aus man in eine fremde Welt eintaucht, der mit europäischen Maßstäben nicht immer beizukommen ist.

Da Namibia als Reiseland immer beliebter wird, sind vorheriges Planen und Buchen (s. S. 211 ff.) – besonders zur namibischen Ferienzeit und für die großen Wildreservate wie Etosha – unbedingt anzuraten.

Wer ohne Vorbereitung anreist, kann in Windhoek alles nachholen und zusätzliche Informationen einholen. Alle wichtigen Safariunternehmen, Autovermieter und Geschäfte für Campingbedarf bieten ihre Dienste an. Informationen sind beim staatlichen **Tourismusbüro** (s. S. 211) erhältlich. Naturfreunde gewinnen im **Nationalmuseum** eine erste Übersicht über Menschen, Tiere und Pflanzen des Landes. In der **Alten Feste** gibt es eine kulturhistorische Abteilung sowie die permanente

Die Dünen von Sossus Vlei sollen die höchsten der Welt sein. Besonders »Big Daddy« ist zum Touristenmagneten geworden.

Die Windhoeker evangelisch-lutherische Christuskirche wurde 1907–1910 aus Quarzsandstein erbaut. Inzwischen ist das Wahrzeichen der Stadt zum nationalen Denkmal erklärt worden.

Ausstellung namibischer **Felskunst**. Über Mineralien und Fossilien Namibias ist eine Menge im Museum des **Geologischen Landesamtes** zu erfahren. Die Auswahl an Restaurants ist gut, das Nachtleben nicht gerade aufregend. Wer auf koloniale Vergangenheit wenig Wert legt, kann Windhoek als Drehscheibe nutzen. Seitdem der **Transkalahari Highway** 1998 eröffnet wurde, führen gute Teerstraßen in alle vier Himmelsrichtungen zu allen denkbaren Zielen. Er verkürzt die Verbindung Windhoek–Johannesburg um 500 km auf 1400 km. Die Entfernung nach Kapstadt beträgt ebenfalls 1400 km.

Allein Windhoek, Namibias einzige Großstadt, ist mit ihrer weiteren Umgebung für Naturfreunde bereits so erlebnisreich, dass es sich lohnt, zumindest ein paar Tage des wertvollen Übersee-Urlaubs hier zu verbringen. Der Reiz der afrikanischen Wildnis umfängt den Überseegast machtvoll und verstärkt die Freude auf die zu erwartende Safari durch unberührte Weiten bevölkert mit wilden Tieren.

Alte Feste und Reiterdenkmal in Windhoek erinnern an vergangene koloniale Zeiten. Das Monument erhielt mittlerweile aus politischen Gründen einen unauffälligeren Platz.

Nationaler Botanischer Garten

Namibia, Teil der trockensten Zone südlich der Sahara, besitzt in der Regensaison zwischen Dezember und April eine grüne Oase in Windhoek in Gestalt eines kleinen Botanischen Gartens. Während des restlichen Jahres herrschen die subtilen Farben der Trockenzone vor. Braun bis Rotbraun, Beige, Strohfarben, gedämpfte Oliventöne, Grau und auch Schwarz sind die dann überall im Land anzutreffenden Farben, Herausforderungen für jeden ernsthaften Lichtbildner und Maler.
Das Schmuckstück liegt fast in der Stadtmitte an einem Hang, typische Bergsavanne der Windhoeker Region repräsentierend. Allerdings ist man dazu übergegangen, auch charakteristische und seltene Bäume und Pflanzen aus den verschiedenen Biomen des Landes anzupflanzen. Bis dahin repräsentierte der Botanische Garten hauptsächlich die Vegetation des Umfelds von Windhoek. Ursprünglich war er 1969 sogar als ein Wildschutzgebiet proklamiert worden.
Auffällig ist die große Zahl von Köcherbäumen *Aloe dichotoma* und Baumaloen *Aloe littoralis*. Außerdem gibt es eine Auswahl seltener Baumarten, wie der nur im äußersten Nordosten vorkommende Leberwurstbaum *Kigelia africana*. Ein junger Affenbrotbaum *Adansonia digitata* gedeiht zwischen ausgewachsener Giftwolfsmilch *Euphorbia virosa*. 2 hochgewachsene Moringa oder Phantom trees *Moringa ovalifolia* am Eingang bereiten auf den Märchenwald im Etosha-Nationalpark vor. Auch Akazien fehlen nicht. 7 der 24 Arten Namibias sind vertreten. Alle leicht zu erkennen an ihren gefiederten Blättern und geraden oder gekrümmten Dornen.
Das sogenannte Wüstenhaus entstand 2007. Es präsentiert verschiedene Sukkulenten aus der zentralen Namib und dem Sperrgebiet-Nationalpark, ein internationaler Hotspot sukkulenter Flora (s. S. 145). Auch 3 der 4 Butter-Tree-Arten *Cyphostemma* spp. wachsen hier. Sie sind hauptsächlich nördlich von Walvis Bay, am Brandberg, zum Teil bis hinunter nach Keetmanshoop heimisch, an trockenen, steinigen Hängen wachsend. Durch ihren dicken, glatten, wasserhaltigen Stamm und die dünne abblätternde Rinde sind diese Mitglieder der Weinrebengewächse leicht zu identifizieren.
Selbst der seltene Halbmensch oder Elefantenrüssel *Pachypodium namaquanum* kann in seiner seltenen Blütenpracht zwischen Juli und September bewundert und fotografiert werden.
Informationen **i** s. S. 227.

2 Ankunft und Abschied

Die **Ferienfarm Elisenheim** 🛏 ⛺ (s. S. 230) liegt nur 15 km nördlich von Windhoek in bezaubernder Lage versteckt in den **Erosbergen**; ideal für Einkehr und Orientierung nach langem Flug oder wehmütigem Abschied von einmaliger Safarizeit. Neben komfortablen Gästezimmern steht ein schattiger, gut eingerichteter Campingplatz für Start oder Endspurt bereit. Ebenfalls vorhanden: Schwimmbad und Internet-Zugang. Glanzpunkt ist jedoch die in 1200 m Höhe in den Felsen eingebaute Berghütte. Sie ist für maximal 12 Personen ausgelegt und sehr komfortabel ausgestattet.

Wild kann nach kurzem Spaziergang an einer Wasserstelle beobachtet werden. Man kann sich aber auch fahren lassen oder ein geeignetes Fahrzeug zu einem reellen Preis mieten.

3 Wildtiere und Wellness unter Kameldornbäumen

GocheGanas, bei den Damara bekannt als »Ort der Kameldornbäume«, liegt kaum 30 km südöstlich von Windhoek auf einem Höhenrücken mit Panoramablick von traditionellen Bungalows und privaten Holzterrassen auf die immer noch eindrucksvolle Kultursavanne. Die luxuriöse Lodge 🛏 bietet Natur, wilde Tiere und ein überraschendes Wellness-Programm an, alles inmitten eines privaten Wildreservats.

Im »Wellness-Dorf« gibt es u. a. 11 Behandlungsräume, ein beheiztes Hallenbad in einem Gewölbe und ein Freibad mit großartiger Aussicht. Die namibischen Wellness-Angebote bestehen aus einer sogenannten Granitsauna, in der durch offenes Feuer erhitzte Steine in Quellwasser getaucht, Energie abgeben sollen, wo »Safaristen« mit einheimischem Seesalz und Seetang bepackt und mit Reinigungsöl befreit, mit seidig gewordener Haut auf Naturfahrt gehen können. Außerdem gibt es Kneipp-Duschen mit frischem Quellwasser, Anti-Stress- und Entschlackungspackungen, therapeutische Ernährungsberatung, ein ausgewogenes Fitness-Programm mit modernsten Fitness-Geräten, weitere Schönheitsbehandlungen nach der Baobab-Methode und anderes mehr.

Preislage: im mittleren bis höheren Bereich. Im Preis inbegriffen ist der Blick aus der Badewanne in den herrlichen blauen oder sternenklaren Himmel. Außerdem warten im Freien blickgeschützte Duschen.

Im 60 km² großen Naturreservat von GocheGanas, Teil der Hochlandsavanne (1700 – 2200 m), leben etwa 25 verschiedene Wildtierarten. Alle Fahrten werden am frühen Morgen und späten Nachmittag durchgeführt, um die größte Mittagshitze zu meiden. Wildreichtum und mit feinem Spürsinn ausgestattete Führung garantieren den Erfolg jeder Kurzsafari sowie die Begegnung mit Breitmaulnashörnern. Oft zeigen sich auch Steinbock, Ducker, Klippspringer, Kuhantilope, Streifen- und Weißschwanzgnu, Elenantilope, Steppenzebra, Springbock, Spießbock, Kudu, Giraffe, Wasserbock, Warzenschwein und Hartmann-Bergzebra, dazu Schabrackenschakal, Honigdachs, Kapfuchs, Löffelhund, Busch- und Springhase, Klippschliefer, Stachelschwein, Bärenpavian und weitere kleine Säugetiere. Wie überall machen sich auch hier Leopard, Gepard und Wüstenluchs rar. Eine vielseitige Vogelwelt lebt im Reservat und kann auch vom Wellness-Dorf oder an den nahen Wasserstellen beobachtet werden.

Zu den typischen Baumarten gehören Bergdorn (*Acacia hereroensis*), Kerzenschoten-Akazie (*Acacia hebeclada* subsp. *hebecla-*

da), Schwarzer Hakendorn (*Acacia milifera* subsp. *detinens*), Kudubusch (*Combretum apiculatum* subsp. *apiculatum*) und Shepherd's Tree (*Boscia albitrunca*). An den Trockenflussbetten gedeihen Kameldorn (*Acacia erioloba*), Falsche Rinderweide (*Rhus lancea*), Büffeldorn (*Ziziphus mucronata*) und Süßdorn (*Acacia karroo*). Die Früchte des Brandy-Busches (*Grewia flava*) werden zu einem potenten alkoholischen Getränk verarbeitet. Getrocknet, zerstampft und gemischt mit getrockneten Heuschrecken sind sie eine beliebte Delikatesse.

Der durchschnittliche Niederschlag im GocheGanas-Naturreservat beträgt 366 mm pro Jahr mit Temperaturschwankungen zwischen 4 und 38 °C. Die durchschnittliche Luftfeuchtigkeit beträgt 34 % und die mittlere Verdunstungsrate etwa 3,4 m jährlich.

Zwei junge Giraffen schauen dem Muttertier beim Verzehr von Gras zu.

4 Daan-Viljoen-Wildpark

Der **Daan-Viljoen-Wildpark** 🛏 ⛺ (s. S. 223) ist bei den Windhoekern sehr beliebt, weil er nur 24 km westlich des Stadtzentrums liegt. Zu erreichen ist er über den Sam Nujoma Drive, der zur C 28 wird und als Schotterstraße durch das **Khomas-Hochland** in die Namibwüste führt. Er wurde gegründet, um das Ökosystem dieses Hochlands zu schützen. Mit seinen knapp 4000 ha ist das Naturreservat am östlichen Ende des Khomas-Hochlands für namibische Verhältnisse winzig, auch im Vergleich zu den oft 10-mal größeren Farmen der weiteren Umgebung. Es besteht hauptsächlich aus einem steilen, grasbewachsenen, schluchtenzerfurchten Hügelland, das mehrere Trockenflussläufe durchziehen, die in gutem Namibiadeutsch »Riviere« heißen. Hier ist die Vegetation üppiger. Sie reicht von dichtem Dorngebüsch bis zu hohen Bäumen, unter denen der oft besungene Kameldornbaum neben anderen Akazienarten besonders auffällt. Eine Besonderheit ist die nur im Zentralen Hochland vorkommende *Aloe viridiflora*, die grüne Blüten trägt. Auch die *Euphorbia avasmontana* wächst nur hier.

Großer Kudu, Elenantilope, Streifengnu, Spießbock und das seltene Hartmann-Bergzebra wurden wieder angesiedelt. Kleinere Antilopen wie Steinböckchen und Klippspringer haben überlebt, genauso wie der Klippschliefer, dessen intensiver Geruch schon aus der Ferne wahrgenommen wird. Bärenpaviane sind unüberhörbar und dreist, obwohl hier auch ihre Feinde, die Leoparden, vorkommen.

In kurzer Zeit sind hier 50–60 der wichtigsten Vogelarten Namibias zu sehen, darunter namibische Spezialitäten wie Klippensänger, Drosselwürger und Monteirotoko. Im dichten Gebüsch des **Augeias River** an der Ostgrenze des Reservats finden Rotbauchwürger und Schwarzkuckuck im dichten Ufergebüsch Unterschlupf. Am Ufer ist der Hammerkopf zu sehen.

Bärenpavianmutter mit Jungem. Die anpassungsfähigen Allesfresser können selbst in der Namibwüste 10–12 Tage ohne Trinkwasser überleben.

Eine Rundfahrt (9 km) durch ein erschlossenes 600 ha großes Gebiet ist zu empfehlen. Der Rest des Reservats ist weglose Wildnis, die aber von Besuchern durchwandert werden darf. Sie können einfach einem der vielen Wildwechsel folgen oder den bezeichneten Wanderwegen. Der leichteste ist der 3 km lange Familienwanderweg »Wag'n bietjie«. Schwieriger ist da schon der »Rooibos Trail«, der am Schwimmbad beginnt und nach 9 km hügelab und hügelauf beim Restaurant endet. Auch der 32 km lange »Sweet Thorn Trail« ist gut markiert. 2 Tage führt er über steile Hügel und durch tiefe Trockentäler in den nördlichen Reservatsteil. Übernachtet wird in einer einfachen Schutzhütte. Ausrüstung und Feuerholz muss jeder selbst tragen. Ein Führer wird nicht gestellt. Buchung erforderlich (s. S. 223 Namibia Wildlife Resorts).

Im **Touristenpark** am größten und schön gelegenen Staudamm stehen unter Schatten spendenden Trauerweiden mit Stroh gedeckte 2-Bett-Rundhütten (Rondavel; mit Frühstück). Picknick- und Campingplatz sowie Restaurant, Schnellimbiss und großes Schwimmbad sind in der Nähe. Rotschnabelfrankolin und Helmperlhuhn sind ständige Gäste, begleitet von den Warnrufen des Graulärmvogels. Nachmittags und nachts grasen oft Elenantilopen und Streifengnus auf dem grünen Rasen vor den Hütten, und Warzenschweine und Paviane kommen regelmäßig zum Trinken.

Das Reservat ist ein kleines, stadtnahes Dorado für Vogelfreunde. Ernsthafte »twitcher«, die fanatischeren Vogelfreunde, haben an einem Tag schon über 90 Arten abgehakt. Eine Broschüre über die mehr als 200 Vogelarten des Reservats ist im Büro erhältlich.

5 Ritte durch Wüsten, Trockentäler und Gebirge

Wer in Namibia ungewöhnliche Abenteuer erleben möchte, sollte eine exklusive **Reitsafari** erwägen. Gute Pferde oder sogar Kamele und Dromedare, geeignet für einen kurzen oder längeren Ausritt, gibt es überall im Land. Farmer haben den Trend längst erkannt und züchten Pferde der verschiedensten Rassen oder bieten sie für kurze oder tagelange Ausflüge an. Pferdezucht begann ernsthaft, nachdem Stämme der Nama (Khoikhoi) aus Südafrika flüchteten und im Namaland sesshaft wurden. Sie brachten die ersten Pferde in das bis dahin unbekannte Land nördlich vom Gariep (Orange River). Zur kolonialen Kriegszeit wurden Reitpferde aus Ostpreußen und aus Argentinien eingeführt. Auch die Pferdezucht im Land profitierte davon. Es entstanden mehrere Gestüte. Auf Duwisib (s. S. 131) züchtete ein deutscher Edelmann Qualitätspferde durch Einkreuzung von englischem Vollblut.

Besonders vielseitig sind die Angebote der **Namibia Horse Safari Company** (s. S. 254).

Durch ihre Auswahl verschiedener Pferderassen steht gutes Pferdematerial für ihre 5 unterschiedlichen, ausgedehnten und abenteuerlichen Reitsafaris durch verschiedene grandiose Landschaften Namibias zur Wahl. Dazu gehören Kaoko- und Damaraland (Reiseziel 37), die Große Fischfluss-Canyon-Safari, für weniger erfahrene ReiterInnen der leichtere Ritt zum Fischfluss-Canyon (Reiseziel 80) oder durchs Gebiet der Namibpferde (Reiseziel 70; s. auch S. 136). Als absoluter Höhepunkt gilt der grandiose Ritt durch Randberge und Namibwüste zur Atlantikküste.

Von diesen Reitsafaris ist die 9-tägige Tour durch die Namibwüste die extremste. Sie fordert Reiterinnen und Reitern das Höchstmaß an Können und Fitness ab. Sie beginnt recht harmlos mit einem Querfeldeinritt durch die Busch-Savanne des zentralen Hochlands (1500–2000 m, vorbei am Großen Gamsberg (2351 m) und an Steilhängen in ständig wechselnden Farben. Das erste Camp ist im afrikanischen Stil gebaut. Freundschaftliche Bande zwischen Pferd und Reiter vertiefen sich auf dem langen Ritt zusehends. Das abendliche Zusammensein am wärmenden Lagerfeuer unter funkelndem südlichem Wüstenhimmel führt zur gemeinsamen Aufarbeitung der Tageserlebnisse. Für heiße Dusche, gutes Essen und weiche, erholsame Nachtlager in Doppelzelten ist gesorgt.

Am zweiten Tag wird es schwieriger und anstrengender. Der Ritt führt auf Wildpfaden durch steiniges Gelände an ausgetrockneten Flussbetten entlang. Spuren von Bergzebra, Spießbock und Pavian führen bald zu den Wildtieren, die vor Reiter und Pferd wenig Angst zeigen und dann

Im Khomas-Hochland, am Waterberg und selbst im wüstennahen Naukluftgebiet werden Reitpferde gezüchtet, überwiegend in »freier Wildbahn«.

doch plötzlich davonstürmen. Komfortabler wird es erst wieder am Abend, mit heißer Dusche und guter Mahlzeit in einem komfortablen Camp am Rand einer riesigen Rinderfarm.

Der Namibrand wird bereits am folgenden Tag nach einem eher leichten Ritt erreicht. Übernachtet wird am Fuße des Großen Gamsbergs. Von seiner Spitze reicht der Ausblick weit über die felsigen Höhenzüge des Namib-Naukluftparks. Wie so oft können die Reiter einen der bezaubernden Sonnenuntergänge erleben. Die Krönung bringt der vierte Tag im Sattel. Es ist die Durchquerung des 5000 km² großen Namib-Naukluftparks zu Pferd, die durch ein exklusives Abkommen ermöglicht wird. Nach entspannender Nachtruhe wird am nächsten Vormittag das neue Riesenreservat erreicht. Der Ritt führt durch den bizarren Kuiseb Canyon, vorbei an der Stelle, an der Henno Martin im Schutz der Felsenwüste die Wirren des Zweiten Weltkriegs überstand und in seinem Buch »The Sheltering Desert« (s. S. 256) darüber berichtete. Heute lockt aber die abenteuerliche Übernachtung in der Oase von Arunvlei. Kaum bleibt Zeit, schon wieder einen namibischen Sonnenuntergang und die unzählig blitzenden Sterne zu bewundern.

Der sechste Tag beginnt in angenehmer Morgenkühle gefolgt vom Überfall der sengenden Sonne. Langärmelige Safarihemden, Kopfschutz mit breiten Krempen und ein maximaler UV-Schutz sind jetzt besonders wichtig. Nach den Begegnungen mit scheuen Hartmann-Bergzebras, wüstenharten Spießböcken, Straußen und Springböcken endlich Ganab, ein Wasserloch inmitten der Geröllwüste.

Begegnung der Reiter mit einer noch in freier Wildbahn lebenden Herde der sogenannten Wüstenelefanten.

Der nächste kühle Morgen fordert zu einem beschwingten Galopp heraus über die grenzenlose Weite, begleitet von überwältigender Einsamkeit. Die Tageshitze bewirkt, dass mancher Reiter beim scharfen Ritt, vorbei an Poacher's Turm und den Marmorbergen, doch etwas überfordert zu sein scheint.

Die dürre Wüstenlandschaft setzt sich auch am folgenden Tag in ihrer Erbarmungslosigkeit fort und scheint kein Ende nehmen zu wollen. Selbst die erstaunlichen Welwitschia-Pflanzen mit ihren überlangen Pfahlwurzeln äußern deutliches Missbehagen. Doch Sternenflimmern und Unterhaltungen am Lagerfeuer im Swakop-Flussbett haben ihre Faszination nicht verloren. Urplötzlich ist es still. Alle lauschen gespannt. »Ein Schakal«, erklärt der Safarileiter endlich.

Schon im ersten Morgengrauen werden die Reiter unruhig. Ein letzter Gewaltritt liegt vor ihnen. Vor dem finalen Ritt schlingen sich ein paar Reiter angefeuchtete Handtücher wie Beduinen-Turbane um den Kopf. Auf geht's zum letzten Galopp durchs trockene Swakoptal die Dünen hinauf. Dann der Blick hinunter auf Sandstrand und Atlantik bei Swakopmund.

Eine Reiterin aus Deutschland schrieb zum Abschied ins Safaribuch: »Dieser Ritt war der schönste Urlaub meines Lebens! Wo soll ich jetzt noch hinreisen? Alles andere kann, verglichen mit diesem Trail, nur noch langweilig werden.«

TIPP: Empfehlenswert: Reitsafari beizeiten im Voraus planen und buchen. Überseeische Teilnehmer werden am internationalen Flughafen in Windhoek empfangen und können sich in einem Refugium auffrischen

Vor der Durchquerung der Namibwüste: Übermütiger Parforceritt durch das Khomas-Hochland.

Hartmann-Bergzebra, namibische Unterart: leicht zu erkennen an »Ringelsocken«, Fell gitterartig auf der Kruppe.

und ausruhen. Der Abend wird zusammen mit der Reitgruppe auf einer angesehenen Gästefarm verbracht, umgeben von eindrucksvoller Landschaft und traditioneller namibischer Gastfreundschaft.

6 Westernreiten in Namibia

Es gibt zudem weitere Gästefarmen im ganzen Land, die kurze Ausritte und teilweise auch längere Reitsafaris anbieten (s. S. 253 »Safariurlaub zu Pferd«). Einen besonderen Reitstil bietet die **Gästefarm Gross-Okandjou** (s. S. 253) an. Hier bemüht man sich, aus geeigneten namibischen Farmpferden eine richtige Westernrasse zu züchten und sieht sich bereits als die »erste ›Western Riding‹ Ranch Namibias«. Auf Ausritten kann jeder Besucher seine Wildwestträume verwirklichen. Dabei bleibt es jedem Gast überlassen, seinen Aufenthalt nach eigenen Wünschen zusammenzustellen und sogar eine Pferdejagd zu wählen oder lieber mit der Kamera auf die Pirsch zu reiten. Die Farm liegt 30 km nordwestlich von Omaruru in Richtung Brandberg. Die Rinderfarm ist noch eine von jenen mit Zäunen, die für Wildtiere kein Hindernis sind. Der Besitzer bemüht sich, Pferde, Rinder, Wild, Weide und Wasser in »harmonischen Einklang« zu bringen und den Vormarsch der Wüste aufzuhalten. Eine Art namibische Ökologie.

7 Ein Herz für Pferde

Erhaltung und Schutz von Basotho-Pony und Hartmann-Bergzebra sind ein besonderes Anliegen der Eigentümer der **Etusis Lodge** (s. S. 230). Sie liegt in der Mitte zwischen Windhoek und Swakopmund, jeweils etwa 220 km entfernt, in einem über 21000 ha großen privaten Wildschutzgebiet. Neben den üblichen Aktivitäten wird auch Klettersport auf eigenem Klettergelände angeboten. Basotho-Pferde stehen für Reitstunden und kleine Ausritte von Anfängern und Fortgeschrittenen zur Verfügung. Dazu gibt es auch ganztägige Ausritte auf dem Farmgelände für erfahrene Reiter; auf Wunsch mit Übernachtungen im Zelt oder in einer einfachen Hütte im Busch. Das Management setzt sich hier für die Erhaltung des Hartmann-Bergzebras (*Equus zebra hartmannae*) ein. Zu diesem Zweck wurde eine Stiftung zum Schutz der hauptsächlich in Namibia verbreiteten Zebraart gegründet. Die Basotho-Pferde werden auf der Farm gezüchtet. Sie sind eine der wenigen im südlichen Afrika entstandenen Pferderassen und haben ihren Ursprung in den kargen Bergen des Königreichs Lesotho. Das ausdauernde, trittsichere und genügsame Basotho-Pony war lange Zeit das einzige Transportmittel des Bergvolkes der Basotho und wurde auch für Raubüberfälle auf Nachbarn eingesetzt.

8 Reitsafaris durchs verlassene Mondtal

Okakambe, Herero für Pferd, wurde vor 18 Jahren von der aus Deutschland eingewanderten Inhaberin Kathrin Schaefer-Stiege als

Reitschule auf einer kleinen Farm gegründet. Sie liegt 12 km von der Atlantikküste entfernt im trockenen **Swakop-Flussbett**, zu dem auch das fotogene **Mondtal** gehört. Mit 2 Pferden fing die Dame mit einem akademischen Grad als SA horsemaster an. Mittlerweile stehen 40 gut trainierte Pferde für Ausritte und Reitunterricht bereit, darunter Hannoveraner, deutsche Warmblüter, Boerperde, Vollblutpferde, Araber und sogar ein paar Maulesel. Im Angebot sind Pferdetouren mit 1–5 Übernachtungen in der Namib. Der Ausritt beginnt relativ früh wegen der zu erwartenden mittäglichen Hitze. Außerdem sind am frühen Morgen die meisten Tiere der Wüste noch aktiv. Die tägliche Distanz von 25–40 km hängt von den Tagestemperaturen ab und wird dem Können und der Kondition der Reiterinnen und Reiter angepasst.

Die leichteren kurzen Ausritte führen durch kleinere Canyons bis zur Mondlandschaft. Beim Tagesritt geht es durch Swakoptal und Mondlandschaft zu den Sanddünen, die teilweise die Schienen der alten Eisenbahnstrecke bedecken und zum sogenannten Pferdefriedhof aus der Kolonialzeit.

9 Wüstenrobinsonade

Die Distriktstraße 1982 zweigt kurz hinter dem Daan-Viljoen-Wildreservat vom Kupferbergweg ab und führt geradewegs nach Westen zur **Gästefarm Niedersachsen** 🛏 ⛺ (s. S. 253) in der Vornamib am Oberlauf des Kuiseb River. In der Nähe liegen die

Sternenland

Über Namibia glitzert einer der klarsten und am wenigsten von »Lichtverschmutzung« belasteten Sternenhimmel unserer Erde. Immer mehr Amateurastronomen schwärmen vom tiefen, schwarzen Nachthimmel Namibias. Er lässt in 250 klaren Nächten die Sterne funkeln wie geschliffene Diamanten und bringt das Kreuz des Südens zum Leuchten. Mit bloßem Auge sind Sternhaufen und Magellansche Wolken im Band der südlichen Milchstraße zu erkennen. Bereits im normalen Fernglas bietet der Kugelsternhaufen Omega-Centauri einen prachtvollen Anblick.

Ideale Astro-Bedingungen sind besonders in den 14 Nächten um Neumond zu erwarten. Im Namibia-Winter von Mai bis September besteht eine besonders hohe Wahrscheinlichkeit für klare Nächte mit guter Sicht. Bei zumeist wolkenlosem Himmel in den trockenen Monaten des Südwinters sind Verunreinigungen durch Kunstlicht und Luftverschmutzung noch immer minimal.

Amateurastronomen konzentrieren sich gern auf die südliche Milchstraße: Vela, Carina, Centaurus, Kreuz des Südens, Schütze, Skorpion und Adler, im Norden das Sommerdreieck. Zwischen Oktober und April stehen die Magellanschen Wolken ideal. Orion, Großer Hund, Zwillinge, Stier fast im Zenit, Pegasus und Andromeda zwar horizontnah, aber immer noch besser als auf den Volkssternwarten Europas zu beobachten.

Gute Möglichkeiten zur nächtlichen Himmelsschau bestehen am Namibrand und in der Kalahari. Hier besitzen bereits manche Gästefarmen und Lodges leistungsfähige Teleskope. Einige dieser kleinen Sternwarten können interessierte Gäste in die Grundlagen der Astronomie einführen (s. S. 252).

Leoparden sind auch in Namibia immer schwerer zu finden. Außerhalb der Reservate werden sie verfolgt.

Schlupfwinkel der »Wüsten-Robinsons«. Die deutschen Geologen Henno Martin und Karl Korn flüchteten nach Ausbruch des Zweiten Weltkrieges in die Wüste, um der Internierung zu entgehen. Auf Fahrten und Kurzwanderungen sind ihre Verstecke zu besichtigen. Ein weiterer Service der Gästefarm ist eine **Sternwarte** auf der Anhöhe beim Farmhaus. Hier befindet sich eine Station für Sternbeobachtung und Astro-Fotografie mit optimalen Bedingungen für DEEP-SKY-Beobachtungen, visuell und fotografisch. Technische Einzelheiten sind erhältlich. Vorherige Anmeldung erwünscht. Es besteht keinerlei Lichtverschmutzung. Die besten Wetterbedingungen sind von Mai bis September zu erwarten. Nach langer Nacht unter dem Kreuz des Südens können Amateurastronomen in gemütlichen Gästezimmern, eigenem Zelt oder Wohnmobil ihren Sternenrausch ungestört ausschlafen. (Weitere Gästefarmen und Lodges mit Sternwarten s. S. 252.) Die traditionsreiche Farm liegt unterhalb des Us-Passes am Rande der Namibwüste, 160 km westlich von Windhoek. Das burgähnliche Farmhaus steht auf einer Anhöhe und bietet einen überwältigenden Panoramablick auf die sanft gewellte Savannenlandschaft, begrenzt durch die Berge des Khomas-Hochlandes im Osten und den Gamsberg im Süden.

10 Wilde Leoparden hautnah

Im geländegängigen offenen Wagen werden die Besucher der Düsternbrook-Farm durch ein 10 ha großes naturnahes Gehege gefahren und sitzen bald dem durch Fleischbrocken angelockten Leoparden Auge in Auge gegenüber. Der Besitzer hat mehrere große Freigehege abgetrennt, in denen er »Problemleoparden« am Leben hält, die eigentlich als Viehräuber erschossen werden sollten. »Jetzt sind sie nicht ganz frei, aber auch nicht tot!«, verteidigt Johann Vaatz seinen ungewöhnlichen Versuch, das »Gleichgewicht der Natur« zu er-

halten, der in Namibia Schule machte und sich als Touristenmagnet erwies.
Das im frühen deutschen Kolonialstil erbaute Gehöft seiner **Gästefarm Düsternbrook** (s. S. 231) liegt 1350 m hoch am Rand des Khomas-Hochlandes am Sandbett des Otjiseva oder Kleinen Swakop River, der die natürlichen Quellen der 12 000 ha großen Farm speist. Anabäume wachsen im dichten Galeriewald mit seiner ansehnlichen Vogelwelt. Es werden angeboten: Wildfahrten, Wanderungen und Reitausflüge, auf denen Gepard- und Leopard zu beobachten sind. Außerdem werden Giraffe, Zebra, Spießbock, Kudu, Gnu, Impala, Eland, Wasserbock, Warzenschwein, Nashorn und neuerdings auch drei Flusspferde vorgestellt. Ausritte mit freundlichen, starken Farmpferden können ebenfalls unternommen werden. Herr Vaatz versichert, dass man auf Pferderücken näher an das Wild herankommt.
Zu erreichen: 30 km von Windhoek auf der B 1 Richtung Okahandja, nach links 18 km auf leidlich gutem Farmweg bis zum Haus.

11 Waterberg-Plateau-Park

Der Nationalpark (400 km^2) ist in gut 3-stündiger Fahrt auf der B 1 von Windhoek aus zu erreichen. Knapp 30 km vor Otjiwarongo biegt die geteerte C 22 rechts nach Okakarara ab. Nach 45 km führt ein Feldweg nach links zu Namibias einzigem Bergreservat. Es liegt in bezaubernder Wildnis, gekrönt von roten jurassischen Sandsteinfelsen. Hoch oben in den Okarakuvisa-Kliffs nistet die einzige Kolonie Kapgeier des Landes.
Der Touristenpark (s. S. 223 Namibia Wildlife Resorts) liegt am Fuße des historischen **Waterberges**, dessen Tafelbergmassiv über 200 m aus der sandigen Dornbuschsavanne am Kalaharirand aufragt. Ein Teil des tiefsandigen 48 km langen Plateaus gehört zum Schutzgebiet, das 1972 ursprünglich zur Hege von selten gewordenen Tierarten entstand, vor allem der Elenantilope. Das recht wasserreiche Gebiet steht mit seinen grünen Berghängen im scharfen Kontrast zur trockenen Umgebung. 15 Quellen liegen zwischen hohen Sykomoren am Fuße des steilen Abhangs. Wasser sammelt sich außerdem in zahlreichen Felsenwannen und hält sich bis tief in die trockene Winterperiode mit sehr kühlen Nächten. Im Sommer herrscht große Hitze. Inzwischen wurde der Artenbestand vergrößert, und außer Spitzmaul- und Breitmaulnashorn gibt es seltene Rappen-, Pferde- und Leierantilopen sowie Giraffe, Streifengnu, Kuhantilope und 80 weitere Säugerarten. Der Felsenpython ist hier noch zu finden, ebenfalls der kleine und seltene Angola-Python. Wer ihn sehen will, braucht eine Portion Glück und leise Sohlen. Auch Giftschlangen wie Schwarze Mamba, Puffotter und Baumnatter (»Boomslang«) gibt es hier. In der warmen Jahreszeit sind sie besonders aktiv.
Die Vogelwelt ist artenreich. Der schnelle Alpensegler brütet zuweilen in den Kliffs, in denen auch Felsenadler und Augurbussard nisten. Im Baumbestand und an den grasbewachsenen Hängen unterhalb der Kliffs leben Rosen- und Rüppellpapagei, Monteirotoko, Bradfieldtoko, Klippensänger und Hartlaubfrankolin. Auf dem Plateau sind Coquifrankolin, Nama- und Fleckenflughuhn zu finden, in den Bergschluchten Afrikanische Zwergohreule, Perlkauz, Glanzstar, Gabelracke, Fahlschnäpper und, zwischen Oktober und März, der Grauschnäpper, ein Gast aus Europa.
Rundfahrten auf dem Plateau mit Führung und modifizierten Geländefahrzeugen sind beim Touristenbüro zu buchen. Stopps bei den strategisch auf dem Plateau verteilten

Beobachtungsständen sind vorgesehen. Besucher sollten sich nach dem Geierrestaurant erkundigen. Mehrtägige Wildniswanderungen mit kundigem Führer werden in den kühleren Monaten von April bis November unternommen. Übernachtung in Hütten am Plateau. Wer diese Wanderungen auf eigene Faust unternehmen möchte, kommt preisgünstiger weg, muss aber alle Ausrüstung selbst tragen. Es gibt auch mehrere kurze Wanderwege.

12 Privates Naturreservat Waterberg-Wildnis – ein Kontrastprogramm

Wer ein wenig mehr Ruhe, persönliche Kontakte und Komfort liebt, kann sich im komfortableren benachbarten **Naturreservat Waterberg Wilderness** (s. S. 233) einquartieren und den angrenzenden Waterberg-Plateau-Park bei Bedarf besuchen. Informierende Abwechslung wird durch organisierte Touren geboten. Darunter ist eine Wanderung unter kompetenter Führung hinauf auf das Waterberg-Plateau oder eine Rundfahrt durch die geschichtsträchtigen weiten Ebenen der Omaheke, wie die Herero diesen Teil der Kalahari nennen. Auch kulturelle Ausflüge zu den in der weiteren Umgebung lebenden Herero-Familien stehen auf dem Programm.

Besonders interessant ist für den Freund namibischer Natur ein richtiger Pirschgang, bei dem man meist zum Schuss mit der Kamera kommt und einiges für die weitere Safari lernen kann. Begleitet von einem erfahrenen Fährtensucher fahren die Teilnehmer hinaus in das wildreiche Gelände der großen Farm. Sobald sie auf interes-

Die letzten Kapgeier Namibias leben in den Waterberg-Kliffs, in denen auch die Reste eines Dinosauriers geborgen wurden.

sante, frische Wildfährten stoßen, beginnt die Schleichjagd. Bald wird der kundige Begleiter eine Reihe verschiedener Antilopen aufspüren und seine Schützlinge auch an Breitmaulnashörner heranführen ohne seine Schutzbefohlenen in Gefahr zu bringen. Da der Pirschgang bis in den heißen Mittag hinein dauern kann, sollten nur Personen mit guter Kondition daran teilnehmen. Buchung beim Empfang.

Kürzere Fußwanderungen kann sich jeder nach Laune aussuchen. Zur Auswahl stehen u. a. die recht kurze Stachelschwein-Fernstraße (1 km), gefolgt von Giraffenkreuzung (1,5 km), Klippschlieferweg (2,5 km), Missionarspfad (3 km) und Buschmannsberg (5 km). Interessante Vegetation kann durch ein bei der Anmeldung zu erhaltendes Faltblatt bei der Identifizierung lokaler Fauna und Flora behilflich sein. Die Pfade sind gut markiert.

13 Etosha-Nationalpark (Übersicht)

Afrikas ältester Nationalpark bleibt beliebtestes Ziel aller Namibiabesucher. Durch seine Artenvielfalt, seine ungewöhnliche Lage und seine Größe wurde er zu einem der eindrucksvollsten und wichtigsten Wildreservate des afrikanischen Kontinents. Das Reservat liegt am nordwestlichen Rand des mehrere Mio. Quadratkilometer großen Sandbeckens der Kalahari in durchschnittlich 1000 m Höhe. Sein Name stammt von den San. Für sie war die 4590 km^2 große Salzpfanne der »Ort des trockenen Wassers«, während die Herero sie »Großer weißer Platz« nannten. Manchmal wird sie auch das »Herz von Etosha« genannt, obwohl sie in Wirklichkeit nicht mehr als eine weiße, leblose Salzwüste ist.

Elefantenbullen können aggressiv werden. Zumindest ein mittleres Teleobjektiv ist hier empfehlenswert.

Über 400 Vogel-, 110 Reptilien- und 16 Amphibienarten sind registriert worden – und 1 Fischart. Das Augenmerk der Besucher richtet sich hauptsächlich auf die 114 Säugetierarten. Von den »Großen Fünf« sind in Etosha nur die Büffel nicht vertreten, dagegen Elefant (2100), Breitmaul- und Spitzmaulnashorn, Löwe (400) und Leopard. Es gibt etwa 700 Hartmann-Bergzebras, 4000 Spießböcke, 20 000 Springböcke. Innerhalb von 30 Jahren ist durch den verheerenden Milzbrand der Bestand an Streifengnus von 25 000 auf etwa 2500, der der Steppenzebras in noch kürzerer Zeit von 16 000 auf 6000 gesunken. Als die Region 1907 zum Wildreservat erklärt wurde, waren wilde Tiere hier fast ausgerottet. In Okaukuejo, einst militärischer Vorposten zur Kontrolle der Rinderpest, entstand 1957 der erste offizielle Touristenpark. Im folgenden Jahr wurde Etosha zum ersten Nationalpark des Landes erklärt, gleichzeitig aber durch Apartheidsgesetze der Zugang zum Damaraland und zur Atlantikküste abgeschnitten sowie ein nach

Westen bis Sesfontein reichendes Areal weißen Farmern zugeteilt. 1970 wurde weiter reduziert, und plötzlich umfasste der Park nur noch 22 935 km² und alle weiträumigen Wanderwege der Tiere waren abgeschnitten. Etosha wurde zur ökologischen Insel. Inzwischen hat nicht nur das Reservat sondern auch das dazugehörende Ökologische Forschungsinstitut in Okaukuejo internationale Hochachtung gewonnen.

Zwei Jahreszeiten, feucht die eine, trocken die andere, prägen das Jahr von Etosha, das mit durchschnittlichem jährlichem Regenfall von 412 mm bei Okaukuejo, 429 mm bei Halali und 443 mm bei Namutoni zu den ausgesprochenen Trockengebieten mit einer jährlichen Evaporationsrate von über 3000 mm zählt. Die Lufttemperaturen erreichen leicht 40 °C im Dezember und sinken in Julinächten bis auf 6 °C ab. Schon im September steigen die Temperaturen wieder. Wind wirbelt kalkigen Staub auf. Mopanebäume stehen blattlos, starr. Viele Wasserstellen sind nur noch schlammi-

ge Pfützen oder ausgetrocknet. Erst der November bringt Hoffnung, wenn sich die Schauer der neuen Saison mit mächtigen Wolkenballungen ankündigen. Fällt guter Regen, bis in den März oder April hinein, grünt und blüht die Savanne.

In der kurzen Zeit der Fülle zwischen Januar und Februar werfen die meisten Antilopen und die Steppenzebras ihre Jungen, so dicht aufeinander, dass die Raubtiere zwar kurze Zeit schwelgen können, aber für schnelle Vermehrung kaum Zeit haben.

Vogelarten aus vielen Gebieten beleben die Ränder der Pfanne. In guten Jahren brüten Zwerg- und Große Flamingos zu Tausenden in der Mitte der Pfanne. Das Wild zerstreut sich um diese Zeit, und das Grasland liegt verlassen da. Bis die Trockenheit zurückkehrt, hat es sich regeneriert für die Winterweide. Die Tiere kehren nun nach und nach zurück an die beständigeren Wasserstellen, bis hier zwischen Juni und Oktober wieder der »Belagerungszustand« herrscht. Dies ist die beste Zeit zur ruhevollen Tierbeobachtung an den natürlichen und den überwiegend künstlichen Wasserstellen, die aus Bohrlöchern gespeist werden.

Die heiße Jahreszeit zwingt die Besucher eher zu Pirschfahrten, zu denen immer eine gut gefüllte Trinkwasserflasche gehört. Die Exkursionen können manchmal ein wenig mühevoll werden, da ein allgemeines Aussteigeverbot herrscht. Nur an den wenigen Stellen, an denen es Toiletten gibt und ein paar Picknickplätze, ist es offiziell erlaubt, sich die Beine zu vertreten. Natürlich immer auf eigene Gefahr!

Besucher können zwischen 3 Eingängen wählen. Das **Lindequist-Tor** am östlichen Parkende ist 540 km von Windhoek entfernt und über die Bergwerkstadt Tsumeb erreichbar. Dicht am Eingang liegt eine luxuriöse Lodge, Etosha Aoba Lodge (s. S. 232). Diese Route wird meist von Besuchern benutzt, die aus dem Caprivistreifen oder dem Bushman Land über Grootfontein – Tsumeb anreisen. Der Touristenpark Namutoni liegt 12 km hinter dem Lindequist-Tor. Touristenpark und Parkhauptquartier Okaukuejo sind über das **Andersson-Tor** im Süden zu erreichen, 430 km nördlich von Windhoek. Anfahrt

Dämmerung über der Wasserstelle Klein Namutoni. Ihre Nähe zum Camp ermöglicht Teilnahme an eindrucksvollen Abendstimmungen.

über Okahandja–Otjiwarongo auf der B 1, hier nach links in die C 38 Richtung **Outjo** . An der Straße zum Eingang liegen 2 Gästefarmen (s. S. 232 und 233). Die erste Wasserstelle, Ombika, folgt 1,5 km hinter dem Andersson-Tor. Oft kommen Elefanten-Mutterherden zum Trinken, und auch Löwen halten sich hier wieder auf, nachdem das Ombika-Rudel im Gewehrfeuer der Farmer endete, weil die Tiere sich auf der anderen Seite an den Rindern vergriffen hatten. Die Straße führt zunächst weiter durch Mopane- und *Combretum*-Bestände. Sie werden bald von der offenen Grassavanne abgelöst, die sich in einem schmaleren Streifen am gesamten südlichen Pfannenrand entlangzieht und den Steppentieren die beste Weide im Reservat bietet. In diesem Gebiet liegen viele Wasserstellen.

TIPP: In der Nähe der Andoni-Wasserstelle im Nordosten wurde vor einigen Jahren ein weiteres Zugangstor eingerichtet. **King-Nehales-Tor** ist besonders für Besucher interessant, die den Norden des Landes besuchen wollen. Sie ersparen sich den Umweg von gut 100 km über das Lindequist-Tor, wenn sie den neuen Ausgang benutzen. Er ist nach König Nehale Lya Mpinga benannt, dessen Krieger im Januar 1904 das Fort Namutoni überfielen.

14 Etosha West: Okaukuejo

In Okaukuejo endet die Teerstraße. Die Anmeldung befindet sich gleich rechts hinter dem Andersson-Tor zum eingezäunten Touristenpark, der nachts geschlossen wird. Wer zu spät kommt, muss mit Sanktionen rechnen.

Die berühmte **Wasserstelle Okaukuejo** liegt im Touristenpark. Schon die ersten Besucher zelteten hier. Sie wird durch eine Schichtquelle gespeist, wie sie überall im Park in Kalksteinsenken bestehen. Schichtquellen liegen unterhalb des normalen Wasserspiegels und sind in guten Regenjahren sehr ergiebig. In der Trockenzeit versiegen sie oft sehr schnell. Nur durch zusätzliche Zufuhr aus den äußerst knappen

Trinkwasservorräten des Touristenparks kann die Anziehungskraft der Okaukuejo-Wasserstelle erhalten werden.

Nach Einbruch der Dunkelheit fliegen hier Rostwangen-Nachtschwalben, und es fallen oft Nachtflughühner ein, die sich von den eingeschalteten Tiefstrahlern und dem hohen, heiseren Ruf der Schleiereule nicht stören lassen. Elefantenherden, Giraffen und Spitzmaulnashörner mit Jungen kommen nachts zum Trinken, manchmal Geparde und die seltene Braune Hyäne. Sogar tagsüber sind am Wasserloch von Okaukuejo schon jagende Löwen beobachtet worden. Oberwiegend kommen Springböcke, Spießböcke, Schwarznasenantilopen, Steppenzebras und Kudus. In Büschen, Bäumen und Palmen des kleinen Parks hinter dem Schwimmbad finden sich oft Wiedehopf und Trauerdrongo ein. Namibias Nationalvogel, der prächtige Rotbauchwürger, huscht gern durch die Gebüsche an der Wasserstelle und am Campingplatz. Neben den häufigen Glanzstaren sowie Gelb- und Rotschnabeltoko gibt es Kalahariheckensänger, Büffelweber, Graukopfsperling, Elsterdrossling, Lappenstar und Rostkehl-Eremomela zu sehen.

Unterwegs in Etosha West

Durch 2 Rundfahrten lässt sich der westliche Reservatsteil um Okaukuejo gut erkunden. Das erste Ziel ist die 17 km von Okaukuejo entfernte Gemsbokvlakte. Sie liegt noch im Grasland und zieht viele verschiedene Tiere an. Dies ist das Gebiet von Riesentrappe, Namaflughuhn, Kronenkiebitz und Doppelband-Rennvogel, aber auch von Löwe, Elefant und Gepard. Das von der Gemsbokvlakte 8 km entfernte Olifantsbad liegt bereits im dichten Mopane-Bestand, durchsetzt mit *Combretum*-Arten, von denen der Ahnenbaum einer der eindrucksvollsten Bäume der südlichen Savanne ist.

Die Wasserstelle Okaukuejo ist immer gut für Tierbeobachtungen, hier Spießbock- und Schwarzfersen-Antilopen. Aber auch mit Löwen, Nashörnern und Elefantenherden ist Tag und Nacht zu rechnen.

Wie geschwollen wirken die Stämme der Moringabäume im sogenannten Märchenwald. Sie blühen im November.

Löwen suchen, Löwen finden

Kenner erkunden als Erstes bestimmte Wasserstellen. Im Okaukuejo-Gebiet erzielt man mit größerer Wahrscheinlichkeit »Hits« an der Gemsbokvlakte oder beim Olifantsbad. Auch der Löwenbestand um Namutoni scheint zugenommen zu haben. Hier sind vor allem Chudop, Kalkheuwel und das nah am Touristenpark gelegene Klein Namutoni löwenswert. Es mag sich lohnen, die in den Empfangsbüros ausliegenden Listen durchzusehen. Sie geben manchmal, falls die Daten nicht zu alt sind, ein leidlich aufschlussreiches Bild kürzlicher Tierbewegungen. Auf Aussagen anderer Besucher ist nicht immer Verlass, und Namen wie »Löwenbrunnen« versprechen meist viel mehr als sie halten.

Als Nächstes folgt die Wasserstelle **Aus** inmitten dichter Mopane-Bestände. Vom kleinen Springbock bis zum Elefanten finden sich hier alle ein, manchmal sogar die scheuen Spitzmaulnashörner.

Die Wasserstelle **Okondeka** ist das erste Ziel der zweiten Rundfahrt, die am Landestreifen vorbeiführt. Kap-Borstenhörnchen sind unterwegs meist rechts und links vom Fahrweg zu sehen. Der beliebte Trinkplatz liegt 23 km nördlich von Okaukuejo im Okondeka-Dünengürtel, in dem sich Löwen gern verstecken und auf die Tiere lauern, die an der Sickerquelle trinken wollen.

Adamax, eine meist trockene Wasserstelle, liegt dicht hinter dem Dünengürtel, an den sich weite, sanft gewellte Grasflächen anschließen. Auf dem Rückweg zweigt 3 km hinter Okondeka der Weg nach Leeubron ab, eine Wasserstelle, die schon seit Jahren trocken liegt. Aber ein paar Kameldornbäume, darunter ein besonders stattliches Exemplar mit einem gewaltigen Siedelwebernest, können dem Boden anscheinend doch noch genug Feuchtigkeit abringen. Von hier aus führt der Weg direkt weiter zum **Märchenwald**, einem großen Bestand bizarrer Moringabäume. In den nach einer Buschmannlegende umgestülpten Bäumen mit den dicken Stämmen nisten gerne Stare, Racken und die ihr Nest versiegelnden Tokos. Kurz hinter den Moringa-Beständen folgt ein Rastplatz mit Toiletten.

Hier beginnt der noch unerschlossene westliche Teil des Reservats, der bis nach **Otjovasandu** nur mit besonderer Erlaubnis oder im Rahmen einer akkreditierten Safari besucht werden darf. Auf dieser Seite, die etwa ein Drittel der Gesamtgröße des Reservats umfasst, zeigt Etosha ein ganz anderes Gesicht mit einem Hügelland aus Kalk, Schiefer und Granit. In diesem Gebiet leben die seltene Pferdeantilope und über

800 Hartmann-Bergzebras. Das **Galton-Tor** am westlichen Ende darf nur mit spezieller Genehmigung benutzt werden. Sie muss bei der Parkverwaltung in Okaukuejo angefordert werden.

15 Etosha Mitte: Halali

Die Zufahrt zweigt von der staubigen Hauptverbindung Okaukuejo – Namutoni ab, von denen **Halali** jeweils etwa 70 km entfernt ist. Ein deutsches Jagdhorn ziert das Eingangstor des 1967 eröffneten Touristenparks.

Die erst vor wenigen Jahren angelegte **Moringa-Wasserstelle** innerhalb des Touristenparks ist für die Vogelbeobachtung besonders lohnend. Es gibt hier ein paar seltene Arten wie Nacktohrdrossling und Grünrücken-Camaroptera, dessen Rücken hier aber grau ist, dazu Goldbugpapagei und Bergammer. Nicht nur für Vogelfreunde ist der kurze Wanderweg zum Tsumasa-Inselberg zu empfehlen, der rund 20 m aus der Ebene ragt und einen hervorragenden Rundblick über die Mopane-Savanne gewährt, die im sandigen Westen dominiert. Der Dolomit-Hügel hat andere Pflanzengemeinschaften hervorgebracht, als sie im übrigen Reservat vorherrschen: Moringa, *Euphorbia virosa* und *Comiphora*-Arten gehören dazu.

Um Halali gibt es eine gut entwickelte Baumsavanne mit Brillenwürger, Rotschnabeltoko, Goldschwanzspecht, Rüppellmeise, Riesenglanzstar und manchmal Steppenbaumhopf.

Unterwegs in Etosha Mitte

Von Halali aus sind die Wasserstellen im Zentrum des Reservats zu erreichen. Wer bei der Anfahrt von Okaukuejo noch kei-

Ein stattlicher Mähnenlöwe überprüft am frühen Morgen beutegierig die Okaukuejo-Wasserstelle.

ne Abstecher gemacht hat, sollte noch einmal in zurückliegender westlicher Richtung vordringen und als Erstes die links vom Wege liegende, zu Zeiten wie ein kleiner See wirkende Wasserstelle **Rietfontein** besuchen, die zu den besten und beliebtesten gehört, obwohl Fotografen es hier wegen der großen Entfernung zum Wasser schwer haben. Wasserliebende Vögel und Greifvögel sind hier besonders häufig.
Ein Stück weiter, bei **Sueda** und **Salvadora**, gibt es gute Möglichkeiten der Löwenbeobachtung. Besonders an der Sickerquelle Salvadora versammeln sich im Winter oft große Zebra- und Streifengnuherden aus den nahen Grasebenen. Da der Beobachtungsplatz ein paar Meter höher liegt als die Tränke, gewährt er auch einen guten Blick auf den Grassaum, der die blanke Pfanne begrenzt. Im Gras liegen Löwen auch tagsüber im Hinterhalt.

Mähnenlöwen

»Männliche Löwen verhalten sich in Etosha anders als Löwen in anderen Regionen Afrikas«, stellten Löwenforscher fest. In Namibias führendem Nationalpark verteidigt ein kapitaler Mähnenlöwe sein Rudel im Durchschnitt 7 Jahre erfolgreich. In den Reservaten Ostafrikas sind es dagegen kaum 5.
Im Gegensatz zu den in ähnlicher Umgebung lebenden Kalahari-Löwen beteiligen sich Etoshas Löwenmännchen noch weniger an der Jagd. Sie überlassen den beweglicheren, im Kollektiv jagenden Löwinnen das Beutemachen weitgehend, fordern dann aber den ersten Platz an der Beute.

Ein Mähnenlöwe ruht friedlich bei seinem zweiten Rudel an der Olifantsbad-Wasserstelle. Etoshas einziger Pascha pendelt zwischen zwei größeren Löwenrudeln hin und her. Wie lange er das durchhält, möchten auch erfahrene Ranger gerne wissen.

Eine Löwin sucht in der Nähe von Chudop Kontakt zu einem stattlichen Löwenmann.

Hinter Halali liegt **Helio**. Diese Solarquelle scheint bei Tieren sehr beliebt zu sein, denen man hier sehr nahe ist. Nachteil von Helio ist, dass es mitten in dichten Mopane-Gehölzen liegt. Viel besser ist das Beobachten dagegen am Trinkplatz **Goas**, etwa 18 km weiter auf dem Zubringer zum Hauptweg nach Namutoni, weil die abwechslungsreiche Wasserstelle von 2 Seiten zugänglich ist. Sie zieht in der trockenen Winterzeit so viele Tiere an, dass sie Paradies im Tierparadies genannt wird. Besonders die Schwarznasenantilope, eine sehr seltene Unterart, die fast nur noch in Etosha vorkommt, ist hier regelmäßig zu Gast. Löwenrudel werden von den Streifengnus und vielen Zebras angezogen, die regelmäßig zum Trinken kommen. Kuhantilopen und Elefanten sind hier oft zu sehen. Auch Breitmaulnashörner des Reservats, vielleicht 20, plus »Kai aus der Kiste«, ein aus einem deutschen Tierpark importierter Jungbulle, sind irgendwo in der Umgebung zu Hause.

Von Goas aus ist der Aussichtspunkt **»Etosha«** in 25 km langer Fahrt zu erreichen. Er liegt etwa 8 km jenseits der Hauptstraße nach Namutoni. Dies ist die einzige Stelle im Reservat, wo Besucher ein Stückchen auf die unbelebte Salzpfanne hinausgehen können, die einen starken Kontrast zur artenreichen Umgebung bildet. Die Temperaturen erreichen hier leicht 50 °C.

Wahrscheinlich ist die **Etosha-Pfanne** entweder eine vom Wind erodierte Senke mit einem Boden aus Lehm, Salz und Schlick, zu Runzeln gebacken von der harten Sonne, oder der Rest eines richtigen, riesigen Sees, der austrocknete, als der Kunene seinen Lauf veränderte. Dieser See war wesentlich größer als die bis 120 km lange und 70 km breite, 4590 km^2 große Salzpfanne. Dazu kommen noch 550 km^2 der kleinen Pfannen, sodass alle zusammen

Elefanten beobachten

Die grauen Riesen sind im trockenen Südwinter am leichtesten zu beobachten. Regelmäßig finden sie sich an den Wasserstellen ein. Auch Mutterherden begegnen sich hier regelmäßig. Ihre bevorstehende Ankunft wird oft durch mehrere Elefantenbullen angekündigt. Solche Gruppen bestehen meist aus einem erfahrenen älteren Bullen, mit einem Gefolge von mehreren jüngeren, den sogenannten Askaris, die gern miteinander rangeln. Verschlammt das Wasser, geht es am Trinkplatz noch dramatischer zu. Paarungen sind allerdings in freier Wildbahn äußerst selten zu beobachten. Ein einmaliger Glücksfall ist, bei einer Geburt in der Nähe zu sein. Selbst der geduldigste, trickreichste Tierfotograf wartet darauf zeitlebens oft vergebens.

etwa 23 % der Gesamtfläche des Reservats einnehmen. In guten Regenjahren bringen die Flüsse Kuvelei und Ekuma aus dem nördlichen Ovamboland und manchmal auch der Omuramba Ovambo von Nordosten genug Wasser südwärts bis in die Etosha-Pfanne, die dann vorübergehend zu einem seichten Salzsee anschwillt.
Hinter Halali zieht sich die Fahrbahn ein Stück an der Salzpfanne entlang.

16 Etosha Ost: Namutoni

Das von Makalani-Palmen umgebene Wüstenfort **Namutoni** ist bei der Zufahrt vom Lindequist-Tor schon aus einiger Entfernung sichtbar. Die Festung wurde 1897 als Kontrollpunkt gegen die Rinderpest gebaut und sollte den Schmuggel von Alkohol und Waffen ins Ovamboland verhindern. 1904 zerstörten mehrere Hundert Ovambo-Krieger den ersten Bau, nachdem sich 7 Verteidiger in dunkler Nacht davon-

Trinkende Herde an der Olifantsbad-Wasserstelle. Ohne Rüssel könnten Elefanten weder fressen noch trinken. Wasser saugen sie literweise in ihre Rüssel und spritzen es damit ins Maul.

stehlen konnten. Die Festung wurde 1950 zum National Monument erklärt und 1956 nach Originalplänen wieder aufgebaut. 1958 wurde der Touristenpark mit der Festung im Mittelpunkt eröffnet und ein Museum im Turm eingerichtet, das die Heldentat der 7 Verteidiger beschreibt. Inzwischen zeigt das historische Museum eine versöhnlichere Note und berücksichtigt auch die Zeit vor der deutschen Besetzung. Der nordöstliche Turm ist als Aussichtspunkt hergerichtet, auf dem sich abends viele Gäste versammeln, um den im Winter garantiert blutroten Sonnenuntergang und dem Einholen der Flagge beizuwohnen. Meist streicht dann schon die Rostwangen-Nachtschwalbe auf Insektenjagd um den Turm. Ihr Gesang ähnelt dem Geräusch eines fahrenden Motorrads.

Unterwegs in Etosha Ost

Wer längere Fahrten nicht liebt, kann zwischen zahlreichen guten Wasserstellen in der Nähe von Namutoni wählen. **Klein Namutoni** liegt so dicht am Touristenpark, dass der Platz kurz vor Toresschluss mit Fahrzeugen aller Art überfüllt ist. Diese Wasserstelle ist immer für Überraschungen gut: badende Elefanten und Tüpfelhyänen, zögernde Elenantilopen oder am frühen Morgen 2 durstige Löwenbrüder, die in der Umgebung leben. Im Gebüsch unterhalb der Wasserstelle, am Weg zur Dikdik-Rundfahrt, haben Tüpfelhyänen seit Jahren ihren Bau. An windstillen Tagen kann man das zumindest riechen. Der **Dikdik Drive** führt in einer Schleife 10 km durch den dichtesten Trockenwald Etoshas. Hier wachsen Blutfruchtbaum, Tambuti, Ahnenbaum, vereinzelte Marulabäume und ein Gebüsch aus Rosinenbusch, Farbkätzchenstrauch, Sauerpflaume und *Grewia*-Arten. Deswegen halten sich hier oft die dichten Dornbusch liebenden Spitzmaulnashörner auf. Vorsicht ist bei einer Begegnung mit diesen leicht irritierbaren,

Die große Nähe von Gnus und Zebras an der Wasserstelle Klein Okevi verstärkt das Erlebnis »Wildnis« hautnah.

kurzsichtigen Dickhäutern sehr zu empfehlen.

Koinachas, am Hauptweg Richtung Halali, liegt noch näher, ist aber längst nicht so beliebt. Wenn hier Elefantenherden trinken, werden Touristen leicht nervös, weil die Tiere unbekümmert nicht selten sehr dicht an den Autos vorbeigehen und auch schon mal bedrohlich mit ihren großen Ohren wedeln, besonders wenn Ungeduldige dann hin und her fahren, um sich bessere Fotografier-Positionen zu schaffen. Sonnenuntergänge sind hier sehr malerisch. Die hintereinanderliegenden **Klein** und **Groot Okevi** sind auch nur wenige Kilometer vom Touristenpark entfernt. Zuweilen sind hier Leopard oder Gepard zu sehen. Löwen löschen häufiger ihren Durst. Sind sie irgendwo in der Nähe, werden sie von Kudubullen angekündigt. Die großen Antilopen trinken hier anscheinend besonders gern, und oft treffen sich mehrere Rudel. Ansammlungen von etwa 20 horntragenden Kudubullen sind hier schon gesehen worden. Die beiden Trinkplätze werden von Schichtquellen gespeist. Diese im Park häufiger anzutreffenden Quellen liegen meist in Kalksteinsenken unter dem normalen Wasserspiegel, der übrigens in der ganzen Region seit einigen Jahren beängstigend absinkt.

Zu den bekanntesten Wasserstellen Etoshas zählen die etwas weiter von Namutoni entfernten Trinkplätze **Chudop** (8 km) und **Kalkheuwel** (22 km). Sie gehören zum Besten, was Etosha anzubieten hat. Aber auch hier liegt die Enttäuschung gleich neben dem Erfolg: Dies ist kein Zoo, sondern echte Wildnis ohne Stundenplan. Zwar haben die Tiere ihre Trinkgewohnheiten, doch bindend sind die auf keinen Fall. Geduld wird am ehesten belohnt, sei es durch die unverhoffte Begegnung mit einem heimlichen Leoparden bei Kalkheuwel, durch Löwen bei Chudop oder so-

Eine Übernachtung in Fort Namutoni gehört zu Etosha wie Löwen- und Elefantenbeobachtung.

Fotopirsch durch Etosha

Staubbad, wichtiger Teil der Körperpflege. Viel scheint das Baby nicht davon zu halten. Es ist nur wenige Monate alt und passt noch unter Mutters Bauch.

Mancher »Experte« findet den Südsommer für Safaris ungeeignet. Das Argument, es sei zu heiß, die Tiere nach gutem Regen weit verstreut und selten aufzuspüren, klingt eher wie eine Ausrede. Es gibt trotzdem sehr viel zu erleben, und die meisten Wildreservate sind im Sommer nicht überfüllt. Ein großes Plus ist heute, dass selbst bescheidenere Unterkünfte mit Klimaanlagen ausgestattet sind. Das gilt besonders für Etosha. Kühle Luft sorgt für erholsame Nachtruhe und Frische für die nächste morgendliche Pirschfahrt.

Ein gutes Teleobjektiv ist unentbehrlich. Bereits eine Brennweite um die 200 mm kann sehr hilfreich sein. Besser sind natürlich 400, 500 oder sogar 600 mm. Wildlife-Fotografen im südlichen Afrika setzen ihr 600-mm-Objektiv sogar überwiegend ein. »Es ermöglicht eine sichere Arbeitsentfernung und wirkt weniger störend auf die Tiere«, meinen sie.

Wie in allen großen Reservaten des südlichen Afrikas wird der Besucher in Etosha sehr viel aus dem Auto heraus fotografieren. Deshalb sollte er es sich in seinem fahrbaren Anstand so bequem wie möglich machen. Genug Wasser – Sommer wie Winter – ein gut dimensionierter »Bohnensack« und ein paar Stoffstücke, mit denen sich Autofenster verhängen lassen, gehören zur Grundausstattung. Fotografen können sich den Beutel von zu Hause mitbringen und vor Ort mit getrockneten Bohnen, Reis (in jedem Supermarkt) oder auch Sand füllen. Wenn er dann – groß genug (etwa 22 x 30 cm) – über dem Rahmen hängt, ist er jedem Teleobjektiv vorzügliche Stütze und ermöglicht Zeiten von $^{1}/_{30}$ Sek. oder länger, solange der Wind das Auto nicht schaukelt.

Wann fotografieren? Die meisten südafrikanischen Fotografen argumentieren: am besten frühmorgens und am späten Nachmittag. Das blaue grelle Mittagslicht des sonnigen Südens mit seinen harten Schatten solle man meiden und lieber Siesta halten, heißt es. Wer sich daran hält, kann viel verpassen. Für Besucher aus dem alten Europa ist oft die Zeit begrenzt und sollte voll ausgenutzt werden. Bei hohem Sonnenstand kann man sich besonders bei Tieraufnahmen und Stillleben in der Natur mit einem leistungsfähigen Blitzgerät helfen und in »fill-in«-Mode bereithalten.

Belichtung, Blende, Brennweite beeinflussen Tiefenschärfe und Perspektive. Bei der Tierfotografie mit langer Brennweite ist man eher kompromissbereit und gibt Schärfe und formatfüllenden Aufnahmen Priorität vor allen anderen Erwägungen.

gar durch einen Riss oder Raubtiere an einem Milzbrandkadaver. Chudop mit seiner schwimmenden Riedinsel ist vor allem einer der wenigen Plätze, an den mit schöner Regelmäßigkeit Elenantilopen, Afrikas größte Antilopenart, zum Trinken kommen. Giraffen versammeln sich nachmittags manchmal zu Dutzenden und schauen wie arrogant auf die mit aufgestellten dünnen Schwänzchen dahertrabenden Warzenschweine herunter. Noch spannender wird es, wenn eine hungrige Löwin in einem der von Elefanten gegrabenen Löcher in der Ufergegend auf Beute lauert oder wenn ein Mähnenlöwe im Schilf versteckt auf der Insel ruht. Dann konzentrieren sich hier manchmal Zebras, Streifengnus, Spießböcke und andere durstige Tiere zu Hunderten, wagen sich bis kurz vor die Wasserfläche und stieben immer wieder erschrocken auseinander. Manche neugierigen Giraffenbullen wagen es sogar, ihren langen Hals vorwitzig tief über das Löwenversteck zu beugen. Kalkheuwel ermöglicht die Beobachtung großer Elefantenherden aus der Nähe. Beste Zeiten sind hier der frühe Morgen und späte Nachmittag, wenn die Tiere in Gegenlicht getaucht sind.

Greifvögel wie Gaukler, Schwarzer Milan und Schwarzbrust-Schlangenadler sind hier öfter zu sehen und können manchmal sogar fotografiert werden. Kreischende Goldbugpapageien sind Stammgäste. Blutschnabelweber, Afrikas Fluch (im Getreidefeld eine Plage), fliegen manchmal zu Tausenden in synchronen Bewegungen in dichter Wolke über dem Wasserspiegel. Auch Raubadler, Graubürzel-Singhabicht und Gabelracke sind hier bisweilen zu sehen. Die 3 gehören zu den über das gesamte Reservat verbreiteten Arten.

Schwärmende Termiten ziehen Abdimsstörche an, die oft noch am Ende der Regenzeit anwesend sind.

Eine Rundfahrt um **Fisher's Pan**, unmittelbar nördlich von Namutoni, kann auch in der Trockenzeit ergiebig sein. Besser ist aber der heiße Sommer, wenn sich die Senke nach schweren Regenfällen im Ovamboland mit Wasser füllt und zahllose Flamingos und Rosapelikane anzieht. Im Sommer treffen auch wasserliebende Vögel aus aller Welt ein, darunter Trauerseeschwalbe, Thorshühnchen, Schwarzhalstaucher, Säbelschnäbler und andere. Dann stellen die Zugvogelarten etwa ein Drittel der 360 gelisteten Vogelarten Etoshas, die wegen des herrlichen Angebots an Großtieren meist nur wenig beachtet werden.

Das Trockenbett des **Omuramba Ovambo** (prehistorischer trockener Wasserlauf) erreicht Fisher's Pan bei **Aroe**. In dieser Gegend leben mehrere Paare der wunderschönen Paradieskraniche. Der blutrote Sonnenuntergang hinter den 2 Makalini-Palmen an der **Twee-Palms**-Wasserstelle bezaubert jeden Fotografen und Videoenthusiasten. Dann nehmen die Ehrgeizigsten auch eine Verspätung in Kauf, die zu einer Geldbuße führen könnte, wenn die Tore von Namutoni schon geschlossen sind.

Von einer ganz anderen Seite zeigt sich Etosha bei einer Fahrt durch den schmalen Grasgürtel um Fisher's Pan, vorbei an der durch Sonnenkraft betriebenen Wasserstelle **Tsumcor**, die das Kupferbergwerk in Tsumeb stiftete. Hier beginnt das nordöstliche Sandveld. Tiefer Kalaharisand und leicht höherer Regenfall ermöglichen ein luxuriöseres Pflanzenleben. »Purple Pod Terminalia«, »Kalahari Apple Leaf« und »Silver Terminalia« sind einige der Leitarten.

Stoisch ziehen Streifengnus von einer Wasserstelle zur nächsten.

Die dunkle Seite der Wildnis

Chudop ist nur 7 km vom Camp Namutoni entfernt, geschätzt als einer der besten Plätze zur Wildtierbeobachtung im südlichen Afrika – und einer der dramatischsten. Im frühen Licht wirkt Chudop manchmal etwas unheimlich, spukhaft, das richtige Milieu für die hier immer wieder zu beobachtende dunkle Seite der Wildnis: der unabänderliche Kreislauf von töten und getötet werden. Die artesische Quelle speist einen kleinen Teich, in dessen Mitte eine winzige Schilfinsel schwimmt, auf der sich Löwen gern verstecken, manchmal mit ihrer Beute, manchmal auf Beute wartend. Heute herrscht einmal mehr Belagerungszustand. Pkws, Busse und Geländewagen schieben sich beinahe ineinander im Kampf um die besten Plätze, auf die – hoffentlich – nicht abreißende Reihe wilder Tiere wartend. Beklemmende Stille senkt sich über Chudop. Steppenzebras und Streifengnus stehen zaudernd in Gruppen beisammen, manchmal in wilder Flucht auseinanderspringend. Keiner traut sich wirklich an das schlammschwarze Wasser heran. Selbst die Beobachter beeinflusst die gespannte Atmosphäre. Sie verhalten sich besonders ruhig. Ein Mähnenlöwe bricht durch das Schilf der Insel, beugt sich zum Wasser, trinkt lange, springt dann aufs Festland hinüber und legt sich neben einem von Elefanten gegrabenen Staubloch nieder. Zögernd rücken Zebras und Antilopen wieder näher heran, jagen panisch davon, als eine junge Löwin die Szene betritt. Was hat sie vor? Sie geht, nein schreitet auf den Altlöwen zu. Ein paar konventionelle Kameras klicken vernehmlich, lautlos wie Leoparden bleiben die digitalen. Opa umschleicht sie wie ein verliebter Kater, erhält aber nur eine saftige Ohrfeige (s. Foto), bevor sie ins tiefe Loch verschwindet, das die Elefanten eigentlich

Die Mitte der Chudop-Wasserstelle ist eine riedbewachsene schwimmende Insel, auf der sich Löwen gern verstecken.

für ihre Staubbäder ausgebuddelt haben. Dient es der listigen Löwin vielleicht als Hinterhalt? Missmutig macht sich der Alte davon, verfolgt von ein paar Autos, aus denen sich kühne Kamerajäger schussbereit lehnen. Vorsicht, schon das könnten die Wildhüter übel nehmen! Andere schwingen sich mit Stativ und Kamera aufs Dach. Hier würde der Verweis aus dem trockenen Eden fällig. Zum Glück sind die Wildhüter fern und der Alte verschwindet schnell im Busch.

Jeder konzentriert sich wieder auf die unsichtbare Löwin. Schläft sie? Der Aufzug der Giraffen scheint ihr anscheinend zu entgehen. An die 30 elegante Langhälse umstehen die Wasserstelle, instinktiv schön weit weg vom Löwenloch. Nur ein Stinkbulle, wie alte »Südwester« ehrwürdig-steife Giraffen-Opas nennen, will es genau wissen. Er stakst näher, spreizt die Beine weit und sieht zum Löwenloch herunter. Sie springt entsetzt aus ihrem Loch, flieht für eine Schrecksekunde und jagt im nächsten Augenblick auf den Bullen zu. Der flüchtet um sein Leben. Sie holt auf und entgeht knapp einem mächtigen Schlag seiner Hinterbeine und gibt auf. Trotz seines Alters ist er immer noch viel zu stark für sie.

17 Otjikoto und Guinas Meer

Otjikoto Meer liegt 20 km nordwestlich von Tsumeb an der Teerstraße nach Etosha – Oshakati. Der Karstsee ist bis 76 m tief und wurde früher für die Wasserversorgung des Bergwerkortes genutzt. Die alte Dampfmaschine, mit der die Wasserpumpe betrieben wurde, steht noch am Ufer des Sees, in dem mehrere Fischarten leben, darunter der Maulbrüter *Pseudocrenilabrus philander*, eine seltene Zwergart der afrikanischen Buntbarsche, die wegen ihrer unglaublich schönen Farben bei Aquarianern sehr beliebt sind. Die Schutztruppe versenkte hier 1915 eine Anzahl Kanonen, Gewehre und andere Ausrüstung. Ein Teil wurde nach 70 Jahren von Tauchern aus Tsumeb geborgen und vom Schlamm befreit. Außer diesen Waffen ist auch ein Geldschrank mit unbekanntem Inhalt in einem Unterwassermuseum in 50 m Tiefe ausgestellt.

Ein zweiter See, das bis 132 m tiefe **Guinas Meer**, ist auf einem 15 km langen Farmweg zu erreichen. Hier lebt ein anderer seltener Maulbrüter der Familie Cichlidae. !Uris Safari Lodge und Campingplatz liegen in unmittelbarer Nähe (s. S. 234).

18 Kupferstadt Tsumeb

Mineralien aus dem All und aus der Erde sind in und bei der Bergwerksstadt Tsumeb zu sehen. Über 214 zum Teil spektakuläre Mineralienfunde wurden aus der Kupfermine geborgen. Etwa 40 davon wurden zum ersten Mal beschrieben. Eine Sammlung von über 200 verschiedenen Stücken, die durch ihren strukturellen Aufbau und die schillernden Farben auffallen, sind im **Tsumeb Museum** ausgestellt. Die Zukunft der Mine bleibt nach wie vor ungewiss, obwohl ein internationales Unternehmen an einer Übernahme interessiert zu sein scheint. Damit würde die wirtschaftliche Grundlage der etwa 16 000 Einwohner gesichert. Sie hoffen, dass der Schacht nun in naher Zukunft wieder geöffnet wird. Es soll noch große Erzvorkommen geben. Seit 1907 wurden hier etwa 20 Mio. t Erze abgebaut, vor allem Kupfer, Blei und Zink und in geringerem Maße Silber, Cadmium, Arsen und Germanium.

In der Khorab Chamber des Museums sind restaurierte Schutztruppenwaffen aus dem **Lake Otjikoto** ausgestellt. Andere Ausstellungsstücke erinnern an den Waffenstillstand, der 1915 auf der Farm **Khorab** zwischen Tsumeb und Otavi zwischen der Schutztruppe und den südafrikanischen Truppen geschlossen wurde. In der **Cultural Village/Open Air Museum** wird dem Besucher die Kultur der verschiedenen ethnischen Gruppen Namibias nähergebracht. Die kleine Stadt mit subtropischem Flair und ungewisser Zukunft liegt 110 km von Etosha entfernt in einem Gebirgslandstreifen zwischen semiaridem und feuchterem Klima. Der mittlere Niederschlag beträgt durchschnittlich 550 mm und ermöglicht Regenfeldbau mit Bewässerung, der vor allem in den Tälern des Otavi-Berglandes betrieben wird.

Eine junge Löwin an der Chudop-Wasserstelle verfolgt tentativ einen starken Giraffenbullen, der ihr mit seinen kräftigen Hinterbeinen tödliche Schläge versetzen könnte.

19 Hoba-Meteorit

Wer von Tsumeb aus auf der C 42, 3 km vor dem Agrarort Grootfontein rechts in die beschilderte D 2859 abbiegt, sieht nach 2 km links eine **Straußenfarm** (Besichtigung, Essen und Trinken möglich). Nach weiteren 18 km durch das Maisan-

Der Hoba-Meteorit bei Grootfontein gilt als das größte außerirdische Stück fester Materie auf der Erde.

baugebiet im Otavi-Bergland folgt der **Hoba-Meteorit**, 600 m rechts von der guten, aber sehr staubigen Schotterstraße auf der Farm Hoba. Hier liegt der 50–60 t wiegende, größte bekannte Meteorit der Welt in einem kleinen Loch und wird auf etwas einfallslose Weise präsentiert. Er wurde 1920 von einem Farmer gefunden und wäre beinahe eingeschmolzen worden, nachdem man feststellte, dass der 3 m lange und bis zu 1 m dicke Block aus etwa 82,4 % Eisen, 16,5 % Nickel und 0,76 % Kobalt besteht. Durch eine Isotopenuntersuchung wurde festgestellt, dass der nickelreiche Ataxit vor etwa 80 000 Jahren in den losen Sand am Rande der endlosen Kalahari einschlug. Sein Alter wird auf 100–300 Mio. Jahre geschätzt.

Die Fundstelle ist von einem schönen Baumbestand umgeben, in dem eine Reihe Vogelarten gut zu beobachten ist: Gabelracke, Gelbschnabeltoko, Graulärmvogel, Maskenbülbül, Perlkauz, Rotbrust-Nektarvogel, Rotschopftrappe, Rotschulter-Glanzstar, Palmtaube, Trauerdrongo,

Wahrscheinlich war Lake Otjikoto ursprünglich ein unterirdischer See im ausgelaugten Kalkgestein.

Auch das Spitzmaulnashorn ist durch die zunehmenden Wilderer-Attacken vom Aussterben bedroht. Allerdings haben Reservate wie Etosha und das private Kuzikus bislang noch keine großen Verluste hinnehmen müssen.

Wiedehopf. Überraschend viele körneressende Vögel sind in der Gegend zu Hause. Farmbesitzer Jan Engelbrecht schenkte ein Stück Land um den Meteoriten dem National Monuments Council, das den Meteoriten 1955 zum Nationaldenkmal erklärte und das Gelände verschönerte. Der Meteorite-Campingplatz Å ist 4 km von der Meteoritenstätte entfernt (s. S. 233)

20 Kuzikus – unverfälschte Wildnis

Kuzikus (s. S. 231) ist ein privates, vom Staat Namibia anerkanntes Naturschutzgebiet am Rande der Kalahari. Es liegt abseits der üblichen Touristenrouten und Hauptverkehrswege, fast versteckt in weiter Baum- und Buschsavanne, unterbrochen von Salzpfannen und teilweise überwachsenen Dünen. Seit über 30 Jahren setzt sich die Familie Reinhard hier für die Erhaltung der natürlichen Artenvielfalt in diesem etwas abgelegenen Gebiet ein.

Individueller Tourismus soll, verbunden mit Natur- und Artenschutzprojekten, echtes Afrikagefühl herstellen. Angeboten werden deshalb naturnahe und individuelle Pirschfahrten, Kalahari-Exkursionen, Seminare über Wildnisthemen, Wanderungen, Pirschgänge, mehrtägige Streifzüge und Ausritte sowie die Möglichkeit, Biologen bei der Feldarbeit zu begleiten. Touristen können auch unbehelligt allein umherstreifen oder an der Wasserstelle dicht bei der Lodge in aller Ruhe Tiere beim Trinken, Suhlen und Äsen beobachten und fotografieren. Artenlisten und Literatur zur Fauna und Flora liegen in der Bibliothek aus.

Kuzikus, Weißdorn in Nama, unterstützt vor allem auch das staatliche Schutzprojekt für die bedrohten Spitzmaulnashörner. 1997 wurde die vom Aussterben bedrohte afrikanische Nashornart in Kuzikus wieder in

Mächtiger Affenbrotbaum am Rande der Trockensavanne im Buschmannland bei Khaudum.

ihren natürlichen Lebensraum eingebürgert. Sie können hier von Besuchern in freier Wildbahn beobachtet werden.
Zweifellos ist der verhältnismäßig große Wildbestand die Hauptattraktion von Kuzikus. Vor allem sind es Elenantilope, Kudu, Spießbock, Kuhantilope, Streifen- und Weißschwanzgnu, Blessbock (wohl die einzigen ihrer Art in Namibia), Springbock, Steinböckchen, Zebra, Strauß und Giraffe. Auch kleinere Säugerarten sind dabei, wie Steppenschuppentier, Erdferkel, Erdwolf, Löffelhund. Dazu zahlreiche Vogelarten, Reptilien, Spinnentiere und Insekten.

21 Nordöstliche Kalahari und Khaudum-Wildreservat

Tsumkwe und Khaudum sind Ziele für eher abenteuerlich gestimmte Reisende, die der Zivilisation wirklich entfliehen wollen und auch schon mal mit einem alten Affenbrotbaum in der Mitte von Nichts als Campingplatz zufrieden sind. Die recht beschwerliche Reise nach Khaudum beginnt 50 km nördlich von Grootfontein. Hier zweigt die C 44 nach rechts von der B 8 ab. Nach etwa 100 km folgt ein Veterinärkontrollzaun und nach weiteren 11 km das **Omatako Valley Rest Camp** rechts an der Abzweigung zur Omatako-Siedlung. Einheimische unterhalten hier einen Campingplatz ⛺. Etwa 90 km später folgt **Tsumkwe**, das etwas trostlose Zentrum des sogenannten »Bushman Land«, eine Halbwüste bedeckt mit Gras und Dornbuschsavanne, unterbrochen von einzelnen, mächtigen Affenbrotbäumen. Elefanten, Giraffen, Elenantilopen, Raubtiere und seltene Pferdeantilopen kommen noch vor. Hyänenhunde haben hier eine letzte Zuflucht in Namibia. Im Gebiet **Nyae Nyae** um Tsumkwe leben mehrere tausend Ju/'Hoansi, ein San-Volk, die zum Teil versuchen, durch Ökotourismus einen Abglanz ihrer traditionellen Lebensweise zu erhalten. Dem Besucher zeigen sie auch gern für ein kleines Entgelt wie man Spuren sucht, mit Pfeil und Bogen jagt oder Nahrung in der Wildnis sammelt. Safariunternehmer organisieren Wanderungen mit Buschmann-Führung, zeigen die Menschen beim traditionellen Tanz und lassen den Besuchern Zeit für kurze persönliche Begegnungen und zum Kauf von Souvenirs.
Auf der D 3301 geht es weiter in nördliche Richtung zum südlichen Eingang des 3840 km² großen, nicht eingezäunten Khaudum-Wildreservates, in dessen Nähe das Rastcamp Sikereti liegt. Rustikale Hütten in den 2 kleinen Rastcamps **Khaudum** und **Sikereti** 🛏 ⛺. Buchungen und Informationen durch Namibia Wildlife Resorts (s. S. 223). Camping möglich. 3 große »omurambas« (Trockenflüsse) beherrschen das Reservat im nördlichen Sandveld der Kalahari, mit Trockenwaldsavanne, Dornbusch und Grassteppen. Inmitten dieser unberührten Natur lassen sich in stiller Abgeschiedenheit je nach Jahreszeit Giraffe, Kudu, Streifengnu, Elen-, Pferde- und Leierantilope be-

obachten, seltener auch Elefant, Löwe, Leopard und Gepard, Tüpfelhyäne sowie der im übrigen Land abwesende Streifenschakal und gelegentlich Hyänenhunde. Die Vogelwelt ist typisch für die Kalahari-Trockensavanne und mit mehr als 300 Arten ausgesprochen vielseitig. Weit verbreitet ist breitblättriges Hartholz wie Simbabwe-Teak und Wilder Teak, auch bekannt als Dolfholz, das wichtigste Material der Kavango-Schnitzer. Besucher dürfen das Fahrzeug auf eigene Verantwortung verlassen.

Zugang ist nur mit Vierradantrieb möglich, und Reisen dürfen nur im Konvoi von mindestens 2 Fahrzeugen unternommen werden. Besucher sollten darauf achten, dass sie genügend Wasser und Proviant für mehrere Tage mitnehmen. In Tsumkwe 🛏 ⛺ gibt es eine Tankstelle und zur Not Proviant bei einem »General Dealer«. Die **Tsumkwe Lodge** in der Umgebung bietet Übernachtung und Touren (s. S. 235) zum Lebenden »Hunters Museum« der Ju/'Hoansi an. Ein einfacher Campingplatz ist vorhanden.

22 Mangetti-Nationalpark

Ein bisher wenig bekanntes Juwel am Weg zum Caprivistreifen im Nordosten Namibias wartet darauf entdeckt zu werden. Es ist der Mangetti-Nationalpark, leicht zu erreichen rechts der B 8 zwischen Grootfontein und Rundu. Er wurde 2008 gegründet. Vorher diente das 420 km² große Gelände dem Schutz der Vegetation und der Zucht seltener und bedrohter Tierarten, vor allem Breitmaul- und Spitzmaulnashörner. Das Reservat ermöglicht jetzt leichten Zugang zum östlichen Kalahari-Waldland mit seiner unersetzlichen Fauna und Flora.

Mangetti gehört zur neuen Generation Naturparks, die außer Schutz und Hege

Junge San auf »Pirsch«. In neuen Naturparks soll Mitarbeit am Ökotourismus die Lebensgrundlage der lokalen Bevölkerung verbessern.

auch durch verantwortungsbewusste Entwicklung von Ökotourismus die Existenzgrundlage der lokalen ländlichen Bevölkerung verbessern sollen. Dazu will man Übernachtungsmöglichkeiten schaffen und den Tierbestand durch Wiedereinführung von Giraffe, Spießbock, Kudu, Impala und Steppenzebra erheblich aufstocken. In Mangetti leben bereits Rappen- und Elenantilope, Streifengnu, Steinböckchen, Leopard, Tüpfelhyäne, Wüstenluchs und Afrikanische Wildkatze. Elefant und Hyänenhund sind gelegentlich zu sehen. Zu den mehr spektakulären Vogelarten zählen Ohrengeier, Gaukler, Raubadler, Goldbugpapagei und Streifenliest.

Von enormer Wichtigkeit, auch für den Ökotourismus, ist die Erhaltung des östlichen Kalahari-Waldlands, mit Waldland-Vegetation auf uralten Dünenkämmen und Akazia-Savanne in den Dünentälern. Hier wachsen Mangetti-Baum (*Schinziophyton rautanenii*), Kameldornbaum (*Acacia erioloba*), Hakendornakazie (*Acacia mellifera*), Gelbholz (*Terminalia sericea*) und verschiedene *Combretum*- und *Commiphora*-Arten.

23 Kavango und Caprivistreifen (Übersicht zu Reisezielen 24–30)

Am schnellsten ist das Gebiet über die B 8 Grootfontein – Rundu zu erreichen.

Nördlich vom Grootfontein-Farmgebiet, wo hauptsächlich Mais angebaut wird, folgen bald die Dörfer der Kleinbauern, von denen in Subsistenzwirtschaft traditionelle, weniger anfällige Hirsearten angebaut werden, die immer noch Hauptnahrungsmittel der Regionen Okavango und Liambezi sind. Subtropisches Klima und ein relativ hoher Regenfall von durchschnittlich 700 mm fördern den dichten Baumbestand

Ochsengezogene Schlitten sind im abgeschiedenen Caprivistreifen noch immer verbreitet.

in einem der wertvollsten Waldgebiete des südlichen Afrikas. Außer dem waldwirtschaftlichen Wert ist auch die Stabilisierung der Flusssysteme von Bedeutung.

24 Rundu, Tor zum Caprivistreifen

Rundu, Hauptort der Okavango-Region am Okavango River, ist die Heimat der weit bekannten Kavango-Holzschnitzer, die sich weitgehend dem Geschmack der Touristen angepasst haben. Doch ist ihr symmetrischer Stil in Figuren, Ornamenten und Gebrauchsgegenständen sichtbar geblieben. Auch die Nähe zu Angola, Botswana und Sambia hat anregend auf die Kavango-Schnitzer, -Töpfer und -Korbflechter gewirkt. Ihre Arbeiten sind in der genossenschaftlich betriebenen **Mbungura-Werkstatt** zum Verkauf ausgestellt. Die meisten Holzschnitzer zeigen ihre Werke heute jedoch an der B1 von Tsumeb bis hinunter nach Grünau im Süden des Landes.
Rundu wird von den Reisenden oft nur als notwendige, kurze Zwischenstation angesehen. Für den Vogelfreund besitzt es jedoch großen Reiz. Es gibt mehrere Lodges mit Campinggelegenheiten in Rundu und der Umgebung. Besonders reizvoll ist die **Sarasungu River Lodge** (s. S. 238) am Flussufer, mit markantem Baumbestand in störungsfreier Umgebung. Dies begünstigt beschauliche Vogelbeobachtung. Sehr gut zur Vogelbeobachtung ist auch das Gebiet am Golfplatz und den anschließenden Kläranlagen östlich der Stadt. Unter anderem sind hier zu sehen: Weißbauch-Nektarvogel, Rostkehl-Eremomela, Langschnabel-Sylvietta, Goldkuckuck und Zwergspint; am späten Abend: Bronzeflügel-Rennvogel und mehrere Nachtschwalbenarten. Nachts fliegen Perlkauz, Afrikanische Zwergohreule und Büscheleule oft um die Flutlichter. In

Caprivi: Arbeitssuchender Wanderer zwischen zwei Welten.

den Kläranlagen nebenan sind das ganze Jahr mehrere Reiherarten zu sehen, darunter der sehr seltene Schieferreiher, die Zwergrohrdommel und die Graurückendommel. Eine weitere Spezialität, der Angola-Mönchskuckuck, ist frühmorgens leichter zu beobachten. Scharlachspint, Blauwangenspint und Europäischer Bienenfresser sind oft gleichzeitig zu sehen.

25 Vogelparadies Kavango und Caprivistreifen

Die Vielseitigkeit der Region ist so groß, dass sie als eine der besten Stellen für die Vogelbeobachtung in Afrika gilt. Mit über 450 Arten ist sie ein unvergleichliches Paradies für Vogelfreunde und heute durch den »Caprivi Highway« gut erschlossen.
Der Wald im Caprivistreifen bildet eine natürliche Hürde gegen die Ausbreitung der trockenen Kalahari nach Norden und ist Heimat einer umfangreichen Tier- und insbesondere Vogelwelt. Von Rundu bis Divundu sind es 210 km guter Teerstraße (B8), die parallel zum Okavango verläuft und meist schnell durchfahren wird. Vogelfreunde können in dem zum Teil noch herrlichen Waldgebiet Tage verbringen. Vor allem bei der Omuramba Omatako (90 km

hinter Rundu) sind viele interessante Vögel zu finden. Dramatisch kann es hier in der Morgenfrühe werden, wenn im Sommer, etwa zwischen November und Februar, die Termiten schwärmen und sich viele Arten um die Schlupflöcher scharen.

Aber auch sonst lohnt es sich, an der Strecke kurze Beobachtungspausen einzulegen, besonders unter hohen, ausgewachsenen Baumbeständen, wo sich mit Sicherheit Schwarzohrpirol, Mohrenmeise, Keilschwanz-Glanzstar, Fahlschnäpper und andere Arten einfinden.

Bei **Divundu** und der **Bagani-Brücke** ändert der Okavango seinen Lauf, wird breiter und fließt in südlicher Richtung weiter zum Okavango-Delta. Die Brücke trennt Kavango von dem hier beginnenden **Caprivistreifen**. Im Englischen wird er gern als »panhandle«, also als Pfannenstiel beschrieben. Caprivis Kontur gleicht jedoch eher einem Hackmesser mit überlangem Stil. Liambezi, der neue Name der Region, soll die historische Bezeichnung aus deutscher Kolonialzeit ersetzen.

26 Popa-Fälle

Kurz vor der Bagani-Brücke weist ein Schild nach rechts zum 5 km entfernten **Popa Falls Resort**, das eher für seine überaus vielseitige Vogelwelt als für den »Wasserfall« berühmt ist, der aus 4–5 m hohen Stromschnellen besteht. Angeln ist erlaubt. Sportanglern geht es um den kämpferischen Tigerfisch. Fischesser ziehen den »Caprivi Winter-Bream« vor. Der schattige Touristenpark 🏠 🛏 ⛺ unter ausladenden Knopfdorn-Bäumen, gesäumt von dichten Bushwillow-Büschen bietet strohgedeckte Hütten mit je 4 Betten in 2 Räumen. Der dazugehörende Campingplatz liegt an einem Nebenarm des Okavango und besitzt elektrische Anschlüsse. Buchungen und Informationen durch Namibia Wildlife Resorts in Windhoek (s. S. 223). Nach 4 km Fahrt in Richtung Katima Mulilo weist eine beschilderte Abzweigung nach rechts. Sie führt zum **Ngepi Camp** 🛏 ⛺ (s. S. 238). Es grenzt an den Okavango River in der Nähe des Bwabwata National Parks und zeichnet

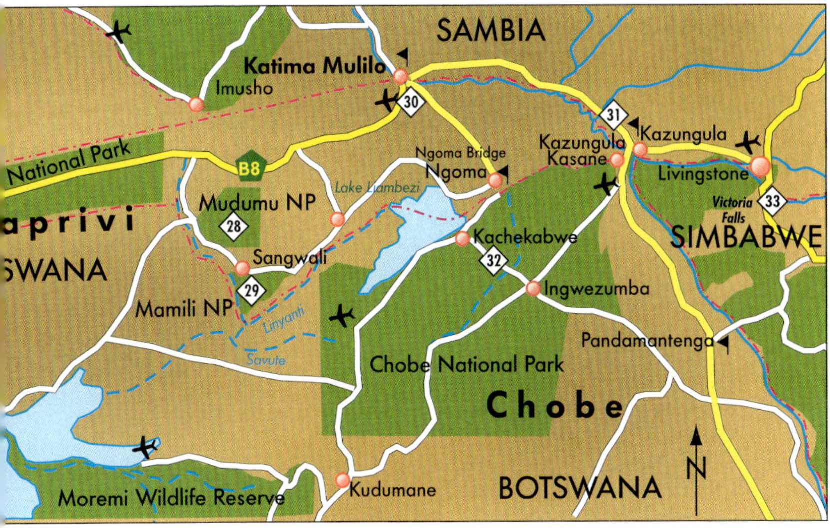

sich durch Originalität, malerische Baumhäuser und die Nähe von Großwild aus. Nicht weit entfernt ist das »ökologische« **N//gaobaca-Camp** ⛺ (s. S. 238) am Ostufer des Okavango. Es wird von der West Caprivi Community unterhalten, zu der eine San-Gruppe gehört, von der die Bezeichnung N//gaobaca (»brodelndes Wasser«) für die Popa-Fälle stammt. Wer mehr Luxus möchte oder in der Saison keinen Zeltplatz mehr findet, kann 1 km weiter bei der **Suclabo Lodge** (s. S. 239) nachfragen.

Die Popa-Fälle sind eigentlich nur ganz gewöhnliche Stromschnellen.

27 Bwabwata-Nationalpark

Der junge, 2007 proklamierte Nationalpark ist eine Komposition aus dem Zusammenschluss des Caprivi- und Mahango-Nationalparks. Mit über 6000 km² ist er eines der wichtigsten Schutzgebiete des Landes. Das Reservat beginnt am Okavango kurz hinter der Bagani-Brücke und umspannt 200 km bis zur Brücke über den Kwando River im Osten. Bis jetzt befindet sich das Schutzgebiet noch im jungfräulichen Zustand, doch mit der Entwicklung des großen Potenzials wurde bereits begonnen.

Zukünftig wird auch die ländliche Bevölkerung durch Entwicklung von bodenständigem Tourismus und Betreuung von Trophäenjagd zu Partnern werden.
Besonders interessant und überschaubar für Besucher und Safarifreunde ist der Teil des ehemaligen Mahango-Nationalparks. Er ist 244 km² groß und beginnt etwa 18 km hinter den Popa-Fällen. Die D 3403 führt durch das Reservat weiter zum Okavango-Delta in Botswana. Er ist wichtiger Teil von Namibias vielseitigstem Naturreservat. Verschiedenartige Landschaftsformen reichen von grünen Flussauen über Überschwemmungsebenen (»omurambas«) und Sümpfe bis zu dichter Waldsavanne. Sie bieten vielen Tier- und Vogelarten sichere Standorte. Neben eindrucksvollen Elefantenherden, die im Winter aus dem südlichen Angola herüberwechseln, gibt es Büffel, Herden von Rappen-, Pferde- und Kuhantilopen und die unvermeidlichen Paviane. Sumpfantilopen sind immer in der **Omuramba Mahango** links vom Fahrweg zu finden, der zum herrlichen Picknickplatz Kechwe in der Ostecke des Reservates führt.
Die Vogelwelt der engeren Umgebung ist mit über 400 Arten kaum zu übertreffen. Wer im hohen Baumbestand in der Nähe der Omuramba Mahango Ausschau hält, sieht morgens oft Kuckucksweih, Bradfieldtoko, Graufischer, Kampfadler, Gaukler, Einfarb-Schlangenadler, Lannerfalke und Sekretär. Auf den Flächen mit kurzem Gras, die von Gnus, Zebras, Pferdeantilopen vorgezogen werden, sind außer mehreren Lerchenarten vor allem auch Temminckrennvogel, Kronenkiebitz, Kaptriel und gegen Abend Bronzeflügel-Rennvogel zu sehen. Unten im Feuchtgebiet sind Rotschnabelente, Goldschnepfe, Afrikanische Bekassine und Tüpfelsumpfhuhn zu finden, nach gutem Regen auch Schieferreiher, Rotbauchreiher, Rallenreiher und Graurückendommel. Die Schwemmebene ist am besten beim Picknickplatz am gigantischen

Eine Büffelherde erreicht ihren abendlichen Trinkplatz in der wasserreichen Schwemmebene des Bwabwata-Nationalparks.

Junger Caprivier beim Fischen im Makoro, Okavango River.

Affenbrotbaum zu beobachten. Besucher sollten hier auf Glockenreiher, Goliathreiher, Afrika-Sattelstorch, Bienenfresserarten, Froschweihe und Schreiseeadler achten. Mehr Glück gehört dazu, hier die heimliche Rappenantilope oder sogar eine Sumpfantilope aufzuspüren.

Der Picknickplatz **Kechwe** liegt unter hohen Bäumen in einem schmalen Galeriewald an einem Nebenarm des Okavango in der äußersten Parkecke. Er gilt als wahres Vogelparadies, obwohl die Elefanten kräftig unter dem Baumbestand aufgeräumt haben, sodass mehrere »Waldvögel« hier nicht mehr zu finden sind. Dafür gibt es immer noch Weißstirn-Bienenfresser, Goldweber und Zweifarbenwürger. Gelb- und Rotschnabel-Madenhacker, Haubenbartvogel und Zwergsperber brüten in den sehr hohen Bäumen. Im Papyrus sind Papyrusrohrsänger, Sumpfzistensänger und Kapralle versteckt. Elefanten fressen manchmal vom Papyrus, direkt vor den Besuchern, oder durchqueren – in der Regel nachmittags – den Nebenarm, um auf die Sumpfweiden auf der anderen Seite zu kommen. Flusspferde sind meist nicht weit, und Krokodile beachtlicher Größe schwimmen vorbei oder sonnenbaden am anderen Ufer und ignorieren Nimmersatt, Sattelstorch oder Afrikanischen Löffler, die in ihrer Nähe ruhen oder vorbeistolzieren.

Noch sind hier zurzeit nur Tagesbesuche möglich. Besucher dürfen auf eigenes Risiko ihr Auto verlassen! Links hinter dem von hohen Falschen Marulabäumen be-

schatteten Eingang beginnt der wichtigste Teil. Nur er kann mit normalen Personenwagen besucht werden. Für weilende Besucher ist es am einfachsten, entweder im Popa Falls Resort (s. S. 62), auf dem ökologischen Campingplatz Ngepi (s. S. 238) am gegenüberliegenden Flussufer oder in den verschiedenen am Wege liegenden Lodges am Okavango zu übernachten.

TIPP: Die aufreibende Schotterstraße D 3403 durch den ehemaligen Mahango-Wildpark endet am wenige Kilometer entfernten Grenzübergang nach Botswana und führt von da aus als Teerstraße weiter nach Sehithwa am Lake Ngami und erreicht dort die A 3. Hier verbindet sie in südwestlicher Richtung mit dem Transkalahari Highway bei Ghanzi und dem nordöstlich liegenden Maun am Okavango-Delta.

Wer weiter durch den Bwabwata-Nationalpark fahren möchte, kann der B 8 bis zum etwa 200 km entfernten östlichen Ende bei Kongola folgen. Es empfiehlt sich, dabei immer auf Elefanten zu achten,

Afrikanische Büffel brauchen viel Wasser. Deshalb können sie nur in den Wildreservaten des Caprivistreifens leben.

die hier fast jederzeit die Straße überqueren könnten. Seit Langem ist dieser Teil des Caprivistreifens Durchgangsstation für ein paar Tausend, die den saisonalen Routen zwischen Südangola und dem Caprivi-Gebiet folgen.

2 Campingplätze liegen links und rechts kurz vor dem östlichen Eingangstor. Bumhill ist nur 1 km entfernt, mit guten Aussichten auf den Fluss von hohen Holzplattformen. Das etwa 13 km entfernt liegende Nambwa ist besonders bei Naturfreunden beliebt, die in aller Ruhe Tiere beobachten und fotografieren möchten und über ein geländegängiges Fahrzeug verfügen. Das Camp mit ökologischen Akzenten ist idealer Ausgangspunkt für Tagesfahrten durchs Reservat. Ein Permit dafür ist in Bumhill beim Ranger zu erhalten. Besonders am Ufer des Kwando River finden sich oft außer Elefant, Löwe, Büffel und Leopard auch Antilopen- und andere Arten ein. Die Vogelwelt ist unbeschreiblich abwechslungsreich. Etwas entfernter liegt der Campingplatz Kubunyana, mit normalem Pkw zu erreichen.

Eine Elefantenherde durchquert den Okavango River. Das Schauspiel ist beim Picknickplatz Kechwe zu beobachten.

TIPP: Bitte Trinkwasservorrat mitbringen. Wasser ist nur zum Waschen und Spülen vorhanden. Keine Elektrizität. Vor sandigen Wegteilen eventuell Reifendruck verringern.

Nach der Weiterfahrt über die Kwando-Brücke folgt das Städtchen Kongola (Tankstelle, Supermarkt). Hier beginnt die subtropische Region **Ost-Caprivi**. Sie besteht zum großen Teil aus zauberhaften Feuchtgebieten mit mehreren noch wenig erschlossenen Wild- und Naturreservaten, die zusammen mit dem Bwabwata-Nationalpark in Zukunft eine der touristischen Hauptanziehungspunkte des südlichen Afrikas werden können. Ost-Caprivi wird von den Flüssen **Sambesi, Chobe, Linyanti** und **Kwando** begrenzt, die große Teile der Region in der Regenzeit zwischen Oktober und März überfluten. Über 100 000 Menschen leben hier, etwa die Hälfte davon im 110 km entfernten Katima Mulilo am Sambesi. Kleinbauern produzieren überwiegend für den Eigenbedarf, abhängig zum Teil von Naturfrüchten. Hauptsächlich Fisch, Wasserlilien, Ried und Gräser werden geerntet, meist von den Frauen. Wilddieberei ist verbreitet.

Auf der B 8 geht es geradeaus weiter zum 110 km entfernten Katima Mulilo. Für Caprivi-Safaris ist es aber abenteuerlicher, am linksseitigen Kwando-Ufer auf der Schotterstraße (D 3511) ein Stück südwärts zu reisen. Die Distriktstraße führt zunächst fast an den Mudumu- und den Mamili-Nationalpark heran, ändert aber bei Sangwali die Richtung und endet ebenfalls in Katima an der Nordgrenze. Nach Mudumu und Mamili geht es weiter auf teilweise sehr sandigen Pisten, auf denen man wieder nach Sangwali zurück muss. Besonders zur

Sichernde Rappenantilopen vor einer Wasserstelle im Mahango-Nationalpark, Caprivi.

Regenzeit können die Sandwege nur mit Geländewagen oder allenfalls mit Pick-ups (Bakkies im südlichen Afrika) befahren werden. Nach 20 km Fahrt winkt aber schon die im eher exclusiven Segment liegende **Namushasha Lodge** 🛏 ⛺ mit Campingplatz (s. S. 238). Herrliche Ausblicke von einer bequemen Plattform auf eine Badestelle der Flusspferde – ein nahezu einmaliges Erlebnis im südlichen Afrika. Im Hintergrund eine entsprechend reiche Vogelwelt, grunzende Flusspferde und Elefanten auf Nahrungssuche.

Nur 5 km weiter folgt **Camp Kwando** 🛏 ⛺. Der etwas abseits liegende Campingplatz, auf Gras unter Schatten spendenden, majestätischen Bäumen, verfügt über 10 Stellplätze mit Duschen, WCs und Schwimmbad (s. S. 236). Hiernach erreicht man nach weiteren 12 km die Abzweigung nach Mudumu, bislang ohne Eingangstor, aber mit freiem Eintritt.

28 Mudumu-Nationalpark

Das 1010 km² große Reservat besteht zum großen Teil aus Mopane-Savanne und dominierenden Kameldornbäumen, aber auch Blutfruchtbäumen und Gelbholz. Der Kwando River verzweigt sich in ein Labyrinth von Kanälen und versickert in den Linyanti-Sümpfen, bei gutem Wasserstand idealer Lebensraum für Sumpf- und Moorantilope, Flusspferd, Krokodil und den seltenen Fleckenhalsotter. Daneben gibt es auch Elefant, Büffel, Kudu, Pferde- und Rappenantilope, Schwarzfersenantilope, Bleichböckchen und mit Glück ein Rudel Hyänenhunde zu sehen. In der Baumsvanne haben Vogelbeobachter gute Chancen auf Begegnung mit Arten wie Coquifrankolin, Schwarzbauchtrappe, Benettspecht, Goldschwanzspecht, Kardinalspecht, Namaspecht und Rotstirn-Bartvogel. Die Afrika-

Schwarzfersenantilope begegnet erschrockenem Bärenpavian.

nische Zwergohreule ist die ganze Nacht zu hören. Weitere Spezialitäten Mudumus sind Großer Pünktchenamarant, Rotbrust-Zwerggans, Rotbauchreiher, Bandschlangenadler und Schwarzohrpirol.

Kurz nach der Mudumu-Abzweigung stößt man auf die **Lianshulu Lodge** 🛏 mit saftigen Weiden und saftigen Preisen (s. S. 238) Sie existierte bereits, als das 1010 km² große Reservat 1990 proklamiert wurde. Immer noch genießt die Lodge ihren besonderen Status in der Überschwemmungsebene des Kwando River. Sie bietet verschiedene Möglichkeiten zur Erkundung der Umgebung. Es besteht eine umfangreiche Auswahl an Gelände- und Bootsfahrten bei Tag und Nacht sowie Rundgänge durch die Natur. Auch im Garten der Lodge sind viele Vögel zu sehen, darunter Waldnektarvogel, Weißstirnweber und mehrere Witwenarten. Der von der Dynamik fließenden Wassers geprägter Auwald ist ein besonders vitaler und artenreicher in Grasland übergehender Lebensraum.

5 km hinter der Lodge folgt endlich der offizielle Basis-Campingplatz bei der **Rangerstation Nakatwa** 🏠 ⛺. Er ist gut organisierten, sich selbst versorgenden Naturfreunden zu empfehlen. Nur in der Trockenzeit ist er meist mit normalem Pkw erreichbar. Zur Regenzeit ist Vierradantrieb notwendig. Mit ihrem Ersparten können

Caprivistreifen

Als Zugabe zum Helgoland-Sansibar-Tausch erhandelte die Reichsregierung unter Kanzler Georg Leo Graf von Caprivi, Nachfolger Bismarcks, von Großbritannien den schmalen Landstreifen zwischen dem 21° östlicher Länge und dem Sambesi. Er ist 32 bis 80 km breit und erstreckt sich über 460 km im äußersten Nordosten des Landes nach Osten bis an den Sambesi und weiter am Strom entlang bis zur Nordwestspitze Namibias. Die deutsche Regierung hoffte, damit leichten Zugang zu ihren Kolonien im östlichen Teil Afrikas zu gewinnen. Der Handel erwies sich als nutzlos, weil der Sambesi wegen seiner Katarakte nicht schiffbar war. Der anglo-südafrikanische Finanzier und Staatsmann Cecil Rhodes machte den deutschen Traum völlig zunichte, als er das Gebiet um die Victoria Falls, heute Sambia und Simbabwe, für Großbritannien erwarb. Der Streifen, lange von Waffenschiebern, Elfenbein- und Sklavenhändlern als Unterschlupf benutzt, blieb bis heute unentwickelt, teilweise auch, weil er von Menschen bewohnt wird, die kulturhistorisch und ethnisch nicht mit den übrigen Bewohnern Namibias verwandt sind. Noch immer besteht eine starke Bewegung, sich politisch von Namibia zu trennen.

Letzte Erinnerung an die deutsche Besetzung ist die Missionsstation Andara. Hier erprobten die Deutschen ihren Missionarseifer an den Mbukushu, die aus Ostafrika stammten und mit ihrem Häuptling und Regenmacher Ndara auf der Insel Thipanana im Okavango lebten. Das heute unter hoher Aidsrate leidende Missionsgebiet von Andara umfasst zurzeit über 14 000 Seelen und erstreckt sich ein paar Hundert Kilometer am Fluss entlang. Die von Trommeln begleiteten Sonntagsgottesdienste in der hübschen Kirche aus roten Ziegeln sind einen Besuch wert.

Gäste hier wesentlich länger verweilen als in der Lianshulu Lodge (s. S. 238), wenn auch mit »long drop« (Donnerbalken). Er ist nämlich das einzige sichtbare Einrichtungsstück, außer einem Ranger eventuell, des wirklich einfachen Camps (N$ 30 per Nacht). Aber man befindet sich in der wirklichen Wildnis Mudumus, wo schon auf dem Weg zum »Örtchen« Begegnungen mit Pavian und Flusspferd möglich sind.

Das Dorf Lizauli ist von den Einheimischen zum besichtigungswerten **Lizauli Traditional Village** erklärt worden. Es liegt an der Grenze zum Reservat. Ausstellung von traditionellem Kunsthandwerk, Musik und Tanz geben einen Einblick in die Kultur der Menschen der Liambezi-Region und sollen auch ein bisschen Bargeld bringen.

Südlich von Mudumu folgt Mamili, das von manchen »Safaristen« als noch wesentlich wilder beschrieben und geliebt wird. Eine verhältnismäßig neue Brücke erleichtert den Zugang.

29 Mamili-Nationalpark

Der 320 km² große Nationalpark ist das größte geschützte Feuchtgebiet Namibias. Zu erreichen ist es von der D 3511 her über die Dörfer **Sangwali** oder **Malengalenga**. Nähere Informationen gibt es bei der

Rangerstation Nakatwa 🏨 ⛺, bei der man auch Permits für die schön am Ufer des Kwando gelegenen, einfachen Campingplätze Mparamura (auch bekannt als Nzalu) und Lyadura erhält. Gebühren können hier, aber auch bei Namibia Wildlife Resorts in Windhoek (s. S. 223) entrichtet werden. Wenn der Kwando River das 320 km^2 große Gebiet bis zu 80 % überflutet, wird es zu einem kleinen Okavango-Delta und vermittelt dann ein einmaliges Erlebnis unberührter Wildnis. In jedem Falle ist zwischen Mai und Oktober die beste Besuchszeit. Allerdings ist gerade dann ein verlässliches Fahrzeug mit Vierradantrieb unerlässlich und natürlich eine gute Ausrüstung für alle Notfälle.

Mamili liegt in der südlichsten Spitze von Caprivi, wo der Kwando plötzlich einen Haken nach links Richtung Nordosten schlägt und zum Linyanti River wird. Charakteristisch ist das verzweigte Netzwerk von Kanälen, zwischen denen Ried- und Papyrusbestände sowie Wilde Dattelpalmen wachsen. In der Mitte liegen die beiden Inseln **Nkasa** und **Lupala** mit herrlichen, schönen Baumbeständen. Sie locken beherzte Besucher, da sie fast nie überflutet werden. Während der Trockenzeit können die Inseln mit dem normalem Fahrzeug erreicht werden.

Im Mamili-Nationalpark leben an die 1000 Afrikanische Büffel, die größte Konzentration frei von der gefürchteten Rindertuberkulose in Afrika. Außerdem sind vertreten: Flusspferd, Nilkrokodil, Elefant, Löwe, Leopard, Tüpfelhyäne, Hyänenhund, Pferdeantilope, Impala, Moor- und Sumpfantilope, Riedbock, Kudu, Warzenschwein, Fleckenhalsotter, Nil- und Steppenwaran. Die Puku-Antilope hat hier, wie auch im benachbarten Chobe-Nationalpark, ihre letzte Schutzzone im südlichen Afrika.

Hirsestampfen, ländlicher Alltag im Caprivistreifen.

Auch Mamili ist ein wichtiger Wechsel für Elefanten zwischen Botswana, Angola und Sambia und zugleich eine Kinderstube für Wildarten, die sich von hier aus in benachbarten Naturschutzgebieten verbreiten.

Die Wechselwirkung zwischen Trockenperioden und Überschwemmungen beeinflusst die Vogelwelt stark. Das Reservat ist der Traum jedes Vogefreundes. An die 430 Vogelarten wurden registriert, einschließlich seltener Klunckerkraniche, die hier brüten. Dazu sind Schieferreiher, Tulukuckuck und verschiedene Reiher, Enten, Webervögel und Rallen in den Feuchtgebieten anwesend. Die baumbestandenen Inseln bieten willkommene Abwechslung in der etwas eintönigen Landschaft. Narina-Trogon und Smaragdkuckuck seien als Besonderheiten erwähnt.

TIPP: Wer seine Safari in Richtung Victoria Falls fortsetzen will, kann von Sangwali aus, an der Nordgrenze von Mamili, zur Teerstraße bei Kongola zurückkehren (ca. 75 km) und von hier aus seine Fahrt über Katima Mulilo fortsetzen. Ebenfalls zu empfehlen ist die Weiterfahrt von Sangwali auf einer dezenten Schotterstraße über Bukalo zur Grenzstation an der Ngoma-Brücke (170 km). Die letzten 25 km sind geteert. Hinter der Brücke geht es weiter auf der Botswana-Seite, am nördlichen Ende des Chobe-Nationalparks entlang, bis zum Vierländereck bei Kasane (100 km). Eine gute Teerstraße führt von hier aus durch das Chobe-Schutzgebiet direkt zu den Victoria Falls (75 km). Es bleibt aber auch die Möglichkeit, den Kazangula-Weg auf sambischer Seite zu nutzen. Bei Livingstone erreicht man dann wieder Simbabwe über die historische Sambesi-Eisenbahnbrücke (65 km).

Grasantilopen (Puku) überleben noch in kleinen Herden am Sambesi.

Gigantisches Wildreservat zwischen Caprivi und Sambesi

Das Kavango-Zambezi-Transfrontier-Naturschutzgebiet (KAZA-Park), Zukunftsmusik für Tiere, Touristen und Tierschützer, soll sich vom Khaudum-Park in Namibia im Westen bis zum Kariba-See in Simbabwe im Osten erstrecken und die Naturschönheiten der Länder Angola, Namibia, Botswana, Sambia und Simbabwe den Naturtouristen näherbringen.

Namentlich die Caprivi-Region ist aufgrund ihrer geografischen Lage als Safariziel noch immer relativ unterentwickelt. Das soll sich in Zukunft ändern. Regierungsvertreter und Naturschützer planen, 36 Wildreservate und Hegegebiete zu einem rund 280 000 km² umfassenden Naturschutzgebiet zu vereinen. Zusammengenommen ist dieses Gebiet mehr als halb so groß wie Deutschland, die Schweiz und Österreich.

Durch die Vereinigung würde auch erreicht, dass die längst von Zäunen unterbrochenen Wanderungsbewegungen wiederhergestellt werden könnten. Vor allem würde es Hunderttausenden Elefanten uralte Wanderungsrouten in Ländern wie Angola erschließen. Hier waren die grauen Riesen in den Jahrzehnten des Bürgerkriegs stark dezimiert worden. Fast unvorstellbar die Anziehungskraft auf Naturtouristen, die nach optimistischen Schätzungen jährlich an die 8 Mio. Besucher umfassen sollten.

Das Naturschutzgebiet schlösse auch die 3 im Caprivigebiet gelegenen Wildreservate Bwabwata, Mamili und Mudumu ein. Es könnte der Region als Transitroute zu anderen, relativ nahegelegenen Touristenattraktion wie den Victoria-Fällen und Okavango-Sümpfen erhöhte Anziehungskraft verleihen. Da das Verwaltungszentrum für KAZA in Katima Mulilo etabliert würde, könnten von hier aus neue, gelockerte Visabestimmungen zwischen den 5 beteiligten Nachbarstaaten den Tourismus im gesamten Riesen-Naturschutzgebiet sehr erleichtern.

Aber nicht nur den Ferntourismus fördern soll das ehrgeizige Projekt, sondern auch den Wohlstand der ländlichen Bevölkerung, die in Teilen des grenzübergreifenden Riesenreservats überwiegend von Subsistenzwirtschaft (landwirtschaftliche Produktion zur Deckung des eigenen Bedarfs) überleben muss. Neue Erwerbsmöglichkeiten durch den zunehmenden Touristenbetrieb, durch Ausbau der vorhandenen Infrastruktur und zunehmende Erschließung der Region sollen geschaffen werden. Im Grunde bildet die erfolgreiche Einbindung der lokalen Bevölkerung die Grundlage zum Gelingen des ehrgeizigen Projekts.

Bis heute betrachten die Viehzüchter und Ackerbauern Elefanten und Raubtiere vor allem als Lebensbedrohung und Zerstörer ihrer kargen Existenz. Für Subsistenzfarmer, deren Vieh von Raubtieren gerissen wird und Felder von Elefanten zerstört werden, müssen diese Wildtiere folglich erst einen praktischen Wert haben, bevor sie sich für ihren Schutz einsetzen könnten.

30 Katima Mulilo

Katima Mulilo 🛏 ⛺ am Ufer des Zambezi River ist der größte Ort des Caprivistreifens, Verwaltungs- und Wirtschaftszentrum sowie ein richtiger Grenzort, wo leicht mehrere Stempel in den Reisepass zu erhalten sind. Namibia, Sambia, Simbabwe und Botswana liegen hier dicht beieinander. Die 530 km lange Teerstraße (B8), die von Rundu quer durch Kavango und den Caprivistreifen führt, ist längst bis zur Grenze nach Botswana verlängert worden und hat den direkten Anschluss zu den **Victoria Falls** in Simbabwe hergestellt. Der Ort ist ein willkommener Zwischenaufenthalt auf der beliebten Fahrt zu den Victoria Falls.

Reich strukturierte Lebensräume machen Katima zu einem der besten Orte für die Vogelbeobachtung im Caprivistreifen. Lohnend ist vor allem das Ufergebiet des Sambesi mit Felsen, dichtem Galeriewald, Sandbänken und Lehmwänden, in denen große Bienenfresser-Kolonien nisten. Es gibt mehrere **Lodges** 🛏 ⛺ am Sambesi (s. S. 236), von denen einige auch Campingplätze unterhalten. Kreuzfahrten auf dem Sambesi mit der 43 m langen »Zambezi Queen« werden durch die Zambezi Lodge (s. S. 239) angeboten. Sie ist von einer Hotelkette übernommen worden. Die Caprivi River Lodge (s. S. 236), 5 km außerhalb, ist noch fest in Privathand. Günstige Preise für Holzkabinen liegen bei € 400 für 2 Personen.

Wichtig für Safarileute sind besonders die Autowerkstätten entlang der Hauptstraße (B8). Besonders gefragt ist immer wieder Geländewagen-Spezialist Dick Sharpe. Seine Werkstatt liegt kurz vor der Einmündung nach rechts zur Zambezi Lodge. In der Nähe unterhält seine Frau ein gut geführtes Informationsbüro ℹ. Kontakte: www.tutwa.com.

Bis zum Grenzposten Ngoma Bridge (Öffnungszeiten 7–18 Uhr) sind es 65 km bis

Viel Niederschlag, viel Wasser.
Im Caprivistreifen fühlen sich die urtümlichen Flusspferde immer noch zu Hause.

zum Ende der B 8, bekannt als Trans-Caprivi-Highway. Hinter der Brücke, auf der Botswana-Seite führt eine gute Straße 100 km durch den nördlichen Teil des Chobe-Nationalparks nach Kasane. Hier ist der Eingang zum Reservat, in dem sich zeitweilig bis zu 50 000 Elefanten aufhalten.

31 Safari zum Chobe-Nationalpark und zu den Victoria-Fällen

Zum Grenzposten Ngoma Bridge (Öffnungszeiten 7–18 Uhr) sind es 65 km. Hier endet die B 8, der Trans-Caprivi-Highway. Hinter der Brücke, auf der Botswana-Seite führt eine gute Straße 100 km am nördlichen Ende des Chobe-Nationalparks entlang bis nach Kasane. Es besteht auch eine Verbindung zum abgelegensten Teil Namibias, eine Gruppe kleiner Inseln. Sie gelten als kleine Paradiese und sind nur auf dem Wasserweg erreichbar.

Impalila und Ntwala Island Lodge

Die einmaligen, kleinen Inselparadiese (s. S. 237) liegen am Vierländereck Namibia, Botswana, Sambia und Simbabwe, inmitten fast jungfräulicher Überschwemmungsebenen in der Nähe des Zusammenflusses des mächtigen Zambezi mit seinem Seitenarm, dem Chobe River, umgeben von Savannen, eingerahmt von malerischen Flüssen und Strömen, nur 80 km flussaufwärts von den Victoria-Fällen entfernt.

Ichobezi-Safariboot und Ichingo Chobe River Lodge

Lodge und Safariboot befinden sich auf Impalila Island auf namibischem Gebiet. Die Ichobezi, ein luxuriöses Safariboot (s. S. 237), kreuzt auf dem Chobe und Zambezi River. Ihre 4 Kabinen sind im Afrikastil ausgestattet. Schiebetüren ermöglichen einen unbehinderten Ausblick auf den Fluss und seine Tierwelt, vor allem Elefanten, Flusspferde und ein paar Krokodile. Beobachtungen können während des Dinners fortgesetzt werden, begleitet von den markanten Lauten nächtlicher Wildnis und dem funkelnden südlichen Sternhimmel. Ein Teleskop steht für genauere Betrachtung bereit. Wer Tieren und Flora noch näher kommen oder angeln möchte, mietet ein Beiboot. Vor Anker liegt die Ichobezi bei der Ichingo Chobe River Lodge (s. S. 236 u. 237) auf der kleinen Impalila-Insel, über die Kreuzfahrten und Übernachtungen gebucht werden können. Auf der Insel gibt es Wanderwege mit abwechslungsreicher wilder lokaler Flora, darunter ein über 700 Jahre alter Baobab, unter dem schon David Livingstone geruht haben soll. In einem traditionellen Dorf kann man einiges über den medizinischen Gebrauch des einheimischen Pflanzenlebens erfahren. Mehr als 450 verschiedene Vogelarten sollen in dieser wasserreichen Umwelt existieren.

Bitte beachten: Die Caprivi-Region ist eine Wunderwelt mit kleinen Fehlern, darunter vor allem die Malaria. Die gesamte Caprivi-Region ist davon betroffen. Besonders während der Regenzeit sollte man sich vor Mückenstichen schützen und eine wirksame Prophylaxe erwägen. (s. auch S. 213). Einheimische benutzen in den Abendstunden oft eine besondere Kerzenart, die einen Mücken wehrenden Geruch entwickelt. Auch das Wurzelwerk von Caprivis berühmtestem Baum, dem Mukwa, soll die Mücken abwehren.

32 Chobe-Nationalpark

Der prächtige Zustand des Reservats ist abhängig vom ganzjährig fließenden Chobe River. Er ermöglicht den reichen Wildbestand mit einer erdrückenden Zahl von bis zu 50 000 Elefanten. Ihre große Dichte trägt besonders zur Vernichtung von Chobes herrlichem Galeriewald bei. In Botswana kletterte ihre Gesamtzahl bereits auf über 120 000, da es hier bislang keine Kontrollen wie in den 3 Nachbarstaaten, wo brutales Ausmerzen die Populationen auf einen wesentlich niedrigeren Stand einpendelte, gibt. Chobes Elefanten ziehen, jahreszeitlich bedingt, zwischen Chobe und den Linyanti-Flüssen etwa 200 km hin und her. Sie sind als die größten aller Afrikanischen Elefanten bekannt. Allerdings sind ihre Stoßzähne sehr spröde und zerbröckeln an den Enden schon sehr früh. Deshalb gibt es kaum stolze Stoßzahnträger.

Beobachtung der Elefanten und vieler anderer Tiere ist am Fluss entlang am leichtesten. (Am besten zur Trockenzeit im Südwinter, die Zeit der schweren Regenfälle zwischen Januar und März sollte möglichst vermieden werden).

Zum Teil kann die neue Teerstraße benutzt werden, die, von Kasane kommend, vom Sedudu-Eingang 54 km durchs Reservat bis nach Ngoma führt. Außerdem kann ein sandiger Weg entlang der Uferzone mit normalem Pkw benutzt werden. Auch der neue **Ihaha-Campingplatz** ⛺ ist von hier aus leicht zu erreichen (s. S. 237).

TIPP: Ihaha ist der einzige Campingplatz im Chobe-Nationalpark. Geländegängige Fahrzeuge sind unerlässlich. Eingang Sedudu Gate. Tägliche Park- und Fahrzeuggebühren sind in den Campingpreisen nicht enthalten.

10 km weiter folgt die weltberühmte **Chobe Game Lodge** 🛏 ⛺ (s. S. 236), ebenfalls am Flussufer. Sie ist das einzige Unternehmen ihrer Art innerhalb des Nationalparks. Die **Chobe Safari Lodge** 🛏 ⛺ liegt am Rand der Ortschaft Kasane, unmittelbar am Nationalpark und am Chobe River. Sie ist exklusiver und teurer als die Chobe Game Lodge (s. S. 236). Bedeutend preiswerter sind Übernachtungen im nahen Kasane, wo sich die Lodges am Fluss aneinanderreihen. Im Ort gibt es mehrere Tankstellen, eine Bank mit Geldautomaten und einen Supermarkt, nicht immer unbedingt zuverlässig. Wer den inländischen Großteil des 11 600 km² großen Parks erkunden möchte, ist auf ein geländegängiges Fahrzeug angewiesen.

TIPP: Botswanas Tourismus ist generell teuer bis sehr teuer. Damit will man den Massentourismus fernhalten, der angeblich außer Störung des ökologischen Gleichgewichts durch Umweltverschmutzung nicht viel einbringt.

33 Victoria-Fälle, wo der Rauch donnert

Vom Grenzposten Kasane ist auf guter simbabwischer Teerstraße nach 75 km Fahrt durch Naturschutzgebiet der spektakulärste Wasserfall der Welt erreicht, eines der sieben Weltwunder der Erde und als UNESCO-Welt-Naturerbe gefeiert.

Obwohl auch die Umgebung mit dem angeschlossenen Sambesi-Nationalpark reichlich Abwechslung bietet, konzentrieren sich die Besucher aus aller Welt hauptsächlich auf den »Gang durch den sogenannten Regenwald«. Er führt zu 5 unterschiedlich bezeichneten Teilen des insgesamt 1,7 km breiten Wasserfalls. The Devil's Cataract, Main Falls, Rainbow Falls and Horseshoe Falls auf der Seite Simbabwes sind durch Pfade miteinander verbunden. Der Eastern Cataract liegt in Sambia auf der linken Sambesi-Seite.

TIPP: Es lohnt sich, mehre Rundgänge zu verschiedenen Tageszeiten zu unterneh-

Besonders aus der Vogelperspektive offenbaren die Victoria-Wasserfälle ihre gewaltige Ausdehnung.

men. Oft wechselnder Sprühnebel und Licht schaffen immer neue dramatische Eindrücke. Auch eine Kreuzfahrt auf dem Sambesi hat ihre Reize, besonders zum Sonnenuntergang. Ein Besuch der Wasserfälle im Vollmondlicht fordert noch mehr Kreativität, um den lunaren Regenbogen attraktiv aufs Bild oder Video zu bringen. Zur Regenzeit stürzen jede Minute bis zu 550 Mio. l Wasser hinunter in die 70–110 m tiefe, quer zum Flusslauf liegende Felsenschlucht. Die Main Falls ergeben die beeindruckendsten Foto- und Videoansichten. Ihr konstanter Sprühregen erhält den immergrünen Regenwald der Umgebung, der von dürrem Mopane-Waldland umringt ist. Mahagoni, Ebenholz und wilde Feigen sind einige der Charakterbäume

in der von Regenbögen dekorierten Sprühzone.
Eine Statue von David Livingstone, eine Art Vorläufer der heutigen Safariabenteurer, wacht am Ende des spektakulären Devil's-Cataract-Aussichtspunkts. Am 16. November 1855 notierte Livingstone an dieser Stelle: »... Anblicke so wunderbar, wie sie nur Engel in ihrem Flug erschauen.«

Der britische Afrikaforscher und Missionar erforschte um 1855 den Lauf des Sambesi um »Gottes Highway zum Meer« zu finden. Dabei stieß er auf Mosi-oa-Tunya, »der Rauch der donnert«, wie die einheimische Bevölkerung die gewaltigen Wasserfälle schon seit vielen Jahren mit Ehrfurcht genannt hatten. Livingstone taufte sie Victoria Falls zu Ehren seiner Königin.
Der Victoria-Falls-Nationalpark geht in den Sambesi-Nationalpark über. Gemeinsam sind sie 560 km² groß. Mit etwas Geduld und Glück stößt man bei der Fahrt durch den Sambesi-Park manchmal sogar auf die Großen Fünf, Elefant, Löwe, Büffel, Leopard und Breitmaulnashorn. Rappen- und Elenantilope sowie Steppenzebra, Giraffe, Kudu, Wasserbock und Impala sind ebenfalls präsent. Am häufigsten ist der hübsche Buschbock (Schirrantilope).
Zambezi Camp 🛏 ⛺, in schöner Lage am Sambesi-Ufer, etwa 2 km stromaufwärts von den Fällen in Stadtnähe gelegen. Ein großer, gut beschatteter und gepflegter Campingplatz ist das ganze Jahr hindurch geöffnet. Übernachtungen kosten hier etwa US$ 10 je Person. Übernachtungen in hauseigenen, robusten Zelten und Cottages sind ebenfalls möglich (s. S. 239).
Die Stadt Victoria Falls, in Gehweite der Fälle, besitzt moderne Einkaufsmöglichkeiten, teure Hotels, Lodges und Restaurants sowie Tankstellen und relativ gute medizinische Versorgung. Der internationale Flugplatz verbindet direkt mit der Hauptstadt Harare, Namibia und weiteren regionalen und internationalen Zielen.
ACHTUNG: Simbabwe war bei Drucklegung nach wie vor ein unsicheres Reiseziel,

Der vom ewigen Regenbogen verzierte Devil's Cataract ist leicht vom Hauptaussichtspunkt zu erreichen.

David Livingstones Denkmal folgt ein alter Baobab, unter dem der Missionar rastete.

hauptsächlich hervorgerufen durch politische, diktatorische Instabilität. Außerdem: Alle Preise werden in US$ angegeben und müssen mit Devisen bezahlt werden, seitdem der Zim$ ins Bodenlose abstürzte. Ausführliche Reise- und Sicherheitshinweise sind durch das Auswärtige Amt, Bürgerservice in Berlin erhältlich:

- Tel.: 03018-17-2000
  Fax: 03018-17-51000
  E-Mail: buergerservice@diplo.de
  www.auswaertiges-amt.de

Schnellverbindung zum Nordwesten

Nach dem Erlebnis Chobe und Victoria-Fälle stehen mehrere Routen zur Fortsetzung der Safari durch Simbabwe, Botswana und Südafrika zur Wahl. Wer in Richtung Ruacana- und Epupa-Wasserfälle im Nordwesten Namibias reist, ist faktisch auf die Route Rundu – Tsumeb – Ondangwa angewiesen. Bei Ondangwa biegt man von der zur Angola-Grenze führenden B 1 nach links in die C 46 nach Ruacana ab. Hier endet die Teerstraße und wird zum unbefestigten Feldweg, der hinter der **Kunene River Lodge** (s. S. 239) nur noch tauglich ist für Geländefahrzeuge.
Es gibt aber doch eine Alternative. Sie wird von Rundu aus benutzt, um die entgegengesetzte Seite des Landes zu errreichen. Allerdings ist dies eine eher eintönige Reise, interessant vielleicht für Kilometersüchtige oder Kulturanthropologen. Die endlose Schotterstraße verläuft die ersten 200 km am Cubango/Okavango entlang, der die Grenze zu Angola bildet. Bei Nkurenkuru biegt diese weitgehend knöllchenfreie Landstraße ins Inland ab. Es folgt eine lange Strecke durchs Hinterland ohne kaum staunenswerte Natur. Vorsicht ist geboten, weil Esel sich anscheinend gern auf der Straßenmitte sonnen oder Ovambo-Hirten hier ihre Rinder zur Weide oder zu Markte treiben.

34 Durchs Ovamboland zum Kunene

Das Ovamboland ist zu reizvoll, um es auf der Fahrt zum Kunene achtlos zu durchrasen. Schnurgerade verläuft die Fahrbahn durch die endlose Ebene, zwischen Makalani-Palmen und Mahango-Feldern, unterbrochen von riedgedeckten Gehöften. Hier sind Alltagsleben, Geschichte und Kultur noch eng mit der Natur verwoben und auch wichtige Station auf dem Weg zu den Naturschönheiten Angolas. In dem in 4 Verwaltungsregionen aufgeteilten Gebiet leben etwa 50 % der namibischen Bevölkerung auf engem Raum und betreiben ihre herkömmliche Wechselwirtschaft: In der ersten Jahreshälfte weiden sie ihre Tiere auf den landwirtschaftlich nutzbaren Flächen, in der zweiten betreiben sie Feldbau. Angebaut wird vor allem Mahango, eine Hirseart. Hoher Bevölkerungsdruck schränkt die Erträge pro Kopf immer mehr ein. Rinderherden, zahllose Ziegen und Esel sorgen für zunehmende Überweidung. Das steinlose Gebiet besteht aus einer sandigen Ebene mit zahlreichen Trockenflussbetten (»omurambas«), die sich in guten Regenjahren mit Wasser füllen und Fischfang ermöglichen.

Es waren zuallererst die Ovambo, die sich ein karges Zubrot als Wanderarbeiter in anderen Landesteilen verdienten, auf den Farmen und dann vor allem auch auf den Diamantenfeldern bei Lüderitz und Kolmannskuppe. Dort stehen noch heute Bäume, die von ihnen gedüngt wurden, weil sie anscheinend einen Einlauf von Rhizinusöl überstehen mussten, bevor sie den Diamantenrun verlassen durften. Gewaltige Affenbrotbäume, Schatten spendende Feigen sowie Makalani- oder Fächerpalmen geben dem 56 000 km² großen Ovamboland sein Gesicht. Palmenblätter sind wichtigstes Material der traditionellen Korbflechter. Die beste Auswahl ihrer Arbeiten ist südlich von Ondangwa an der Hauptstraße nach Norden zu sehen.

Hier werden auch die typischen Straßenbars immer häufiger. Wer sich an jeder Bar zu beiden Seiten der Straße nach Ruacana einen Drink genehmigen wollte, würde den Kunene wahrscheinlich nie erreichen. Etwa 13 km südwestlich von **Ondangwa**, dem wirtschaftlichen Mittelpunkt der Region, liegt **Olukonda**; das historische finnische Missionshaus und traditionelle Gehöfte sind heute Nationalmonument. Die Missionsstation (s. S. 240) und das angeschlossene **Nakambale-Museum**

Bewaffnete Ovambo-Hirten auf dem Weg zu fernen Marktplätzen.

Makalani-Palmen und Termitenhügel sind typisch für die Landschaft im waschbrettflachen Ovamboland.

Eingang zur Kapelle im riesigen, hohlen Affenbrotbaum in der Dorfmitte von Ombalantu.

werden von der Evangelischen Kirche in Namibia unterhalten, der mit 200 000 Mitgliedern größten christlichen Glaubensgemeinschaft des Landes. Außerdem werden Exponate der Ovambo-Kultur und -Tradition vorgestellt, darunter Werkzeuge, Geschirr, Schmuck und Waffen. Auch ein traditionelles Gehöft, sonst nur sehr schwer zugänglich, kann besucht werden. Die größte Häufung von Affenbrotbäumen in einem Wohngebiet ist in **Ombalantu** (s. S. 240) zu finden, Teil der kleinen Stadt Outapi zwischen Oshakati und Ruacana an der C46, etwa 80 km nördlich von **Oshakati**. Mitten im Ort steht, wie eine Dorfeiche, gegenüber der Stadtverwaltung, ein hohler Riese, der zum **größten Affenbrotbaum Afrikas** erklärt wurde. Er gehört zur afrikanischen Savanne wie Elefant oder Steppenzebra. Dieses uralte Exemplar wird seit jeher von der Bevölkerung verehrt und spielte eine große Rolle in der lokalen Vergangenheit. Es ist so ausgehöhlt, dass ein Kirchlein mit 20 Sitzen darin Platz findet. Außerdem diente der Baum einst als Versteck während Stammeskämpfen, später sogar als Postamt, dann entweihten ihn südafrikanische Besatzungstruppen als Bierbar. Bei der Tankstelle 1 km nach links von der C46 in den kleinen Ort abbiegen.

35 Am Grenzfluss Kunene

Die 470 km lange Teerstraße von Tsumeb/Etosha endet am Kunene beim Ort **Ruacana** und den Ruacana-Wasserfällen, die zu den größten der Welt gehören. Bis zum Atlantik bildet der Fluss jetzt eine 300 km lange Grenze zwischen Südangola und dem Kaokoland.

Ruacana-Wasserfälle

Seitdem der **Calueque-Staudamm** das Wasser des Kunene nach seinem langem Lauf durchs südliche Angola aufstaut, ist der Besuch der Fälle oft enttäuschend. Nur noch in sehr guten Regenjahren, wenn die Ebenen Südangolas überschwemmt sind und sich der Stausee mit Wasser füllt, ist gegen Ende der Regenzeit mit einem Wasserspektakel zu rechnen.

Talsperre und hydroelektrisches Kraftwerk liegen stromaufwärts von den **Ruacana-Fällen**, an der Grenze zwischen Namibia und Angola, etwa 40 km westlich vom Ort Ruacana. Führungen durch Namibias wichtigstes E-Werk sind möglich. Der Wasserfluss wird durch den Kraftwerk-Bedarf reguliert. Deshalb sind die Fälle bei niedrigem Wasserstand oft unscheinbar. Zwischen Juni und Dezember trocknen sie oft ganz aus, stürzen aber nach guten Regenfällen wieder 120 m in die Tiefe. Dann ist ihr Rauschen bis zum nahen am Kunene-Ufer liegenden **Hippo-Pool-Campingplatz** ⛺ (s. S. 239) zu hören. Auch das kehlige Gegrunze der Flusspferde begleitet manchmal die Abendstimmung am offenen Feuer. Vogelfreunde werden durch das Vogelgezwitscher aufmerksam, dass in dieser Gegend zahlreiche seltene Vogelarten zu finden sind. Außerdem war dies der Platz, an dem die Himba ihre Ahnen durch Rinderopfer besänftigten und ehrten. Unklar ist, ob die früher häufigen Nilkrokodile dabei mitwirkten. Angeblich soll man heute im Fluss schwimmen können.

TIPP: Ortskundige Begleiter lassen sich zu mäßigen Preisen für Wanderungen am Kunene und durch die Umgebung oder bei der Vogelsuche anheuern. Besonders hilfreich sind sie bei Besuchen der ganz in der

Noch immer speichern und sichern die Ovambo ihr Korn und andere Nahrungsmittel in riesigen Körben.

Nähe in verstreuten Siedlungen lebenden Himba-Bevölkerung.

Hinter Ruacana windet sich eine schwierige Piste am Kunene River entlang bis zu den 190 km entfernten Epupa-Fällen. Sie ist ohne Vierradantrieb nicht zu bewältigen. Nur die ersten 70 km bis zur **Kunene River Lodge** (s. S. 239) sind mit erheblicher Mühe auch mit normalem Pkw zu befahren. Selbst mit Vierradantrieb sollten für die Weiterfahrt am Fluss entlang 7–8 Std. eingeplant werden. Viel leichter ist es, bei der Lodge ins Inland abzubiegen und über Swartbooisdrift auf besserer Schotterstraße in 3–4 Std. die Epupa-Wasserfälle zu erreichen. Auf der geschotterten C35 **Kamanjab – Hobatere – Opuwo** sind die Wasserfälle in einem Tag gut zu erreichen.

Die malerisch am Flussufer gelegene Kunene River Lodge bietet Möglichkeiten zu aufregenden Wildwasserfahrten bis zu den Epupa-Fällen stromabwärts oder beschaulicheren Bootsfahrten, auf denen hin und wieder größere Krokodile und auch Flusspferde zu sehen sind. Die meisten Wildtiere sind allerdings nahezu ausgerottet.

Dafür ist der Kunene River mit seinen dichten Galeriewäldern ein Geheimtipp unter Vogelfreunden. Über 380 Arten, darunter Raritäten wie Keilschwanz-Glanzstar und

Der Unterlauf des Kunene River wird immer mehr von Vogelfreunden besucht und ist auch für Boots- oder Wildwasserfahrten gut geeignet.

Graubruströtel, sind schon registriert worden. Für den zu den Prachtfinken gehörenden Cinderella-Schönbürzel ist das Umland des Flusses einziges Verbreitungsgebiet in Namibia. Vogelfreunde zählen die unverhoffte Begegnung mit dem wenig bekannten, zaunkönniggroßen Vogel zu einem der Höhepunkte ihrer Reise. Im vielseitigen Ufergebiet leben auch andere winzige Prachtfinken. Natürlich sind sie viel schwerer zu finden als die »Großen«, allen voran der stocksteif stehende Goliathreiher; aber auch Schreiseeadler, Mangrovereiher, Fischadler, Riesenfischer, Graukopfliest, Bienenfresser, Rotbauchwürger und verschiedene Webervögel kommen vor. Nicht zu vergessen der rare Rüppellpapagei und der seltene, melodiöse Duette singende Graubruströtel, der am unteren Kunene das südliche Ende seines Verbreitungsgebietes erreicht.

36 Epupa-Wasserfälle

Der Name Epupa beschreibt das Rauschen fallenden Wassers. Der Fluss verbreitert sich um 500 m, bildet Nebenarme um palmenbestandene Inselchen und stürzt in Stufen über 60 m tief. Wilde Feige, Affenbrotbaum, Anabaum und Makalani-Palme spenden Schatten in der üppig grünen Oase, die scharf mit dem anschließenden dürren Kaokoland kontrastiert. Die Umgebung lässt sich auf Kurzwanderungen erkunden, am besten mit ortskundigem Führer.

Verstreute Himba-Gemeinden versuchen, sich einen Anteil an dem wachsenden Tourismus zu sichern, manchmal recht aufdringlich. Deshalb wird vom wilden Zelten abgeraten. 2 einfache, von den Himba unterhaltene und beaufsichtigte Campingplätze ⛺ sind vorzuziehen. Es gibt auch anspruchsvollere Übernachtungsmöglichkeiten in privaten Zeltlagern und Lodges 🛏. Die örtliche Himba-Bevölkerung wehrt sich gegen den geplanten Bau einer Talsperre mit Kraftwerk unterhalb der Epupa-Fälle. Hinter der 145 m hohen Staumauer soll sich ein bis zu 380 km^2 großer Stausee ausbreiten und ihr Land überschwemmen. Wissenschaftler sagen voraus, dass das Projekt schwerwiegende ökologische und soziale Folgen für das Kaokoland und die Himba haben würde.

Die Weiterfahrt durch das innere Kaokoland sollte am besten mit einer ortskundigen Person unternommen werden. Auf jeden Fall sind Fahrten auf eigene Faust nur mit mindestens 2 Fahrzeugen mit Vierradantrieb angebracht. Wer sich in der großen Sommerhitze abkühlen möchte: Der Fluss ist frei von Bilharziose, nicht aber von heimlichen Krokodilen. Sie erreichen zum Teil eindrucksvolle Größe. Am sichersten ist es, sich in den Felsenwannen in der Nähe des Wasserfalls abzukühlen.

Epupa Falls Lodge 🛏, Kleinod am Kunene (s. S. 241). Epupa ist ideal für Besucher, die sich in unberührter Natur entspannen und die natürliche Umgebung ohne zu große Anstrengungen erleben wollen. Für sie bietet die Lodge zu jeder Jahreszeit Abwechslung. Die Ferienanlage liegt am Kunene River, etwa 180 km von seiner Mündung in den Atlantik entfernt. Die Wasserfälle sind auf einem kurzen Spaziergang von etwa 700 m mühelos zu erreichen. Mit der Außenwelt ist die Lodge durch eine recht ordentliche Schotterstraße von Opuwo (C 43) verbunden und in etwa 3 Std. (200 km) zu erreichen. Ein geländegängiges Fahrzeug ist zu empfehlen. Für Kleinflugzeuge gibt es in 7 km Nähe eine Landebahn.

Das Jahr hindurch bietet Epupa seinen Gästen Besuche zu den Himba-Hirten an. Einheimische sachkundige Führer vermitteln

Jugendliche Himba am Kunene River folgen den Touristen beharrlich.

den Kontakt von Mensch zu Mensch, und die Besucher erfahren, wie halbnomadische Rinder- und Ziegenzüchter es schaffen, in diesem abgelegenen, kargen Landstrich zu leben und zu überleben. Besonders beliebt sind halbtägige oder ganztägige Wildwasserfahrten ähnliche Paddeltouren unter kundiger Führung im Schlauchboot den Windungen des Kunene flussabwärts in Richtung Atlantik durch wüstenhafte Landschaft folgend. Sie sind nach Schwierigkeitsgraden abgestuft, ähneln häufig einer gemäßigten Wildwasserfahrt. Genug Zeit bleibt für Fotos an malerischen Stellen sowie seltene Vogelarten und Krokodile auf den Sandbänken vom Boot aus zu beobachten.

Region Kunene

– die neue Bezeichnung für das besser als Kaokoland bekannte Gebiet. Es ist eingeteilt in 6 Wahlkreise von denen **Epupa**, **Opuwo**, **Khorixas** und **Sesfontein** im Westen das Ufer der Skelettküste erreichen. Epupa endet am Grenzfluss Kunene in der äußersten, unzugänglichsten Ecke des Landes. Noch immer ist die Region sehr unterentwickelt. Doch unzugängliche Gebirgswelt, wüstenhafte Endlosigkeit und die traditionelle Lebensweise der als Nomaden mit ihren Rinder- und Ziegenherden überlebenden Himba-Bevölkerung ließen es zu einem begehrten Ziel des eher abenteuerlichen Individual-Tourismus werden. Hauptort und größte »Stadt« ist Opuwo. Das Khorixas-Gebiet ist bekannt für die Ugab-Terrassen, den Versteinerten Wald und die Felszeichnungen von Twyfelfontein. Im Sesfontein-Wahlbezirk leben etwa 7500 Menschen. Sesfontein ist dort die einzige Ansiedlung. Es gibt allerdings eine Reihe von Touristeneinrichtungen, darunter die bekannte **Palmwag Lodge** 🛏 ⛺ (s. S. 242) und **Ongongo Campsite** ⛺ (s. S. 242) bei

Himba-Mütter wie Kinder beherrschen das Bettelhandwerk.

Namib-Skelettküsten-Nationalpark

Wüstenhafte Weiten vom Kunene-Grenzfluss im Norden bis zum Unterlauf und Mündungsdelta des Oranje River im Süden. Sanddünen, Steinwüste, soweit das Auge reicht, eine große Vielfalt von Landschaften mit grandiosen Aussichten über Schotterebenen, Inselberge, Flechtenfelder. Das sind die überwältigenden Teile des Anfang 2011 proklamierten riesigen Naturschutzgebietes **Namib Skeleton Coast National Park (NSCNP)**, das sich über die gesamte Küste Namibias ausdehnt, Afrikas größtes und mit 107 540 km² das achtgrößte Naturschutzgebiet der Erde. Im Süden beginnt es am Oranje River mit dem Sperrgebiet und dem davorliegenden Meeresschutzgebiet und reicht bis zur Namib, gefolgt vom zentralen Sektor und der daran anschließenden endlosen Skelettküste. Sein Ende ist am Kunene River an der Nordgrenze zu Angola. Die Vision vom landesweiten Naturreservat nimmt Formen an, befindet sich aber immer noch in der Entwicklungsphase. Ihre Verwirklichung wird auch weiterhin enormen Aufwand an Zeit, Geld und Arbeit erfordern.

Ziel ist vor allem verbesserter Schutz der Ökosysteme, der sich weithin erstreckenden Wüstenlandschaften und ihrer unvergleichlichen Fauna und Flora, die behutsame Nutzung der ältesten Wüste der Welt, konzentriert in einem einzigen Nationalpark sowie die Anbindung der im Süden und Norden angrenzenden Schutzgebiete, der |Ai-|Ais/Richtersveld Transfrontier Park (Südafrika) und der Iona-Nationalpark (Angola). Zum angrenzenden Inland werden Verbindungen mit privaten Landbesitzern angestrebt, die aktiv am Naturschutz teilnehmen. Man erhofft sich u. a. eine Verbesserung der Lebensqualität der im Gebiet lebenden Bevölkerung, Wiederherstellung der ursprünglichen, saisonbedingten Tierwanderungen sowie größere Widerstandsfähigkeit gegen den Einfluss von Klimaänderungen in der größten Dürrezone südlich der Sahara.

Sperrgebiet

Das in deutscher Kolonialzeit proklamierte Diamentensperrgebiet beginnt im Süden am Oranje River. Es besteht hauptsächlich aus der Sukkulenten-Karoo (Biom im Winterregengebiet), Nama-Karoo und reiner Namibwüste. Dazu gehört auch der Richtersveld Transfrontier Park zu beiden Seiten des Oranje River, in dessen Mitte die Grenze zwischen Namibia und Südafrika verläuft. Beide Staaten verwalten das grenzüberschreitende Reservat gemeinsam. Es gilt als ein »Hotspot« biologischer Vielfalt. Dazu gehören außerdem der Fischfluss-Canyon, die heißen Quellen von /Ai-/Ais und der Unterlauf des Oranje River. Das seit der deutschen Kolonialzeit bestehende Sperrgebiet ist 26 000 km² groß und bis zu 180 km breit. Immer noch ist es für Touristen kaum zugänglich. Eine einzige Durchfahrtsstraße verbindet Keetmanshoop (B 4) mit Lüderitzbucht und der Diamantenküste. Hier beginnt nördlich der B 4 hinter dem Kuiseb-Trockenflussbett das 40 000 km² große Dünenmeer der südlichen Namibwüste. Tsondab und Tsauchab, ebenfalls Trockenflüsse, die das Meer nicht erreichen, haben ihren Ursprung an der Südseite des Naukluft-Gebirges. Von dort verlaufen sie nach Westen, wo der Tsauchab nach 80 km durch den Sesriem-Canyon fließt und schließlich im Sossus Vlei im Sand versickert, ohne je den Atlantik zu erreichen.

Meob-Chamais-Insel- und Meeresschutzgebiet

Nördlich von Lüderitzbucht beginnt vor der Küste des Speergebietes das ausgedehnte Meob-Chamais-Insel- und Meeresschutzgebiet, 400 km lang und 30 km breit. Geschützt werden hier auf 10 küstennahen Inseln, zahlreichen Riffen und sandigen, steinigen Küstenstreifen außer unberührter Natur, zahllose Bärenrobben und an die 15 Seevogelarten; darunter vor allem Kaptölpel und Brillenpinguin. Letzterer ist seit der Entdeckung der Inseln als Guanolieferant rücksichtslos verfolgt worden.

Walknochen am Eingang vom Naturschutz-Camp Möwebucht

Namib-Naukluftpark

Der Sperrgebietsteil des Super-Reservats endet etwa 25 km vor dem Tsauchab River und wird vom anschließenden Namib-Naukluftpark abgelöst. Die Ostgrenze verläuft hier nicht weiter gradlinig nach Norden, sondern schließt das eigentliche Naukluftgebirge wie ein Anhängsel ein und endet kurz vor der Sandwich Harbour Lagoon bei Walvis Bay. Die Dünen reichen bis in das bisherige nationale Erholungsgebiet Westküste hinein und sind um Walfischbucht und Swakopmund

Spielplatz von Geländefahrern, Quadbike- und Landyachting-Enthusiasten. Naturschützer waren schon lange wegen der rücksichtslosen Benutzung der Dünen und Schotterebenen verärgert und forderten bessere Kontrollen und schärferes Durchgreifen gegen die zunehmenden Adrenalin-Sportarten. Als dann das »Nationale Erholungsgebiet« zum Dorob-Nationalpark erklärt und mit dem Großreservat vereint wurde, feierten sie das als einen großen Schritt vorwärts für Naturschutz und Ökotourismus.

Dorob-Nationalpark

»Dorob, das Wasser, das im Sand versiegt«, nannten die einheimischen Topnaar ihre harsche Heimat. Sie gaben dem neuen Dorob-Nationalpark seinen bezeichnenden Namen. Er grenzt im Süden an den Naukluft-Nationalpark und im Norden an den Skelettküstenpark. Ausgeklammert wurden die Städte Swakopmund und Walvis Bay sowie die Wochenendsiedlung Wlotzkasbaken, Henties Bay, das Seebärengebiet um das Kreuzkap und eine größere Anzahl Farmen.

Skelettküste

Eine Küste, die ihren Namen zu Recht trägt. Verschwanden hier doch bereits zur Zeit der den Seeweg nach Indien suchenden Portugiesen so manche ihrer Karavellen und mit ihnen die wetterharten Besatzungen im tückischen Seegang des Südatlantiks oder verdorrten und verdursteten als Schiffbrüchige im wüstentrockenen Hinterland. Sie nimmt mit über 800 km Länge mehr als die Hälfte der namibischen Küste ein, meist nur als schmales Band von 25 km Breite. Von Swakopmund aus ist die an der Küste entlang führende »Salzstraße« C34 bis zur Möwebucht leicht zugänglich. Darüber hinaus ist der Zugang für den normalen Sterblichen tabu.
Im Norden endet das Superreservat am Kunene River. Am jenseitigen Ufer beginnt der Iona-Skelettküstenpark. Er ist mit 15 150 km² Angolas größtes Naturschutzgebiet. Er soll mit dem Skelettküstenpark auf namibischer Seite zum Iona Skeleton Coast Transfrontier Park vereinigt werden, sodass in absehbarer Zeit grenzüberschreitender Verkehr zwischen beiden Reservaten möglich wird.

Die Einsamkeit der Skelettküste wird bei der Fahrt durch einen kleinen Sandsturm spürbar.

Warmquelle. **Outjo** und **Kamanjab** schließen östlich an die Bezirke Khorixas und Sesfontein an.

37 Rundfahrt durchs Kaokoland

Das 50 000 km² große Kaokoland in der Nordwestecke Namibias schließt den größten Teil des ehemaligen Wildreservats Nummer 1 ein, das, fast 100 000 km² groß, von Etosha bis an die Skelettküste reichte. Bis heute ist es trotz aller Bemühungen nicht gelungen, wenigstens einen Teil der unersetzlichen Region wieder offiziell unter Naturschutz zu stellen. Das Tafelgebirgsland erreicht mit den Baynes-Bergen am Kunene seine höchsten Höhen. Mehrere Trockenflussbetten durchziehen die Region von Osten nach Westen. Nur wenn im Hinterland reichlich Regen fällt, fließen sie bis in den Atlantik. Besonders in Trockenjahren retten sie das Wild, das in diesen von gutem Baumbestand gesäumten Oasen auch dann noch genug Nahrung findet.

Das Land der Himba – eigentlich »ova-Himba«, die Bettler – ist heute Ziel von Besuchern aus aller Welt, die beschwerliche Reisen durch die wenig entwickelte Region mit einem archaischen Wegenetz nicht scheuen. Es sind nicht nur behutsame Ökotouristen, sondern auch Vierrad-Enthusiasten, die in dem schwierigen Gelände ihre Fahrkünste erproben wollen. Wer die ursprünglichen Landschaften erleben und den »ursprünglichsten« aller Himba begegnen möchte, wählt die klassische Route. Sie beginnt mit guter Schotterstraße (C 35), die von Kamanjab und weiter an den Zäunen von Etosha entlang geradeaus bis an die Ruacana-Fälle führt. Diese etwa 300 km lange Strecke ist in der Regel ohne Geländewagen befahrbar. Wer mehr Abenteuer sucht, dringt ins Herz des Kaokolandes ein

Geländefahrten in Namibia gehören zu den besonders interessanten Erlebnissen.

und zweigt nach etwa 120 km von der C 35 bei Otjirunda nach links in Richtung **Opuwo** 🛏 (60 km) ab. Opuwo bedeutet so viel wie das Ende. Und hier endet die Welt, wie wir sie kennen. In Opuwo stehen die letzten Telefone, können letzte Vorräte, Getränke gekauft und die Benzintanks zum letzten Mal gefüllt werden.

Trinkwasser nicht vergessen! Von jetzt ab ist **Vierradantrieb** unerlässlich. Nach 16 km Fahrt von Opuwo in nördliche Richtung folgt eine Weggabelung. Nach rechts geht es auf der DR 3618 direkt zum 120 km entfernten **Ruacana-Wasserfall**. Wer jedoch **Van Zyl's Pass,** Namibias schwierigste Geländefahrt, testen möchte, fährt von Opuwo nach links in westliche Richtung auf der DR 3700 über **Otjitanda und Otjihende** (170 km). In Otjitanda gibt es einen kleinen Laden sowie kalte Limonaden und Bier. In der Nähe liegen einige Wohnstätten, in denen weniger europäisierte Himba leben. Spätestens ab **Otjitanda** sollte man nur im Konvoi von mindestens 2 Fahrzeugen und mit erprobtem Führer weiterfahren. Die folgenden 13 km hinauf zur **Passhöhe** sind äußerst schwierig zu navigieren. Der höchste Punkt (über 1300 m) gewährt einen Ausblick über **Marienfluss**. Trotz des Namens ist Marienfluss kein Gewässer, sondern eine ausgedehnte Hoch-

Land der Himba

Junge Himbafrau. Das zumeist rötliche oder ockerfarbige Make-up aus Fett und Mineralien soll sie vor starken Sonneneinstrahlungen schützen.

Das Kaokoland ist sehr dünn besiedelt. Von den 28 000 Bewohnern sollen nach Schätzungen deutscher Ethnologen über 7000 als halbnomadische Viehzüchter leben. Wie bei den Massai in Ostafrika kreist das Dasein der zu den Herero gehörenden Himba um ihre Rinder und Ziegen. Das rituelle Feuer, Okuruwo, ist die Schnittstelle zwischen Lebenden und Toten. Die »naturverbundene« schlichte Lebensform der Himba ist in ihren Grundlagen bedroht. Der Sitten verändernde Touristenansturm und die ökologische und soziale Bedrohung durch den geplanten Epupa-Staudamm könnte die risikoreiche, grundsätzlich ärmliche Lebensweise der traditionsreichen Himba schnell beenden. Während die Männer den »Vorteilen« der westlichen Zivilisation durchaus nicht abgeneigt sind, verteidigen die Himba-Frauen ihren traditionellen Lebensstil heftiger. Ihre nackten Oberkörper, mit rotem Lehm und Butterfett eingerieben, mit kunstvollen Metall- und Lederornamenten verziert, sind zum begehrten Touristenmotiv geworden. Die Frauen lassen sich das heute recht gut bezahlen.

ebene, die im Westen von den **Hartmannbergen** begrenzt wird, an die 60 km breite Dünenfelder anschließen, die bis an die Skelettküste reichen. Nach kurzer, ebenso schwieriger Talfahrt, teilt sich die Route. Nordwärts führt sie zum Zeltplatz am **Kunene River**. Nach gutem Regen, etwa 100 mm im Jahresdurchschnitt, ist die Ebene mit grünem oder goldenem Gras bedeckt und dann recht wildreich. Die »Märchenringe« fallen dann besonders auf. Es sind kreisrunde, kahle Erdflächen, über deren Herkunft noch immer gerätselt wird. Eine Piste führt durch die Marienfluss-Steppe weiter nach Norden bis an den Kunene, der hier seinen Weg durch die Namib zum Atlantik sucht.
Zurück nach Süden geht es über **Rooidrom** und **Orupembe** auf einem weit besseren Fahrweg. Wildbeobachtungen sind überall möglich. Je nach Saison sind kleinere Gruppen der seltenen Schwarznasenantilopen, Spießbock- und Springbockherden sowie auch Hartmann-Bergzebra und Giraffen zu beobachten. Neben Rüppellpapagei, Monteirotoko, Namibschnäpper und Nacktohrdrossling lebt auch die wüstenangepasste Rüppelltrappe hier. 70 km hinter **Orupembe** folgt das meist trockene Bett des Khumib River und nach weiteren 40 km **Purros** in der zerklüfteten Landschaft des Hoarusib River.

38 Am Hoarusib River

Das Dorf **Purros** liegt gut 100 km nordwestlich von Sesfontein am Zusammenfluss von Hoarusib und Gomadommi River. Der wasserreiche Trockenfluss Hoarusib führt mindestens einmal im Jahr Wasser und zieht Elefanten und Spitzmaulnashörner an. Auch wasserliebende Vögel wie Nilgans, Weißstirn-Regenpfeifer und mehrere Strandläuferarten sind öfter in größerer Zahl anwesend. Das Gebiet ist für seinen relativen Wildreichtum bekannt. Außer Elefant und Nashorn sind Giraffe, Springbock, Strauß und Schabrackenschakal zu sehen. Wer großes Glück hat, kann sogar auf Löwe, Leopard oder Gepard stoßen. Die Landschaft ist eindrucksvoll. Westlich von Purros windet sich der Hoarusib durch eine enge Schlucht und vorbei an den sogenannten »Lehmtempeln«, die sich aus Schlammablagerungen während klimatischer Änderungen in den letzten 100 000 Jahren formten. Obwohl Besucher immer wieder gewarnt werden, zelten sie gern wild in der Schlucht, die eine Passage für die Tiere zur Skelettküste ist. **Ngatutunge Pamwe** Ⲁ (»Wir bauen gemeinsam«) heißt der neue Campingplatz der kleinen Siedlung Purros, die versucht, sich auf den wachsenden Touristenstrom einzustellen. Der Platz ist in Gemeinschaftsarbeit durch die Bevölkerung und gemeinnützige Organisationen entstanden. Eine Arbeitsgruppe, die auch für die Erhaltung des namibischen Spitzmaulnashorns (*Diceros bicornis bicornis*) kämpft, will der Bevölkerung des Kaokolandes durch Einbindung in den wachsenden Ökotourismus ein sicheres Einkommen verschaffen, ein harmonisches Nebeneinanderleben von Mensch und Wildtier in Afrikas letzter natürlicher Wildnis erhalten und die Lebensqualität der armen Bevölkerung erhöhen. Ihr bisher größter Erfolg war es, eingefleischte einheimische Wilderer als Wildhüter zu gewinnen. Zurzeit gibt es mindestens 5 schattige, abgesonderte Zeltplätze mit Dusche, Spülklo und Feuerholz. Selbst kaltes Bier ist zu haben, und der freundliche Hinweis, alle Abfälle mitzu-

Nach Dürrejahren findet der Hoarusib River für kurze Zeit wieder den Weg zum Atlantik.

nehmen, sollte auch überall im Kaokoland strikt beachtet werden. Es werden in Handarbeit gefertigte Gegenstände verkauft. Kenntnisreiche Führer können für Pirschfahrten oder Wildniswanderungen auf unbekannten Routen angeheuert werden. Sie führen auch zu Wildpflanzen, die schon ihre Vorfahren als Heilmittel, Kosmetika und Nahrung gebrauchten. Auf arrangierten Besuchen bei lokalen Familien lassen sich Lebensweise und Kultur der Himba und Herero kennenlernen. Zur Einstimmung geht eine kleine Lehrstunde in Himba-Etikette voraus.

39 Besuch bei den Wüstenelefanten

Die Suche nach den legendären letzten »Wüstenelefanten« am Hoanib River kann schon von der **Palmwag Lodge** 🛏 ⛺ (s. S. 242) aus beginnen, die von Khorixas oder Kamanjab leicht zu erreichen ist.

Die **Palmwag Lodge** liegt mit hohen Palmen und romantischen Sonnenuntergängen in einer atemberaubenden Umgebung, in der Begegnungen mit den berühmten Wüstenelefanten, den seltenen Spitzmaulnashörnern und anderem Wild noch häufiger vorkommen. Sie zeichnen eines der beliebtesten Natur- und Urlaubsziele der Region aus. Gleichzeitig ist es eine ideale Umgebung, sich von der doch anstrengenden Pirsch auf die wilden Tiere am Schwimmbad unter Schatten spendenden Palmen oder auf einem der angelegten Wanderwege zu entspannen. Pirschfahrten und selbst Campingsafaris auf dem eigenen Konzessionsgebiet werden bei Bedarf täglich arrangiert. Auch der Besuch der Himba in den umliegenden Dörfern steht auf dem Programm.

In beiden Orten gibt es Benzin und Vorräte. Der Weg durch den Hoanib River nach Sesfontein ist mit normalem Pkw schlecht befahrbar. Auch für die Fahrt auf der Distriktstraße DR 3706 durch die über 20 km lange, enge, wunderschöne Khowarib-Schlucht ist ein Fahrzeug mit Vierradantrieb erforderlich. Die kleine Streusiedlung Khowarib hat eine betriebsame Mischbevölkerung aus Nama und Herero. Die **Khowarib Campsite** ⛺ bietet Platz für 4 Zelte unter steilen Grasdächern. Daneben stehen 6 zweibettige Schutzhütten im typischen Himba-Stil. Die bienenkorbartigen Hütten werden aus biegsamen Mopanebäumchen zusammengefügt und mit einer Mischung aus Kuhdung und Lehm bedeckt. Zudem werden Fahrten mit Eselskarren und Kamelritte in die Umgebung angeboten. Sie können auch die Suche nach den schwer zu findenden Elefanten und Spitzmaulnashörnern erleichtern.

Khowarib Lodge und **Camp** 🛏 ⛺ (s. S. 242) punkten mit klassischen Angeboten. Dazu gehört das ganztägige Suchen und Aufspüren der Wüstenelefanten im Bereich

Rhino Patrol

Das populäre tägliche Programm, Nashörnern mit Führung aus nächster Nähe zu Fuß zu folgen, wurde aus ethischen und Tierschutzgründen beendet. Nachforschungen hatten ergeben, dass die Tiere unter extremen Stress geraten waren und in Zukunft die ihnen folgenden Personen angreifen könnten. Außerdem wurde ein neues Kontrollprogramm begonnen, bei dem Sender in das Horn einzelner Tiere implantiert wurden. Dadurch können Verhalten und Bewegungen besser studiert werden. Das Management bedauert diese Entscheidung, ist sich aber sicher, dass die Tierfreunde Verständnis dafür haben.

des Hoanib River und der Spitzmaulnashörner südlich des Resorts. Zu kurz kommen aber auch nicht die üblichen Safarifahrten und Wanderungen durch die unvergleichliche Natur und Besuche bei den lokalen Himba in ihren Dörfern nördlich des Camps. Alles Dinge die Safari-Enthusiasten gern auf eigene Faust unternehmen. Dabei sollten sie allerdings ein paar grundsätzliche Regeln nicht vergessen (s. S. 230).

Herrlich und ein Stück abseits der staubigen Piste liegt weiter flussabwärts bei Warmquelle das **Ongongo-Camp** ⛺ (s. S. 242), eine Oase, weitab vom Weltgeschehen. Der als romantisch umschwärmte Campingplatz besitzt einen Wasserfall, gespeist von einer kristallklaren warmen Quelle. Das Auffangbecken wird zu einem natürlichen Schwimmbad. Der malerische Platz ist von der D 3706 Schotterstraße Sesfontein – Palmwag über einen 6 km langen holprigen Feldweg vom kleinen Dorf Warmquelle aus zu erreichen. Erfahrene Pkw-Fahrer können bis zum Parkplatz vordringen. Alle Ausrüstung muss dann aber zum Camp in die Schlucht getragen werden, da der Fahrweg zum Campingplatz uneben, steinig und damit nur für geländegängige Fahrzeuge geeignet ist. Dafür entschädigt aber die afrikanische Atmosphäre. Hügel im Umfeld laden zu entspannenden Spaziergängen und Wanderungen ein. Reges Vogelleben, vor allem um die natürliche Quelle, entzückt jeden Vogelfreund. Für längere Ausflüge bieten sich gute einheimische Führer an.

Weniger zünftig, aber komfortabler wird es 10 km weiter in **Sesfontein**. Der kleine Ort entstand, als die deutsche Schutztruppe 1896 bei den »Sechs Quellen« ein Fort errichtete, um Wilderei, Waffenschmuggel und Rinderpest zu kontrollieren. Heute ist die Festung zur **Fort Sesfontein Lodge** 🏨 🛏 ⛺ (s. S. 241) für »Individualtouristen« renoviert worden. Sie erhalten hier meist

Elefantenkinder folgen ihrer Mutter, hier bei der wildreichen Wasserstelle Kalkheuwel.

recht gute Informationen über Elefanten und andere Tiere, die an dem zumindest unterirdisch Wasser führenden Hoanib öfter aufzuspüren sind. Die Chancen sind recht gut, auf eigene Faust zumindest ein paar betagte Bullen der legendären Durstlandelefanten zu finden. Unterschätzen Sie die Gefahr aber nicht! Nach neueren Schätzungen soll die Elefantenzahl auf übr 600 Tiere angestiegen sein. Die Population breitet sich vor allem weiter nach Süden zum **Ugab River** hin aus.

Einfach ist die Suche nach den Elefanten nicht, wenn auch öfter von erstaunlichen Begegnungen dicht vor den komfortablen Lodges berichtet wird.

Normale Safarifreunde fahren meist weiter am **Hoanib River** entlang, der durch übermäßige Publizität als Schlupfwinkel der »Wüstenelefanten« weithin berühmt wurde. Von Sesfontein geht es zunächst über die Okambonde-Ebene, bekannt für ihre vertrackten Staublöcher. Puderfeiner Staub dringt durch jede Ritze. Reisenden sei geraten, ihr Gepäck so gut es geht lieber mit Planen und Plastik einzuhüllen, besonders wenn sie ein etwas älteres Modell fahren. Die meisten Selbstfahrer suchen sich von jetzt an ihre eigenen Lager. Sie sollten es jedoch bitte nie an Quellen, Wasserstellen und im Flussbett aufschlagen. Elefanten trinken besonders gern nachts und fühlen sich in der Enge schnell bedroht. Vor allem die Durstlandbullen gelten als unduldsam. Sicher eine Folge des harten Lebens.

Auch andere Tiere folgen besonders in trockenen Jahren den Flussläufen nach Westen bis tief in den Skelettküstenpark hinein. Für Besucher ist die Weiterfahrt nach Torra Bay nur im Dezember und Januar erlaubt. Elefanten und anderes Wild finden Nahrung in der artenreichen Vegetation an den Flussrändern. Hier gedeihen Ahnenbäume, Mopane, mehrere Akazienarten und vor allem Anabäume, die zwischen September und November ihre nahrungsreichen Schoten abwerfen, aber auch Tamarisken, die aus dem Flusssand wuchern. Auch die Nara wächst in manchen Flussbetten. Löwen und Elefanten sind schon öfter am Atlantik gesehen worden. Besonders Mutterherden geraten in den engen Felsenschluchten des Hoanib schnell in Panik und flüchten kopflos. Deshalb ist es gut, immer respektvoll Abstand zu halten. Rücksichtslose Zeltgäste vergrämen durch ihre Unbedachtsamkeit auch anderes Wild, das hier viel scheuer ist als in den Wildreservaten, weil bis vor kurzem noch tüchtig geschossen wurde. Auf Besucher, die sich lieber einer organisierten Tour durch das Kaokoland anschließen möchten, wartet ein umfangreiches Angebot namibischer Safariunternehmen.

40 Kavita-Löwen-Lodge

Die komfortable Gästefarm H ⇌ Ʌ (s. S. 232) liegt kurz hinter Kamanjab an der D 2763. Die immer wieder über die Farmer einbrechenden Dürreperioden haben auch die Besitzer von Kavita angeregt, sich neben der Rinderzucht ein zweites Standbein durch Tourismus zu verschaffen. Gleichzeitig wollten sie zur Erhaltung des schrumpfenden Löwenbestandes von Namibia beitragen und gründeten die Afri-Leo-Stiftung. Sie soll vor allem unnötiges Töten von Löwen auf den Farmen jenseits der Etosha-Zäune verhindern. 5 Löwen sind in einem großen Freigehege untergebracht, durch das die Gäste vorsichtig gefahren werden.

Durch den Standort der Farm zwischen Damaraland und Kaokoland können ohne Mühe mehrtägige Fahrten in alle Richtungen arrangiert werden. Ein weiteres Plus ist die Lage am westlichen Ende des Etosha-Nationalparks. Dieser für Einzeltouristen nicht zugängliche Parkteil kann auf 1-tägigen Rundfahrten mit Spezialgenehmigung besucht werden.

41 Outjo und Kamanjab

Die Farmorte **Outjo** und **Kamanjab** 🏨 🛏 ⛺ sind Ausgangspunkt für Besuche der Fingerklippe sowie anderer Wahrzeichen des Damaralandes. Besucher mit Zelten und Wohnwagen ziehen dagegen **Khorixas** 🏨 🛏 ⛺ vor, das früher Welwitschia hieß und seine Bedeutung als Verwaltungszentrum des Damaralandes verloren hat. Das Farmgebiet von Kamanjab grenzt an Etosha und war als »deutsches Handtuch« und für seinen guten Wildbestand bekannt. Heute findet man hier mehr Gäste- und Wildfarmen als frei lebende Elefanten, von denen es in den 1950er Jahren noch über 300 gegeben haben soll. Durch ihre Nähe zum Kaokoland, Damaraland und dem westlichen Tor zum Etosha-Nationalpark sind Gästefarmen und Lodges gute, wenn auch manchmal teure »Basislager« für Abstecher in die Wildnis des Kaokolands.

42 Fingerklippe

Zur Fingerklippe führt die geteerte C 39 von Outjo nach Khorixas (130 km). Nach etwa 80 km biegt die staubige D 2743 nach links zur Fingerklippe ab und kehrt in einer Schleife nach 70 m wieder zur Teerstraße zurück. Der 35 m hohe Obelisk aus Sedimentgestein hat an seiner Basis einen Umfang von 44 m. Der »Kalkkegel« entstand in Jahrmillionen durch Erosion in der etwa 80 km langen Schwemmebene des Huab River. Ein schattiger Picknickplatz am Fuße des Monolithen lädt zur Rast ein. Die

Der 35 m hohe Kalkkegel »Fingerklippe« steht an einem einsamen Farmweg zwischen Outjo und Khorixas.

Fingerklippe wurde 1970 zum ersten Mal erklettert. Die benachbarte, luxuriöse **Vingerklip Lodge** 🏨 🛏 (s. S. 243) bietet eine herrliche Aussicht auf den Riesenobelisken und einen weiteren Sedimentkegel. Das Resort liegt in einem 1600 ha großen privaten Wildreservat mit 3 Wasserstellen, umgeben von einem Wildzaun zum Schutz der Tiere. An 3 Wasserstellen, eine davon nachts beleuchtet, kann das Wild beobachtet werden. Giraffe, Elenantilope, Zebra, Kudu, Spießbock, Springbock, Impala, Warzenschwein, Steinbock und Pavian sind die häufigsten. Die Fingerklippe ist in einer 1-stündigen Wanderung zu erreichen.
Beliebt ist auch die Gästefarm **Huab Lodge** 🛏 am bergigen Huab-Ufer (s. S. 242).

43 Versteinerter Wald

Khorixas hat einen beliebten Touristenpark und ist durch die D 2620 (C 39) mit der **Palmwag Lodge** (s. S. 242) verbunden (165 km). Der Versteinerte Wald (Petrified Forest) liegt etwa 50 km westlich von Khorixas an der meist gut gepflegten Schotterstraße D 2620. Das Gewirr von versteinerten Baumstämmen liegt in karger Mopane-Savanne verstreut, als hätten Riesen sich beim Mikado gelangweilt. Die bis zu 30 m langen Reste von Nadelhölzern wurden im Erdaltertum während der Karbonzeit von gewaltigen Fluten hierher geschwemmt. Bis heute blieben Baumrinde und Jahresringe durch Verkieselung erhalten. Ein »lebendes Fossil«, die Welwitschia, wächst vereinzelt zwischen den großartigen Zeugen frühester Erdgeschichte. Junge einheimische Führer übernehmen am Eingang die obligatorische Betreuung der Besucher.

Für Besucher, die besonderen Wert auf Komfort und Luxus in der Wildnis legen, ist die **Damara Mopane Lodge** (s. S. 241) 20 km östlich von Khorixas, mitten in der namibischen Trockensavanne, umgeben von Granitkuppen und Tafelbergen ein ideales Einfallstor zum Damaraland. Vingerklip (50 km), Petrified Forest und Organ Pipes (70 km) sowie das als Weltkulturerbe ausgezeichnete Twyfelfontein (130 km) sind leicht zu erreichen. Die Wohnanlage soll den Eindruck eines namibischen Dorfes vermitteln. Die in Lehmflechtwerk errichteten Wände der 60 zweiräumigen Chalets sind mit Kopien der Felsgravuren von

Der Versteinerte Wald wird zunehmend von Touristen besichtigt und zeigt erste »Abnutzungserscheinungen«.

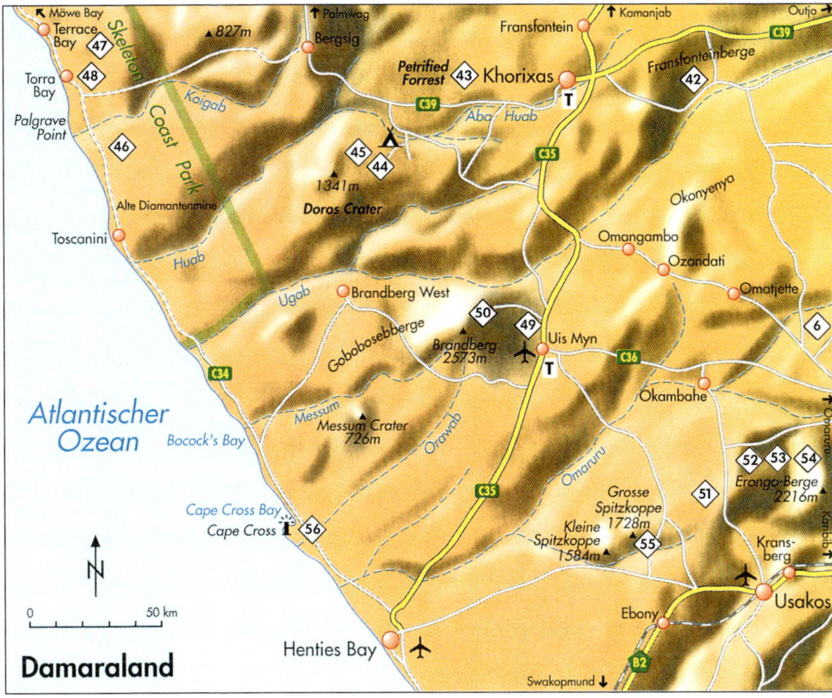

Twyfelfontein dekoriert und von kleinen Gemüse- und Kräutergärten eingefasst. Auf Schwimmbad, Klimaanlagen und Aussichtspunkte für Sonnenuntergänge wird Wert gelegt. Lebhafte Abwechslung in der Savanne bieten Spießbock, Springbock und die ans Wüstenklima angepassten Elefanten in leicht zu erreichenden Trockenflussbetten.

44 Orgelpfeifen, Verbrannter Berg und Felsgravuren

Nach kurzer Weiterfahrt auf der D 2620 vom Versteinerten Wald folgt links die D 3254 mit den **Orgelpfeifen** (3 km). Die vor etwa 120 Mio. Jahren in senkrechte Säulen zerborstenen Basaltfelsen wurden nach und nach von der Erosion freigelegt und stehen jetzt senkrecht, etwa 6 m hoch, als ein sehenswertes Zeugnis aus der Frühzeit der Erde. Kurz hinter den Orgelpfeifen, beim sogenannten Wondergat, gabelt sich der Fahrweg nach 21 km. Nach links geht es zum etwa 10 km langen **Verbrannten Berg** (5 km), der sich 200 m hoch aus der umgebenden Landschaft erhebt. Nach rechts führt die Gabelung zu den fantastischen Felsgravuren von Twyfelfontein (98 km). Der Verbrannte Berg besteht zum großen Teil aus grauem bis schwarzem Verwitterungsgestein, das den Eindruck erweckt, als sei der ganze Berg abgebrannt. Ein paar kleine, um ihr Leben kämpfende Welwitschien beleben den trüben Eindruck nicht. Erst aus der Nähe betrachtet wird die reiche Farbskala von Mergel und Sandstein sichtbar. Sie reicht von Weiß, Grau und Schwarz bis Orange, Rot und

Purpur. Die Abendsonne erzeugt ein schillerndes Farbenspiel, das den Berg zum Brennen zu bringen scheint.

Die **Felsgravuren von Twyfelfontein** sind ein unersetzlicher Schatz und sollen im Laufe von über 25 000 Jahren entstanden sein. 1952 wurden sie zum National Monument erklärt. Trotzdem wurden einige der über 2500 Kunstwerke auch danach beschädigt oder gestohlen. Afrikas größte Sammlung von Petroglyphen darf deshalb nur noch in Begleitung eines Führers besichtigt werden. Die Felsgravuren der fantastischen Freiluftgalerie sind durch 2 kurze Spazierwege verbunden, die mühelos in 2 Std. bewältigt werden können. Trotzdem sind feste Schuhe und die Mitnahme von Trinkwasser zu empfehlen. Eine interessante Vogelwelt verschafft zusätzliche Abwechslung.

Wer in dieser ruhevollen Umgebung übernachten möchte: Die **Aba-Huab Campsite** (s. S. 240) im malerischen Tal des nahen Aba-Huab River ist mit Pkw befahrbar. Vom Campingplatz aus, ein Gemeinschaftsprojekt der lokalen Bevölkerung, sind die wichtigen Stätten des kulturellen Erbes in kurzer Zeit zu erreichen. Die Felsenkunst von Twyfelfontein ist mit dem PKW etwa 15 Min. entfernt. Zum Verbrannten Berg und zu den Orgelpfeifen sind es 20 Min. Zum sogenannten Versteinerten Wald gelangt man in 45–60 Min. Ortskundige Besucher empfehlen eine Wanderung durchs Geröll des trockenen Flussbetts. Man könne hier sogar auf »Wüstenelefanten« stoßen, heißt es. Doch Vorsicht ist geboten. Die grauen Riesen sind unberechenbar.

Wer etwas länger in dieser vielseitigen Gegend verweilen möchte, kann sich in die zentral gelegene **Twyfelfontein Country Lodge** (s. S. 243) einbuchen. Das Gebiet um Twyfelfontein (Afrikaans: unsichere Quelle) gehört zum UNESCO-Weltnaturerbe. Fauna und Flora im Damaraland sind typisch für die Rand-Namib-Region. Zu den ungewöhnlichen Pflanzenarten gehören Welwitschia (s. S. 118) und mehrere *Commiphora*-Arten. Unter den dem Wüstenklima angepassten Tierarten sind Elefant, Giraffe, Springbock, Spießbock, Zebra und Strauß. Elefanten sind hauptsächlich zwischen März und Oktober im trockenen Aba-Huab anwesend, verschwinden dann aber zur Regenzeit, wenn »reichlich« Nahrung im Bergland rund um den Fluss zu finden ist. Es werden Pirschfahrten, Safaris und geführte Wanderungen zu allen wichtigen Plätzen und zur Wildbeobachtung angeboten. Sogar Radfahrten in Begleitung eines kompetenten Führers zum Verbrannten Berg und den Orgelpfeifen sind möglich. Zu den Felsengravuren darf man auch allein pedalen.

Sternengucker treffen sich nach dem Abendessen mit dem residierenden Astronomen, der den südlichen Sternhimmel mithilfe seines Teleskops erklärt.

Große Auszeichnung

Im Juli 2007 erklärte die UNESCO Twyfelfontein zum ersten Weltkultur- und Weltnaturerbe Namibias. Zur Begründung wurde erklärt, dass es sich hier um die umfangreichste und außergewöhnlichste Ansammlung von Felsgravuren in Afrika handele. In über 2000 Abbildungen sind Elefanten, Strauße, Giraffen und Fußabdrücke von Menschen und Tieren aus der späten Steinzeit erhalten. Dokumentiert wurden ferner auch Riten und Praktiken der Jäger und Sammler, die in großen Teilen des südlichen Afrikas dominierten, bis etwa ab 1000 n. Chr. die Einwanderung von Viehhirten aus dem Norden begann.

45 Das Lebende Museum der Damara

Das Lebende Museum der Damara (s. S. 228 u. 241) bei Twyfelfontein im Herzen der dünn besiedelten Region wurde im Stil eines traditionellen Damaradorfes von der Living Culture Foundation Namibia (s. S. 227) konzipiert und finanziert. Besucher können hier Einzelheiten über die wenig bekannte traditionelle Kultur der Damara erfahren. Wahrscheinlich waren sie weit über Namibia verstreut, bis eine Einwanderungswelle bantusprechender Menschen von Norden her ins Land kam. Die Damara zogen sich bald zwangsweise in die schwer zugänglichen unwegsamen Bergregionen um den Brandberg im Nordwesten zurück, um den beiden neuen, aggressiveren Volksgruppen der Ovambo und Herero zu entgehen, mit denen sie bald in sklavenähnlicher Abhängigkeit lebten.

Besucher erfahren, wie die Damara im vorkolonialen Zeitalter lebten. Sie schmiedeten Waffen, stellten Handwerkszeug, traditionelle Kleidung und Schmuck her. Zusammen mit den San gelten sie als die Ureinwohner Namibias. Ihre ursprünglichen, mehrere Hundert Jahre alten, denen der San ähnlichen Stammestraditionen bestanden aus einer Mischung von archaischer Jäger- und Sammlerkultur und der Haltung von Rindern, Ziegen und Schafen, die schon frühzeitig gezüchtet wurden.

Großen Wert wird auf die Teilnahme der Museumsbesucher an traditionellen Spielen, Gesängen und Tänzen am heiligen Feuer gelegt. Es war ursprünglich Mittelpunkt des Dorfes. (Das heilige Feuer sollte ursprünglich Raubwild vertreiben und Haustiere schützen. Es durfte nie verglühen. Die Ältesten trafen sich hier zu Beratungen.)

Gebucht werden können auch Kurzwanderungen, auf denen die Teilnehmer er-

Damara-Dame in der traditionellen Apotheke

fahren, wie die Damarafrauen dem kargen Land Nahrung, Medizin und Parfum abtrotzten. Die Männer bauten Fallen, legten Tabakgärten an und jagten die spärlich vorkommenden Tiere, darunter sicherlich wenig Großraubtiere oder Elefanten. Die Zerstückelung des Naturschutzgebietes zwischen Etosha und Atlantikküste während des Apartheidregimes schnitt besonders Elefanten von ihrem Lebensraum ab. Eine isolierte Gruppe im Westen wurde bald als Wüstenelefanten bekannt.

Aufklärerisch ist der Besuch eines 2 km entfernten modernen Damaradorfes, in dem Besucher nicht nur Näheres über die heutige Lebensweise der Damara erfahren, sondern auch die immer noch herrschende Armut in diesem abgelegenen Teil Namibias miterleben.

Die Living Culture Foundation Namibia, eine gemeinnützige deutsch-namibische

Verlassen und verdurstet an der Skelettküste. Inschrift: »HERE LIES THE BODY OF GEORGE POND OF LONDON DIED OF HUNGER AND THIRST 1906.«

Organisation, setzt sich für die kulturelle und materielle Entwicklung der ländllichen Teile Namibias ein. Ihr Hauptziel ist die Entwicklung »Lebender Museen«, die in ländlichen, landschaftlich attraktiven und abgelegenen Gegenden entstehen und nicht nur der Wiederbelebung uralter traditioneller Lebensweisen, sondern auch der Armutsbekämpfung dienen. Touristen und Reisende, die Lebende Museen besuchen, tragen damit ebenfalls zum Erhalt der traditionellen Kultur und zur Armutsbekämpfung in Namibia bei. Die Teilnahme von Touristen an kulturellen Ereignissen und Einblicke in ihren Alltag schaffen nicht nur neue Einkommensmöglichkeiten für die Damarabevölkerung, sondern fördern auch das Kennenlernen der noch weitgehend unbeschädigten Umwelt und ihrer wilden Tiere. Durch den geplanten Ausbau von umgebungsangepassten Campingplätzen soll dem Besucher längeres Verweilen ermöglicht werden. Gegenwärtig sind nur die winzigen Campingplätze in Mangetti (s. S. 59) und Khaudum (s. S. 58) betriebsbereit. Bislang bestehen 5 Lebende Museen in verschiedenen Landesteilen. 2 weitere sind geplant.

46 Skelettküstenpark

Das 16 390 km^2 große Reservat nimmt den größten Teil der Skelettküste nördlich vom Kreuzkap bis zum Grenzfluss Kunene

Verdorrtes Schwemmland im Deltabereich des Hoarusib River.

Kleine Oasen mit brackigem, aber trinkbarem Wasser unterbrechen die trostlose Öde der Skelettküste.

ein. Es wird als Wildnisgebiet verwaltet. Für Touristen ist es auf der unbefestigten C 34 von Swakopmund bis Möwebucht erreichbar. Darüber hinaus ist es nur für Teilnehmer an teuren **Flugsafaris** von Privatkonzessionären zugänglich. Wer € 3000 und mehr für 3 Übernachtungen locker machen will, wendet sich z. B. an Skeleton Coast Fly-in-Safaris (s. S. 225). In der Nähe der Kunene-Mündung existieren außerdem zwei hochklassige Ferienanlagen, die ebenfalls nur mit Privatfliegern erreichbar sind.

Die Umgebung unterscheidet sich nur wenig vom Westküsten-Freizeitgebiet zwischen Swakopmund und dem Ugab River. Am **Eingangstor Ugab River** beginnt jeden 2. und 4. Dienstag im Monat um 9 Uhr eine 3-tägige Wanderung unter kundiger Führung eines Naturschützers. Der Ugab River liegt 200 km nördlich von Swakopmund, ist aber vom 40 km entfernten Campingplatz bei Meile 108 leicht zu erreichen. Beste Wanderzeit: April bis September; Gruppengröße 6–8 Personen. Der Skelettküstenpark ist nur für Besucher von **Terrace Bay** und **Torra Bay** zugänglich.

Das Gebiet besteht hauptsächlich aus dunkler Felsenküste, unterbrochen von einem kleineren Dünengürtel zwischen Torra Bay, Hoarusib River und Terrace Bay. Ein paar Schiffswracks und Walknochen »beleben« die öden Strände.

47 Terrace Bay Fishing Resort

Hier ist Endstation für Touristen, die die Skelettküste näher kennenlernen wollen. **Terrace Bay** 🛏 ⛺ (s. S. 223) liegt etwa 40 km nördlich von Torra Bay. Für Übernachtungen stehen 20 Doppelzimmer und 2 Ferienhäuser für Familien bereit, alle mit Toiletten und Duschen ausgestattet. Frühstück und Abendessen sind eingeschlossen. Tagesbesucher sind nicht zugelassen. Camper sind willkommen. Restaurant, Bar, Laden, Schwimmbad und Tankstelle mit et-

was erhöhten Preisen stehen auch für sie zur Verfügung. Die Terrace-Bay-Sam-Nujoma-Grundschule ist dagegen nur für die Kinder der über 30 Angestellten.
Die wüstenhafte Umgebung wird zuweilen als wenig attraktiv angesehen. Für Tiefsee-Angelfreunde gibt es jedoch keinen besseren Platz im gesamten südlichen Afrika. Doch auch für Touristen ist die Begegnung mit der einsamen Skelettküste ein Gewinn. Entdeckungstouren entlang der geröllreichen Küste, Schotterflächen und Dünenküste sind abwechslungsreich und lehrreich. Das nahe Delta des Uniab River bietet gute Wandermöglichkeiten und Wild- und Vogelbeobachtungen. Außerdem gibt es zwischen Torra und Terrace Bay abseits des Fahrwegs einen Weiher und Wasserfall zu entdecken, mit Schilfbestand und winziger Grasfläche. Es genügt aber für den Besuch von Wasservögeln sowie Spieß- und Springböcken.

48 Torra Bay

Das Resort **Torra Bay** ⛺ (s. S. 223) wie auch Terrace Bay wird von Namibia Wildlife Resorts (NWR) verwaltet und ist Teil des Skelettküsten-Nationalparks. Zusammen mit Terrace Bay ist das Resort der einzige preiswerte Zugang und Aufenthalt an der Skelettküste im Vergleich zu den hohen Preisen der Fly-in-Safaris. Der einfache, schattenlose Campingplatz wird von Farmern und Städtern Namibias zur Ferienzeit im Dezember und Januar zur Erholung von der sengenden Hitze im Inland genutzt. Er wird vor allem in der Weihnachtszeit frequentiert, bietet dann eine gute Chance, Teile der Skelettküste auf eigene Faust zu erkunden. Es gibt einen einfachen Campingplatz mit 60 Stellplätzen, gemeinschaftlichen sanitären Anlagen, einen kleinen Laden im Tante-Emma-Stil, in dem auch Benzin, Feuerholz und Wasser er-

Gestrandeter Fischkutter. An der Skelettküste verschwand manches Schiff mitsamt seiner Crew.

hältlich sind und eine Tankstelle. Frischen Seefisch gibt es oft günstig von Anglern, und er ist leicht selbst zu fangen. Anfahrt über Swakopmund bis Torra Bay (340 km) auf guter Salzstraße nach Norden. Die Anfahrt ist auch möglich auf Teerstraße aus Richtung Etosha – Outjo auf der C 39 nach Westen. Ab Khorixas bis zum Eingangstor Springbokwasser (80 km) Schotterstraße, die auch mit Wohnwagen befahren werden kann. Von hier aus bis Torra Bay sind es 40 km, bis Terrace Bay 110 km und zum Ugab-Tor 140 km. Kein Zugang ohne vorherige Buchungen und Informationen durch NWR in Windhoek.

TIPP: Es ist angebracht die C 34 mit Vorsicht zu befahren. Die Fahrbahn hat eine aus Sand und Salz gemischte Decke mit teerstraßenähnlicher Glätte. Sie verwandelt sich nach einem der äußerst seltenen Regenfälle in rutschigen Morast.

49 Uis Mine

Reisende mit robustem Pkw können die Fahrt zum Brandbergmassiv – Namibias eindrucksvollster Gebirgslandschaft – von Khorixas aus in südliche Richtung fortsetzen. Nach etwa 90 km kommen sie zum ehemaligen **Bergwerksort Uis Myn** (afrikaans), der sich als Ausgangspunkt für das Erkunden des Brandbergmassivs im zentralen Damaraland empfiehlt. Uis ist auch von Swakopmund über Henties Bay und von der Spitzkoppe her (Reiseziel 55) leicht zu erreichen und von Windhoek aus über den historischen Flecken Omaruru (120 km). Bis vor wenigen Jahren wurden im Kartoffelfluss von Uis noch auf industrieller Basis Wolfram und Zinnstein abgebaut. Heute rettet nur die Aussicht auf steigenden Tourismus den Ort vor dem Abgleiten in eine Geisterstadt wie Kolmanskop bei Lüderitzbucht. Das **Brandberg Rest Camp** (s. S. 244) im Ort bietet preiswerte Familienunterkünfte und zur Abkühlung ein riesiges Schwimmbad. Etwas außerhalb findet man seit einigen Jahren die **Brandberg White Lady Lodge und Camping** (s. S. 244). Sie kommt den Ansprüchen der Natur suchenden Besucher weit besser entgegen. Beide Resorts bieten Fahrten in die Umgebung.

Die weltberühmte »White Lady«, eines der bekanntesten steinzeitlichen Felsenbilder der Welt, ist in einem halbtägigen Ausflug erreichbar. Bilder von Elefanten, hinterlassen von den San-Künstlern, scheinen zu beweisen, dass sich die grauen Riesen damals schon in der Gegend aufhielten. Noch heute finden sie hier in der Trockenzeit genug Wasser und Nahrung. Auf eigener oder organisierter Safari können ihre Nachfahren noch häufig genug am Fuße des Brandbergmassivs aufgespürt werden und dazu oft auch Zebra- und Springbockherden. Längere Fahrten durch die scheinbar gottverlassene Landschaft des Damaralandes führen bis zum »Verbrannten Berg« und dem Tal der Orgelpfeifen. Etwas anstrengender wird für manche Besucher vielleicht eine Umrundung des Brandbergmassivs. Dafür ist eine Tagesreise nötig, denn es werden einige wenig bekannte Orte aufgesucht; darunter z. B. Weißer Skorpion, Namibfelsen, Elefantenfelsen und verlassene Minen, in denen nach Turmalinen und anderen Edel- und Halbedelsteinen geschürft wurde. Ernsthafte Wanderer können an mehrtägigen geführten Touren teilnehmen.

50 Diana im Brandberg

Das Brandbergmassiv entstand durch großräumige Aufwölbung. Es liegt am Namibrand südlich des Ugab River, 80 km von der Skelettküste entfernt. Das Granitgebirge bedeckt eine fast eirunde Fläche von über 500 km². Höchste Erhebung und Namibias höchster Berg ist der 2573 m hohe Königstein. In den höheren Lagen des Massivs hält sich Feuchtigkeit länger und zieht das Wild an, dem schon früh steinzeitliche Jäger folgten. Heute ist der Brandberg bei Bergsteigern und Naturfreunden beliebt, doch der Rückblick in die Frühgeschichte Namibias ist wichtigster Anlass für den Besuch.

Die größte Attraktion ist zweifellos Diana, die »**Weiße Dame**«, die weltberühmte Felszeichnung in der Tsisab-Felsschlucht an der östlichen Seite des Gebirgsstocks. Von Uis sind es 42 km bis zum Parkplatz am Fuß der Schlucht. Von hier aus ist in 1 Std. auf gut bezeichnetem Fußweg **Maack's Shelter** zu erreichen. Hier entdeckte 1917 der Vermessungsingenieur Reinhard Maack unter einem Felsüberhang eine Gruppe von Felszeichnungen, darunter die »Weiße Dame«, die heute durch Eisengitter vor Vandalen geschützt werden muss. Allein in einem Umkreis von nur 1,5 km liegen 16 weitere Stellen mit zahllosen Felsmalereien. Insgesamt soll es im Massiv weit über 50 000 Felszeichnungen geben. Der deutsche Grafiker Harald Pager hat sie an 900 Stellen 8 Jahre lang fast alle mit eigener spezieller Technik kopiert. Sein Lebenswerk, 6000 Folien mit naturgetreuen Kopien, werden vom Kölner Institut für Ur- und Frühgeschichte ausgewertet. Vielleicht wird so das Rätsel der »Weißen Dame« eines Tages doch noch gelöst. Die 40 cm hohe, teilweise weiß gefärbte Figur, bewaffnet mit Pfeil und Bogen, soll nach der Deutung des französischen Felsbild-Forschers Abbé Henri Breuil und seiner Mit-

Eingang zur Tsisab-Schlucht im Brandberg. Ein Fußweg führt in einer Stunde zur »Weißen Dame«.

arbeiter die hellhäutige kretische Göttin Diana darstellen. Längst ist die eurozentrische Ansicht Breuils widerlegt, nicht zuletzt durch die Funde von Steinwerkzeugen, Tonscherben und Pfeilspitzen, die auf eine lange Bewohnung der Felsenhöhlen durch einheimische Jäger und Sammler hinweisen. Die Figur ist ein Mann, wahrscheinlich ein Schamane.

Der Besuch der Tsisab-Felsschlucht sollte möglichst auf den frühen Morgen oder späten Nachmittag gelegt werden. Doch ist es in Maack's Shelter auch an heißen Tagen kühl. Festes Schuhwerk und eine gut gefüllte Wasserflasche sind ratsam. Auf dem Weg bezaubert nicht nur die bizarre Felslandschaft, sondern auch anregende Natur. Auffällig ist die Brandbergakazie, ein vielstämmiger Busch oder kleiner Baum, in dem manchmal der heimliche Namibschnäpper zu finden ist. Diese Akazienart wächst nur hier. Häufiger sind Bergstar und Guineataube, Rüppellpapagei, Rosenpapageien und der die Rufe von Artgenossen nachahmende Bergschmätzer. Außer uralten Welwitschias wachsen hier auch hochgiftige *Euphorbia virosa* und verschiedene *Commiphora*-Arten, meist an ihrer papierartig abblätternden Borke zu erkennen. Sie gehören zur großen Myrrhe-Familie und sondern wohlriechendes Harz ab. Scharf duften dagegen die Klippschliefer, denen heimliche Leoparden nachstellen, die auch die lästigen Paviane kontrollieren. An Antilopen sind vor allem die zierlichen Klippspringer zu erwähnen sowie die im Umfeld in größerer Anzahl vorhandenen Spieß- und Springböcke; auch Hartmann-Bergzebras kommen vor. Am Brandberg lohnt es sich, vorsichtig Steine zu wälzen. Vor allem nach leichtem Regen sind darunter Skorpione und Tausendfüßler zu finden. Besuchern sei jedoch geraten, auf der Hut zu sein, besonders

Die »Weiße Dame« im Brandberg zählt zu den bekanntesten Felszeichnungen der Welt.

auch bei überraschenden Begegnungen mit Schlangen.

Auch die emsige Ernteameise ist hier zu Hause. Die Damara sammeln in Dürreperioden die Samen aus ihren unterirdischen »Vorratskammern«, lassen zur Anregung der Produktion aber immer Reste zurück. Auf den nicht leicht zu bezwingenden Hochplateaus warten seltene »Lebende Steine«, kleine Sukkulenten, darauf, entdeckt zu werden. Vom Brandberg und Uis sind auf den Schotterstraßen D 3716 und D 1930 die Erongo-Berge und auch die weitbekannte Spitzkoppe verhältnismäßig leicht zu erreichen. Des Weiteren besteht nach Hentiesbay und Swakopmund eine verhältnismäßig gute Straßenverbindung.

51 Erongo-Gebirge

Im Erongo-Gebirge nördlich von **Usakos** und **Karibib** H ist auf den in den Bergen verstreuten, malerisch gelegenen Gästefarmen manche touristische Spezialität zu erwarten, daruner zahlreiche Felsmalereien und Hochgebirgs-Kletterpartien. Das Hohenstein-Massiv an seiner Südwestseite ist mit 2350 m die höchste Erhebung; für geologisch interessierte Reisende ein lohnendes Ziel. Das zerklüftete Massiv hat seinen Ursprung in einem nicht bis an die Erdoberfläche vorgedrungenen Vulkanerguss vor 140 bis 190 Mio. Jahren. Es liegt außerhalb der Großen Randstufe.

52 Ameib Gästehaus

»Wo die Pflanzen üppig wachsen.« So wird der Begriff Amaib, aus der Namasprache stammend, wahrscheinlich etwas großzügig interpretiert. Aber sicher nicht zu Unrecht, denn die Farm 🛏 ⛺ (s. S. 244) am südlichen Rand des Erongo-Gebirges erhält weit mehr Regen als die Wüstenebene, deren trockene Unendlichkeit von den Bergen gut zu beobachten ist.

Ein Kudubulle bricht durchs Unterholz und schaut vorwitzig auf einen Eindringling.

Verschiedene Wanderwege bieten hervorragende Möglichkeiten zur Wild- und Vogelbeobachtung. Der Rosenpapagei *Agapornis roseicollis* (s. S. 188) ist auf Ameib besonders gut zu beobachten. Von den selteneren Säugetieren sind Hartmann-Zebra, Klippspringer und Steinböckchen vertreten. Auch Giraffe, Klippschliefer, Kudu, Pavian, Springbock und Spießbock fehlen nicht. Nachts heult dann auch schon mal ein Schabrackenschakal.
Einmalig sind die fantastischen Felsformationen, darunter der Elefantenkopf und die weithin bekannte »Bull's Party«, eine Gruppe verstreuter Geröllblöcke. Auch ein Weißer Elefant fehlt nicht. Er ist in der Phillip's Cave als Felszeichnung zu bewundern. Besichtigungstour der Felsmalereien auch mit Führung. Mehrere als »Lodges« ausgewiesene Ziele sind eigentlich kleinere private Naturreservate mit zum Teil besonderen Angeboten für Naturfreunde.

53 Hohenstein Lodge

Der Hohenstein ist die höchste Erhebung des Erongo-Gebirges. An seinem Fuß liegen Lodge 🛏 (s. S. 244) und Wildfarm inmitten einer der eindrucksvollsten Landschaften Namibias. Die herrliche Aussicht von Bungalows und Restaurant reicht bis zur Spitzkoppe. Im Vordergrund leuchtet der Hohenstein rötlich im Schein der untergehenden Sonne. Zum Kennenlernen der Region stehen zahlreiche Ausflüge und Fahrten mit Geländewagen oder Mountainbike auf dem Programm. Die bizarre Felsformation »Bull's Party« und »Philipp's Cave« sind nur 20 Min. entfernt. Uralte Felsmalereien sind auf den Nachbarfarmen zu besichtigen. Wild- und Vogelbeobachtungen am hauseigenen Wasserloch sind zu jeder Tageszeit möglich. Sie öffnen den

Blick für die Artenvielfalt dieses bergigen Landesteils.
Zu den Höhepunkten gehören Bergwanderungen und Klettertouren. Junge erfahrene Bergsteiger aus Bayern haben die Route zum Gipfel des Hohensteins minutiös erkundet und dokumentiert. Außerdem sicherten sie auch eine Klettertour durch eine Felswand zu einem herrlichen Aussichtspunkt. Sie tauften ihn »Fenster zum Himmel«. Weniger anstrengend ist eine Bergwanderung durch den sogenannten Felsbrockenwald zu den Claims der Damara-Edelsteinsucher, hier »Small Miners« genannt. Angeseilt hängen sie mit der Hoffnung auf Reichtum wagemutig in den Felswänden und treiben mit Hammer und Meißel Löcher in harten Granit, auf der Suche nach Halbedelsteinen, hauptsächlich Aquamarin, Turmalin, Schwarzer Turmalin (Schörl), Amethyst und Beryll. Ihre magere Ausbeute bieten sie auch den Touristen zum Kauf an. Der Handel mit Halbedelsteinen der Region blüht besonders in der kleinen Stadt **Karibib**. Dort soll es im Henckerts-Touristenzentrum außer einer reichen Auswahl an Edelsteinen angeblich den besten Filterkaffee des Landes geben. Der historische Ort ist auch durch seinen hochwertigen Marmor bekannt, der hier seit 1904 gebrochen wird.

54 Omandumba

»Wo der Bitterbusch wächst«, heißt die naturnahe Ferienfarm 🛏 ⛺ (s. S. 245) zu Füßen der wildromantischen Erongo-Berge, unweit von Omaruru. Der Bitterbusch *Pechuel Löschia-leibuitzii* wird in dieser Gegend in Dürrezeiten von den Rindern abgeweidet. Er gibt der Milch einen bitteren Geschmack. Omaruru, auch ein Herero-Wort, bedeutet nichts weiter als bittere Dickmilch.

Bizarrer Fels, bekannt als »Bull's Party«, in unberechenbarer Harmonie.

Es gibt Naturwanderwege, Granitkletterwände mit Abseilmöglichkeiten und Routen (teilweise beschildert) zu bedeutenden Felsbildern und -gravuren. Auffällig ist die oft benutzte rote Farbe. Sie wird den San zugeschrieben, die einst hier lebten. Aus Blut, Eisenoxid und Eiweiß als Bindemittel soll sie gemischt worden sein. Wanderungen mit Übernachtungen und verschiedenen Schwierigkeitsgraden sind ebenfalls im Angebot. Alle Streifzüge durch die imposante Bergwelt mit ihrer artenreichen Fauna und Flora können selbst oder mit kompetenter Führung durch Farmer Rust und seinem Geländewagen unternommen werden.
Routen in verschiedenen Schwierigkeitsgraden können von der Farm aus gewählt werden. Auch Disziplinen wie »Abseilen« gehören dazu oder Besuche zu bizarren Felsformationen, die Namen tragen wie »Dicke Berta«, »Finger Gottes«, »Drei Ele-

fanten« oder »Spielplatz der Götter«. Die besondere Attraktion von Omandumba ist aber eine Gruppe von Ju/'Hoansi-San (Buschleute) aus der Kalahari. Seit mehreren Jahren leben sie hier auf der Farm mehr oder weniger eigenständig, ähnlich wie ihre Vorväter. Sie vermitteln Besuchern Einblicke in die Vergangenheit der umweltbewussten Jäger und Sammler. Das erinnert dabei zwangsläufig an die prekäre Lage zwischen Vergangenheit und moderner Welt, in der sich die überlebenden Ureinwohner des südlichen Afrikas befinden. Die Ansiedlung der Gruppe ist ein privater Versuch, auch darauf hinzuweisen. Vor allem wird Besuchern von Omandumba gezeigt, wie man Bogen herstellt, Pfeile vergiftet und mit ihnen auf die Pirsch zieht, wie man Fallen stellt, Heilmittel in der Natur findet. Auf Wunsch können Gäste auch mit auf eine jagdähnliche Pirsch gehen oder am Lagerfeuer an traditionellen Tänzen und Gesängen teilnehmen. Gesang und Tanz sollen wohl an jene Zeiten erinnern, wo sie nicht nur der reinen Unterhaltung dienten, sondern große kultische Bedeutung besaßen. So stellte der Medizinmann, der am Lagerfeuer vor und mit der Gruppe tanzte, Kontakte zu den Ahnen her oder beschwor den Erfolg der nächsten Jagd.

Die jungen San führen und gestalten die Unternehmung auf der privaten Farm weitgehend selbständig. 90 % ihrer Einnahmen sollen ihnen direkt für Lebenshaltungskosten, Schule, Kleidung, Decken usw. zufließen. 10 % gehen an die Besitzer von Omandumba für Dienstleistungen wie Marketing, Betriebsberatung, Geländenutzung, Transport, Nahrungsmittelbeschaffung und medizinische Versorgung.

Junge Ju/'Hoansi-San zeigen einem kleinen Freund traditionelles Bogenschießen.

Die Spitzkoppe, Namibias Wahrzeichen, erinnert angeblich ans Matterhorn. Zur Besteigung ist keine Seilschaft nötig. Allerdings ist auch alpines Klettern möglich.

55 Spitzkoppe

Wie ein stumpfer Zuckerhut taucht der massige Inselberg am Wüstenrand kurz vor dem Ort Usakos rechts der Straße aus der äußeren Schotternamib auf, morgens und abends auffällig rot gefärbt. Von Swakopmund sind es 120 km bis zur Abzweigung. Ein 30 km langer Feldweg führt von hieraus zur **Großen Spitzkoppe** (1728 m) und zum Campingplatz mit weit verstreuten Stellplätzen unter den recht dichten Baumgruppen, die den Granitfelsen umgeben. Hier ist mit Glück der seltene, rätselhafte Namibschnäpper aufzuspüren. Das Wild ist durch jahrelange Granitsprengungen bei der benachbarten **Kleinen Spitzkoppe** (1580 m) und durch illegale Jagd anscheinend immer noch vergrämt. An den ursprünglichen Wildreichtum erinnert aber das »Buschmannparadies« nebenan in den **Pontok-Bergen**. Eine Kette an Eisenpfählen erleichtert den Aufstieg. Hier gibt es Hunderte gut erhaltene Felszeichnungen unter 35 zum Teil kaum bekannten Felsüberhängen. Weitere warten auf ihre Entdeckung. Damara-Führer bieten dafür ihre Dienste an. Anders als in den benachbarten Erongo-Bergen und im Brandbergmassiv sind die hiesigen Zeichnungen einfacher, primitiver und wahrscheinlich viel älter.

Vor einiger Zeit haben die in der Umgebung recht und schlecht lebenden Menschen mithilfe der Konrad-Adenauer-Stiftung den Campingplatz angelegt und einfache Hütten zum Übernachten gebaut, die allerdings nicht immer verfügbar sind. Mitarbeiter halten Camp und Umgebung peinlich sauber, sorgen für die Müllabfuhr, für Feuerholz und kutschieren die Gäste auf Eselskarren auf Wunsch sogar um die Spitzkoppe herum. Ihr freundlicher Kutscher lässt Touristen gern mal selbst lenken. Dann erfahren diese schnell, was ein störrischer Esel ist (Kontakt Tel.: 081-4563422). Sogar ein Spülklo hat die Arbeitsgemeinschaft gebaut. Bitte trotzdem selbst so viel Wasser wie möglich mitbringen, denn jeder Tropfen muss vom über 50 km entfernten Usakos angekarrt werden. In einem kleinen Verkaufsstand stehen traditionelles Kunsthandwerk und selbst geschürfte Halbedelsteine zur Auswahl. Topas in Schmuckqualität und farbenfreudige Turmaline werden bei der Spitzkoppe gefunden. Wer sich mit den Schürfern anfreunden kann, darf auch schon mal mit auf Edelsteinsuche gehen.

Weiterfahrt nach Uis und zum Brandberg ist auf den Schotterstraßen D 3716 und D 1930 möglich. Auf der D 1918 geht es nach Hentiesbay.

56 Robbenkolonie am Kreuzkap

Eine gute, 110 km lange Salzstraße führt von Swakopmund über die Feriensiedlung Wlotzkas Baken – auch Klein-Sibirien genannt – und über das zum feudalen Ferienort ausgewachsene **Henties Bay** zur größten Kinderstube der Südafrikanischen Pelzrobbe am Kreuzkap. 1486 ließ der portugiesische Seefahrer Diego Cão hier ein Kreuz auf einem Felsenvorsprung aufstellen, den sein Navigator Martin Behaim aus Nürnberg später auf seinem berühmten Globus »Cape leto«, das tödliche Kap, nannte. Um November herum versammeln sich hier mehrere Hunderttausend Robben. Braune Hyäne und Schabrackenschakal patrouillieren nachts und frühmorgens die Lagerstätten. Manchmal

Die Robbenkolonie am Kreuzkap ist die größte an der afrikanischen Küste.

Der Trick der Pelzrobben

Die Kolonien der Südafrikanischen Pelzrobbe auf den Felsenbänken der namibischen Küste von der Atlasbucht bei Lüderitzbucht bis zum Kreuzkap (Reiseziel 56) gehören zu den größten Festlandkolonien der Welt. Die Gesamtpopulation dieser Ohrenrobbenart an der namibischen Küste beträgt schätzungsweise 1,5 – 2 Mio. Tiere, die zum Ärger der Fischindustrie jährlich über 1 Mio. t Meerestiere, vor allem Fische, verschlingen.
Pelzrobben haben eine ungewöhnliche Fortpflanzungsmethode entwickelt. Das Jahr über leben die Geschlechter völlig getrennt voneinander im fischreichen Südatlantik. Die über 2 m langen, bis 350 kg schweren Bullen und die 50–75 kg wiegenden Weibchen treffen sich einmal im Jahr zwischen November und Weihnachten auf ihren angestammten Lagerplätzen. Die Bullen verteidigen ihr Territorium, in ihrem Schutz gebären die Weibchen ihre Jungen. Ein paar Tage nach der Geburt sind die Weibchen paarungsbereit. Die befruchtete Eizelle entwickelt sich in wenigen Tagen zu einem unscheinbaren Keimling, dessen Weiterentwicklung für 3,5 – 4 Monate stoppt. Erst dann wird er in die Uteruswand übertragen, wo sich der Embryo normal entwickelt, bis zum Geburtstermin 1 Jahr nach der Paarung.

kann der Besucher eine Robbengeburt unter der Schutzmauer beobachten. Öffnungszeiten bitte beim staatlichen Touristenbüro in der Ritterburg erfragen (s. S. 223). Übernachtungsmöglichkeiten ⛺ auf 4 einfachen Campingplätzen entlang dem Westküsten-Erholungsgebiet. Neuerdings gibt es auch eine exklusive Lodge direkt am Atlantik. Das Ferienhotel **Cape Cross Lodge** 🛏 (s. S. 245) organisiert Ausflüge in die nähere und weitere Umgebung. Besonders beliebt sind geführte Touren zur Mondlandschaft des Messum Crater, mit den 2000 Jahre alten und größten Welwitschias des Landes nahbei, vorbei an einem der reichsten Flechtenfelder mit allen 6 an der Skelettküste vorkommenden Arten, vielleicht durch den Morgennebel, generiert vom kalten Benguelastrom, Ernährer des großen Fischbestands. Seine Nebel ermöglichen und sichern auch das Überleben zahlreicher Wüstenpflanzen. Nicht weit ist es zur Robbenkolonie und zum Replikat des 1486 durch den portugiesischen Seefahrer Diego Cão gesetzten Kreuzes.
Das Kreuzkap liegt in der Nebelzone. Hier zeigt sich die Skelettküste in grauer, kalter, windiger Eintönigkeit. Trotzdem gibt es hier mehrere einfachere Campingplätze ⛺, unterhalten von Namibia Wildlife Resorts (s.S. 223).

57 Swakopmund und Umgebung

»Was, nicht mal Palmen?«, staunten die ersten 7 Schutztruppenreiter, die an einem grauen Morgen im Jahre 1892 nördlich der Swakop-Mündung an der menschenleeren Küste an Land gehievt wurden. Gut 100 Jahre später wachsen an der gleichen Stelle nicht nur Palmenalleen, sondern es entstand auch ein Wohn- und Ferienort H 🛏 ⛺, der im südlichen Afrika seinesgleichen sucht und liebevoll Deutschlands südlichstes Seebad genannt wird. Zahlreiche gut geführte Hotels, Pensionen und Ferienheime stehen zur Verfügung. An der Küste in Richtung Norden gibt es mehrere Wohnwagen- und Campingplätze (s. S. 246). Strandurlaub, der Deutschen liebster Urlaub, ist also selbst in Swakopmund möglich, wenn auch durchs Klima eingeschränkt, denn sogar im Sommer bleibt der Südatlantik kalt. Verantwortlich ist der an der Atlantikküste nordwärts fließende Benguelastrom aus der Antarktis.

Großaquarium für Meeresgeschöpfe

Am Ende der palmengesäumten Strandpromenade steht Namibias National Marine Aquarium mit wichtigen Fischarten aus dem Atlantik. Außer ein paar Haiarten gibt es die an der Küste vorkommenden Speisefischarten wie Kob, Steenbrass und Kap-Seehecht sowie die Kaplanguste zu sehen. Etwas Besonderes ist die Rote Tiefseekrabbe, *Chaceon maritae*, die an der Küste in Tiefen bis zu 960 m vorkommt. Außerdem wird eingehend über die Namibische Fischindustrie und das Problem der Überfischung informiert. Das Nationale Seewasseraquarium am Atlantischen Ozean in Swakopmund ist das einzige Show-Aquarium in Namibia. Es wurde in den 1990er Jahren vom Ministerium für Fischerei und Meeresressourcen errichtet und inzwischen von Grund auf erneuert.

Alle Becken werden durch ein Filtersystem mit Meerwasser aus dem Atlantik versorgt. Das größte Bassin fasst 320 000 l, ist 12 m lang und 8 m breit. Es wird von einem Tunnel geteilt, der als besondere Attraktion gilt, da hier u. a. Haie und Rochen aus nächster Nähe beobachtet werden können. Auch andere Fische, Meerestiere und vom Meer lebende Vogelarten, typisch für den

Zwerg- und Große Flamingos auf den Salzpfannen von Swakopmund, die die Region mit Seesalz versorgen.

Rote Tiefseekrabben, eine besondere Attraktion des Nationalen Seewasseraquariums in Swakopmund

Graukopfmöwen brüten in den zum Vogelparadies gewordenen Swakopmunder Kläranlagen.

kalten Benguelastrom, sind zu sehen. Gefüttert wird täglich um 15 Uhr.

Die eindrucksvollsten Gebäude, überwiegend im Jugendstil der Gründerzeit, liegen sämtlich in bequemem Laufabstand voneinander und geben bei einem Rundgang schnell einen Einblick in Geschichte und Entwicklung der Stadt. Das **Museum Swakopmund** (s. S. 227) an der Mole zeigt eine recht umfassende Sammlung mit kulturhistorischem, naturkundlichem, ethnologischem und geologischem Material aus der Region, mit besonderer Betonung der deutschen kolonialen Ära. Geöffnet Mo–So 10–13 Uhr und 14–17 Uhr.
Ecke Garnison/Bahnhofstraße liegt der moderne Bau der **Kristallgalerie** (s. S. 226). Er beherbergt eine überwältigende Sammlung von Riesenkristallen aus der Erde Namibias. Im magischen Tunnel wird der Gast in die geheimnisvolle Welt namibischer Mineralien eingeführt. Geöffnet Mo–Sa 9–17 Uhr. An der Windhoeker Straße befinden sich **Omeghaus** und die **Sam-Cohen-Bücherei** (s. S. 227), in der alles Gedruckte über Swakopmund und Namibia gesammelt wird.
Rössing Uranium, eine Uranium-Mine und größtes menschengeschaffenes Loch Namibias bei den 70 km entfernten Rössingbergen, kann jeden Freitag besucht werden. Die Bustour startet um 8 Uhr beim Café Anton, Rückkehr gegen 12 Uhr; Anmeldung im Museum Swakopmund (s. S. 227). Buchungen und Informationen über staatliche Ziele in der Ritterburg, Ecke Bismarckstraße (s. S. 223). Das Namib Info Bureau informiert eingehend und übernimmt kostenlos alle Buchungen für Namibia und angrenzende Länder (s. S. 211).
Die nur wenige Hundert Meter weiter nördlich liegende **Swakop-Mündung** gilt als kleines Vogelparadies. Mehrere Watvogelarten sind hier zeitweilig gut zu beobachten. Noch ergiebiger ist das zum Naturreservat erklärte Gelände der **Salzpfannen** und **Guanoplattform** wenige Kilometer nördlich der Stadt. Hier sind oft Zwergflamingo und Großer Flamingo in großer Zahl versammelt, zur Brutzeit ist die Plattform mit unzählbaren Kapkormoranen besetzt. Wer an den Gräben hinter den Salzwerken entlangfährt, sieht mit hoher Wahrscheinlichkeit Weißbrustkormoran, Rosapelikan, Schwarzen Austernfischer, Silberreiher, Säbelschnäbler, Stelzenläufer, Rotschnabelente, Raubseeschwalbe sowie Dominikaner- und Graukopfmöwe.
In den Dünen hinter dem Swakop River lässt sich in den Morgenstunden nach Kleingetier suchen, etwa nach den Schwarzkäfern, die Gräben ziehen, um Nebeltau aufzufangen. Der Nebeltrinker steht

im Morgengrauen sogar Kopf und lässt sich die Tauperlen in die Mundöffnung rinnen. An manchen Stellen der Dünenränder wächst die stachlige Narapflanze. Eine Wüstenexkursion wäre mit einem Wüstenkenner sicher besonders erfolgreich.

58 Die Wüste lebt!

»Und ich helfe, solange ich kann, damit sie weiterlebt!« erklärt Christopher Nel. Er ist Eigentümer eines der wichtigsten Safariunternehmen in Namibia unter dem Namen Living Desert Adventures (s. S. 221) in Swakopmund. Teilnehmern dieser Abenteuer in der Namibwüste lehrt Nel »in der Buschmannzeitung zu lesen«, wie er das Spurensuchen und Auffinden der Wüstengeschöpfe in den Dünen nennt. Dazu gehören die »tanzende Weiße Dame«, die Afrikanische Radspinne *Carparachne aureoflava*, die in 44 Umdrehungen per Sekunde die Dünen herunterrollt, um ihren Feinden zu entgehen, der durchsichtige Wüstengecko *Palmatogecko rangei*, der Tautropfen aus seinen Augen trinkt. Sie finden auch den zu den Glattechsen gehörenden, weit verbreiteten Kapskink, Gattung Mabuya, auf

Das Mondtal am unteren Swakop River bei Swakopmund mit den Rössingbergen im Hintergrund.

glühendem Sand tanzende Wüsteneidechsen und die sich seitwärts schlängelnd fortbewegende Zwergpuffotter oder das sich bei Kälte schwarzfärbende Wüstenchamäleon. Noch zahlreiche andere, Staunen erweckende Lebewesen haben sich dem Leben in der harschen Wüste angepasst. Von Swakopmund aus lassen sich mehrere Kurzsafaris bis in das Gebiet der mittleren Namib hinein unternehmen, um dann eventuell die Fahrt auf der B 2 oder C 28 in Richtung Windhoek fortzusetzen.

59 Welwitschia-Route

Die Fahrt zu einer der ältesten Welwitschias, einer als »lebendes Fossil« bezeichneten, nur in Teilen der Namib vorkommenden Pflanze, ist von Naturkundlern als eine halb- bis ganztägige Rundfahrt gestaltet worden. Beim Touristenbüro in der Ritterburg (s. S. 223 Namibia Wildlife Resorts, Swakopmund Office) wird mit der Genehmigung eine Karte ausgehändigt, die besonders markierte Stellen auf dem etwa 60 km langen Wüstenweg beschreibt.

Vom Ortsausgang Swakopmund aus von der B 2 rechts abbiegen. Nach 3 km geht es durch das Trockenbett des Swakop River. Von hier aus sind es weitere 12 km auf der C 28 bis zum Namib-Wildreservat-Eingang und der Abzweigung nach links zur **»Mondlandschaft«** im Swakop-Tal (15 km) und weiter durch das Flussbett zur Welwitschia-Fläche. 2 einfache, schattige Campingplätze ⛺ im Flussbett laden zum Picknick und Übernachten ein. Interessant ist der reiche Baumbestand. Kameldorn-, Anabaum und Tamariske gedeihen hier recht üppig. Letztere ist im Fluss und an seinem brackigen Ufer weit verbreitet. Die eingezäunte Welwitschia am Ziel soll über 1500 Jahre alt sein. Einige dieser Ziele sind auch durch Reitsafaris zu erreichen (s. S. 253).

Welwitschia – die Bemerkenswerte

Eine der größten und ältesten Welwitschias.

Ob Dinosaurier der Botanik, Tintenfisch der Namib oder Schnabeltier des Pflanzenreiches, wie Charles Darwin sie nannte, ihr Entdecker, der österreichische Naturforscher und Mediziner Dr. Friedrich Martin Joseph Welwitsch, kniete sprachlos vor ihr nieder, als er den zweihäusigen Nacktsamer 1859 in der Namibwüste entdeckte. 300 Pflanzenarten und 29 Tierarten sind nach dem unermüdlichen Sammler der Flora Afrikas benannt worden.

Die Familie der Welwitschiaceae überlebte mit einer Gattung und der einzigen Art *Welwitschia mirabilis* isoliert in der Schotterwüste nördlich des Dünenmeeres bis zum nördlichen Ende der Namib im südlichen Angola. Zur weiteren Verwandtschaft gehören Nadelhölzer und Cycadeen (irreführend auf Deutsch Palmfarne genannt), in der Gruppe der Gymnospermen, bei denen die Samenanlagen nicht von Fruchtblättern umschlossen sind.

Die Welwitschia kann 1000–2000 Jahre oder vielleicht noch älter werden und produziert in dieser Zeit nur 3 Blattpaare. Außer Keim- und Schuppenblättern trägt der Stamm oder Spross 2 girlandenförmige Laubblätter, die ständig nachwachsen, je nach Niederschlag und Nachtnebel etwa 2–20 cm jährlich. Die Blattpaare können bis zu 8 m lang und 1,5 m breit werden. Sie besitzen eine enorme Oberfläche und sind sehr langlebig. Dadurch schaffen sie wichtigen Lebensraum für Vögel, Kleinsäuger, Reptilien und Insekten. Die kräftige, tief reichende Rübenwurzel dient als Speicherorgan und erinnert an eine große Mohrrübe.

Die Bestäubung erfolgt wahrscheinlich durch Wind und Insekten. Ob die Saugwanze *Probergrothius sexpunctatis* zu den Bestäubern gehört, ist noch nicht erwiesen. Er lebt jedenfalls in größerer Zahl auf den weiblichen Pflanzen und saugt nährenden Saft aus ihren bis zu 300 Zapfen, die Kiefernzapfen sehr ähnlich sehen. Von den darin produzierten 10 000– 20 000 Samen sind nur 10–20 keimfähig. Die Fortpflanzungsorgane der männlichen Pflanze liefern die Pollenkörner. Sie sind ähnlich angeordnet wie die Blüten der Angiospermen.

Als Ausgangspunkt für kurze und längere Exkursionen ins Mondtal und weiter ins Namib-Wildreservat eignet sich das etwa 10 km außerhalb von Swakopmund an der B2 liegende Resort **Sophia Dale Base Camp** 🛏 ⛺ (s. S. 246) Die vor ein paar Jahren eingewanderte Lütz-Familie hat hier ihrer neuen Existenz ein typisch deutsches Ambiente verliehen. Daran ändern auch die mit Ried gedeckten afrikanischen Bungalows und die entsprechende Inneneinrichtung wenig. Der Tag beginnt mit einem Frühstück, zu dem frische Brötchen und hausgemachte Wurst- und Schinkenspezialitäten gehören. Diese sind auch zur Ergänzung des Reiseproviants im hauseigenen Laden zu erhalten. Die Aussicht schließt das Swakoptal mit der gewaltigen Mondlandschaft ein. Zugang zum Mondtal, zum Namib-Wildreservat und der berühmten Welwitschia-Fläche ist nahebei. Pferdefreunde können Ausritte bei den benachbarten **Okakambe Trails** (s. S. 254) buchen.

60 Namib-Wildreservat

Eine Piste führt tiefer in die Schotterwüste hinein und macht das sogenannte Namib-Wildreservat zugänglich, wie der nördlichste Teil des Namib-Naukluft-Nationalparks offiziell heißt. Nur die beiden »Durchfahrtstraßen« dürfen offiziell ohne Passierscheine benutzt werden, die C28, die über den steilen **Bosua-Pass** Swakopmund mit Windhoek verbindet und Teil des **»alten Baiweg«** war, und die C14 von Walfischbucht, die hinter dem Kuiseb River zur C26 wird und ebenfalls in Windhoek endet. Wer auf Nebenwegen die Schotterwüste kennenlernen und in ihr übernachten möchte, bucht durch Namibia Wildlife Resorts in Windhoek (s. S. 223) oder durch Swakopmund Office, Ritterburg (s. S. 223). Der befristete Erlaubnisschein ist auch für Sandwichhafen gültig. Auf seiner Rückseite sind alle Wege und 8 Campingplätze ⛺ aufgeführt, die ein einzigartiges Erlebnis

Seltene Begegnung mit einer Giraffe in der Schotterwüste des Namib-Naukluft-Nationalparks.

**Topnaars Dünenwelt:
Das lebenswichtige Wasserloch.**

von Weite und Einsamkeit der Wüste vermitteln. Besonders beliebt sind die einfachen Campingplätze ohne die üblichen Einrichtungen zwischen **Blutkuppe** und **Langer Heinrich**, **Kuiseb-Brücke** in der Nähe des Canyons, **Vogelfederberg** und die Campingplätze **Homeb** am Dünenrand sowie **Kuiseb River** in der Nähe der Forschungsstation **Gobabeb**. In der Nähe leben auch die **Topnaar**, die seit Jahrhunderten am Kuiseb bis hinunter nach Walfischbucht leben und durch ihre »Nara-Felder« (s. S. 123) bekannt geworden sind. Feuerholz und Wasser müssen Reisende mitbringen.

61 Walfischbucht und Sandwichhafen

»Es gibt auf der Welt zwei Plätze, die einfach trostlos und entsetzlich stinklangweilig sind, der eine ist Walfischbucht und der andere ist Walfischbucht«, schrieb P.C. Ettighofer 1938 in einem der ersten Reisebücher über Namibia, damals noch Südwestafrika. Die historische Siedlung ist heute Namibias Überseehafen, Mittelpunkt der Fischindustrie und Anfang des Trans-kalahari-Highways, der über 2000 km später dicht am Krügerpark vorbei in Maputo, der Hauptstadt von Mosambik, endet. Außerdem ist Walvis Bay zur zweitgrößten Stadt des Landes aufgestiegen. Internationaler Tourismus von »Walfischbucht« scheint immer noch hauptsächlich vom benachbarten Swakopmund abgeschöpft zu werden. Doch Walvis Bay hat seine eigene Touristik in den vergangenen Jahren beträchtlich entwickelt (s. S. 245) Durch seine ausgedehnte Lagune, Salzpfannen und die als Vogelparadies bekannten Kläranlagen in den Dünen besitzt der Ort große Anziehungskraft für ernsthafte Vogelfreunde. Die an den Stadtkern anschließende Lagune und die etwa 40 km südlich gelegene, von Dünen eingeschlossene Bucht Sandwich Harbour (das »wich« ist eine Verballhornung von »vis«, Fisch in Afrikaans) sind Feuchtgebiete von internationalem Rang. 1994 wurde Sandwich Harbour durch die RAMSAR-Konvention zum Feuchtgebiet von internationaler Bedeutung erklärt. Das zum Namib-Naukluft-Park gehörende Sandwich-Gebiet hat nicht nur einen guten Ruf als Vogelparadies, sondern ist auch Lieblingsziel von Geländefahrern, die sich beweisen wollen. Süßwasser sickert durch den Dünensand bis zur 10 km langen Lagune und ermöglicht eine überraschend vielseitige Vegetation, in der kleinere Reptilien überleben können. Auch Springböcke, Strauße, Schakale und manchmal sogar Hyänen sind anzutreffen. Allerdings ist in der Lagune vor Walfischbucht regelmäßig eine noch viel größere Vogelzahl und Artenvielfalt zu finden. Im

gesamten Gebiet sollen bereits bis zu 450 000 Vögel gezählt worden sein.
Jedes Jahr bevölkern bis an die 100 000 wasserliebende Vögel die Lagune, darunter viele Jungvögel in ihrem ersten Sommer, die den langen Zug zurück in die paläarktischen Brutgebiete noch nicht mitmachten. Gezählt wurden Fahlregenpfeifer (11 000), Flussseeschwalbe (5300), Schwarzhalstaucher (3900), Sichelstrandläufer (3900) und Weißstirn-Regenpfeifer (1400). Auch Odinshühnchen, Pfuhlschnepfe, Zwergstrandläufer und Kapente sind hier zu sehen, gelegentlich auch die Graukopf-Rostgans sowie weitere Seeschwalbenarten wie Eilseeschwalbe, Weißflügel-Seeschwalbe, Trauerseeschwalbe, Raubseeschwalbe und Küstenseeschwalbe, dazu Pelikane und Kormorane. Die Masse stellen jedoch beide Flamingoarten mit bis zu 60 000 Individuen und Seeschwalben in Nummern, die fast an die 200 000 heranreichen.

TIPP: Mit einem geeigneten Geländefahrzeug kann jeder auch selbst zum Sandwich Harbour fahren. Allerdings ist es wichtig, sich vorher über die Ebbe- und Flutverhältnisse genau zu informieren. Die Möglichkeit stecken zu bleiben besteht immer, und Mobilfunkverkehr gibt es nicht. Die Spuren der unsicheren Sandpiste verweht der Wind schnell.

Vogelbeobachtung aus dem Kajak und andere Paddeltouren aller Schwierigkeitsgrade bietet **Eco Marine Kayak Tours** an (s. S. 219). Bootsfahrten organisiert **Mola Mola Marine Cruise** (s. S. 221) mit täglichen Fahrten zum Pelican Point und Leuchtturm, zur Vogelinsel und Lagune.

Die ausgedehnten Lagunen und Klärteiche von Walfischbucht sind beliebte Ziele vieler Vogelfreunde.

Springböcke in den Dünen beim Sandwichhafen

Erfahrene, auf Sicherheit bedachte Skipper suchen die Nähe von Großen Tümmlern und den kleineren Heaviside-Delfinen. Pelikane lassen sich von Hand füttern, Robben kommen an Bord und lassen sich streicheln, Delfine beim Sprung aus dem Wasser fotografieren. Stelzbeinige Flamingos lassen die Motorboote bis auf »Schussweite« heran. Öfter zu sehen sind auch der bis zu 900 kg schwere Mondfisch *Mola mola* (lat. mola = Mühlstein), Pinguine, Lederschildkröte und Wale zwischen Juli und November und natürlich Rosapelikan, Kormorane, Kaptölpel, Sturmvögel und Schwarzer Austernfischer. Mehr Geduld erfordern die zahlreichen Seeschwalbenarten.

Die Chartergesellschaft kooperiert mit Eco Marine und dem Safariunternehmen **Sandwich Harbour 4x4** (s. S. 225). Letzteres ist ebenfalls ein auf Ökotouristik ausgerichtetes Unternehmen, zuständig für abwechslungsreiche, abenteuerliche Naturfahrten ins Umfeld von Walvis Bay. Neben intensiven Touren nach Sandwich Harbour, Streifzügen durch Dünen- und Schotterwüste, Kajakfahrten mit Exploration von Lagune, Delta und Meeresküste stehen Streifzüge zur Vogelbeobachtung in den umliegenden Feuchtgebieten auf dem Programm.

Auch das **Kuiseb-Delta** hat seine Reize. Springböcke werden oft in den Dünen des Deltas gesichtet. Für Touristen, die immer mehr auch auf Quads den Wüstensand durchpflügen, sind sie ein beliebtes Fotoziel. Anscheinend können die Springböcke ohne Trinkwasser von Nährstoffen und Flüssigkeit verschiedener Wüstenpflanzen leben. Dazu gehören vor allem Nara *Acanthosicyos horridus* (s. S. 123) und Sirub *Capparis hereroensis*. Letztere ist auch als Namib-Kaper bekannt. Beide Namibfrüchte sind sehr schnell wachsende Kletterpflanzen und gehörten zur Stapeldiät der Topnaar. Sie sind auch vertraut mit dem Gift der toxischen Wurzeln dieser Wüstenpflanzen.

Die Nara – mehr als ein Wundermittel

Der dornige Busch ist nur ein einfaches Kürbisgewächs. Durch seine Fähigkeit in den heißen, ariden Dünenfeldern im Kuiseb-Delta bei Walfischbucht eine bis zu 20 cm große, stachelige, melonenartige Frucht in Massen hervorzubringen, wurde er zum Lebensretter. Die Pflanze bohrt ihre Wurzel durch kleine Wanderdünen und erreicht das darunter liegende Grundwasser. Nicht nur in Notzeiten war die Frucht für die im Delta lebenden **Topnaar** Volksnahrungsmittel. Noch heute ernten sie ihre wilden Nara-Felder ab (s. Foto), die sie wachsam gegen Übergriffe verteidigen. In mühevoller Arbeit trennen sie die Kerne aus dem essbaren, aber durch starke Oxalsäure brennend scharfen Fruchtfleisch und produzieren jährlich mehrere Tonnen Kerne. Sie wurden als Mandelersatz an die Zuckerbäcker in Kapstadt verkauft und sind auch heute noch einzige Geldquelle für manche Topnaar-Familie.

Das orangegelbe Fruchtfleisch wird unter starker Sonne in Fladen getrocknet und ist jahrelang haltbar. Es dient als Nahrung und zum Bierbrauen. Die Kerne enthalten 58 % Öl, das in der Küche und zur Hautpflege sowie als Sonnenschutz verwendet wird. Eine Mixtur aus den sehr bitteren Wurzeln, als »Lebenselixier« gepriesen, soll Geschlechtskrankheiten, Leibschmerzen, Arterienverkalkung und andere Krankheiten heilen. Alte Wurzelstöcke dienen als Brennmaterial. Da sie in den letzten Jahrzehnten mehr als ein Drittel ihrer Felder durch Wassermangel verloren haben, versuchen die Topnaar Erntemethoden und Schutz der Pflanzen zu verbessern.

Die Nara ist nahezu blattlos, ihre am Boden kriechenden Zweige ähneln dickem grünem Stacheldraht. Das hindert Pflanzenesser nicht daran, an den jungen Spitzen zu knabbern. Ältere

Mit dem Eselskarren zur Nara-Ernte.

Topnaar-Frauen bei schwieriger Ernte.

Triebe verschmähen sie, sodass die Pflanzen zu dichten Büschen wachsen können, die kleinere Dünen stabilisieren und zum Wachstum anregen. Um 1922 sind Nara-Schösslinge versuchsweise auf Sanddünen in Arizona und Kalifornien angepflanzt worden.

Übernachtungsmöglichkeiten aller Art im Ort, darunter das zentral gelegene Lagoon Chalets & Caravan Park (s. S. 246).

62 Namib-Naukluft-Nationalpark

Afrikas größtes Naturreservat verspricht Wüste hautnah. Es besteht zum großen Teil aus der Großen Gobaba, dem Meer der Dünen, das bei Swakopmund und Walfischbucht mit dem Namib-Wildreservat (Reiseziel 60) beginnt und seine Höhepunkte weiter südlich mit Sossus Vlei (Reiseziel 65) und Naukluft (Reiseziel 64) erreicht und nördlich der Straße Aus–Lüderitzbucht endet.
Kein Fluss erreicht im Dünengebiet den Atlantik. Die anschließende zentrale Schotterwüste, Teil der ausgedehnten Flächennamib, gehört ebenfalls zum Nationalpark. Das Naukluft-Massiv (s. Reiseziele 63 u. 64) ist nur ein Anhängsel mit weniger als 1% der Fläche des gesamten Großreservats. Es liegt nicht in der Wüste, sondern in einem wilden und zerklüfteten Teil des Großen Eskarpments (Große Randstufe), das durch Erosionsprozesse entstand. Die Naukluft ist immer noch wichtige Verbindung für Wanderungen von Spießböcken und anderen Wildarten zwischen Namib und Hochplateau.

63 Wandern und reiten in den Naukluft-Bergen

Die **Farm BüllsPort** (s. S. 249) ist seit Generationen im Familienbesitz und damit wohl die traditionsreichste Farm im südlichen Naukluft-Gebiet. Trotz einer mehrere Jahrzehnte anhaltenden Trockenperiode haben die Eigentümer es verstanden, Wildbestände und Artenvielfalt auf dem Farmgelände zu vergrößern. Die Farm liegt auf einer Hochlandfläche an den gewaltigen Bergen des Naukluft-Massivs unterhalb

Flüchtende Spießböcke auf der Hochlandfläche vor dem Naukluft-Massiv.

Wie eine unbezwingbare Wand trennt der Steilabfall der Naukluft-Berge die Namib vom inneren Hochland. Aus der Höhe wirkt die Dünenlandschaft wie kleine Sandhügel.

von Bull's Mouth. Dieser auffällige Felsen wurde bereits 1837 auf einem Kupferstich abgebildet, er gab der Farm den Namen.

Das Gebirge kann nur am Tsondab-Trockenfluss entlang durchquert werden. Die Farm liegt im bergigen Gebiet der Naukluft am südlichen Ende des als Tsondab-Klamm bekannten Durchgangs, der auch mit Geländewagen durchfahren werden kann. Auf Wanderungen verschiedener Schwierigkeitsgrade lassen sich die eindrucksvollen Naturlandschaften der Naukluft erkunden und erleben. Der Weg durch die Köcherbaumschlucht gehört zu den Höhepunkten. Weitere Routen: Bogenfelstour, mit, atemberaubenden Ausblicken und Beobachtung von Klippspringern aus der Nähe; außerdem stehen zur Auswahl Bullenkopf-, Kudu-, Olive-, Waterkloof- und Zebra-Wanderweg.

Auf kurzen oder auch mehrtägigen Ausritten verschiedener Schwierigkeitsgrade lässt sich die herrliche Landschaft zu Pferde erkunden. Erstklassige warmblütige Reitpferde stehen zur Verfügung, denn auf BüllsPort werden Hannoveraner und Trakehner gezüchtet. Kurz vor Sonnenaufgang wird aufgesattelt. Im Schritt oder Galopp geht es über die Steppe, auf Zebrapfaden aufwärts in die Naukluft-Berge, vorbei an Nestern der Siedelweber, unter Kameldornbäumen durch den trockenen Tsondab und immer wieder Begegnungen mit Wild, darunter Springbock, Spießbock, Kudu, Schakal und Nahrung suchende Bärenpaviane.

Neben den Ausritten, die auf das Können der Teilnehmer ausgerichtet sind, besteht die Möglichkeit, Reitunterricht zu nehmen. Außer den auf BüllsPort gezüchteten Hannoveranern und Trakehnern kommen auch »eingeborene« Boerponys dazu, hart und genügsam. Alle Pferde sind gut erzogen, trittsicher, angenehm zu reiten und auch für Dressur- und Springreiten ausgebildet. Reitausflüge können natürlich mit den anderen Angeboten kombiniert werden, wie einer Wanderung durch die Köcherbaumschlucht oder einem Tagesausflug zum nahen Sossus Vlei.

64 Naukluft

Das gebirgige Gelände des knapp 500 km² großen Naukluft-Schutzgebiets wurde zunächst für die immer stärker durch Jagd und Farmtätigkeit bedrohten Hartmann-Bergzebras reserviert. Diese Zebraart kommt mit kleinen Ausnahmen weltweit nur in bergigen Gegenden Namibias vor. Ein schmaler Landstreifen verbindet das Schutzgebiet mit dem riesigen Namib-Reservat. Inzwischen wurden auch weitere Säugetiere angesiedelt. Kudu, Spießbock, Klippspringer, Steinbock, Ducker und Pavian haben sich stark vermehrt. Sie finden Deckung und Nahrung zwischen interessanten Baumarten, Büschen und verschiedenen Aloearten. Mit etwas Geduld sind auch Raubtiere aufzuspüren, hauptsächlich Leopard, Schabrackenschakal, Löffelhund, Wüstenluchs und Falbkatze. Die enormen Felswände bieten Greifvögeln hervorragende Nistplätze, besonders dem stattlichen Felsenadler. Das Gebiet ist aber nicht nur wegen seiner Vogelvielfalt, sondern vor allem auch wegen seiner Wandermöglichkeiten beliebt. Sie reichen von kurzen Exkursionen über Tagesausflüge bis zur 8-tägigen, 120 km langen Rundwanderung. Auf einer eigens angelegten Geländepiste können Enthusiasten ihre vierradangetriebenen Fahrzeuge einem harten Test auf der über 70 km langen Route unterziehen, für die eine Übernachtung in einfachen Hütten vorgesehen ist.

Nachtquartiere gibt es sonst nur auf einem Campingplatz ⛺. Vorhanden sind zurzeit 10 Stellplätze unter schattigen Bäumen mit guten Basis-Einrichtungen, darunter Schwimmbad, Kiosk und Bar. **Naukluft Campsite** ist zu buchen durch Namibia Wildlife Resorts Central Reservations Office (s. S. 223). **Weltevrede Guest Farm** 🛏 ⛺ (s. S. 252) im Naukluftgebiet zwischen Solitaire und Sesriem bietet geruhsame Rast und eine reiche Tierwelt.

65 Sossus Vlei

Das Sossus Vlei ist eine schrundige Lehmpfanne, umringt von den steilsten und angeblich höchsten **Sterndünen** der Welt, die dem Tsauchab River den Weg zum Atlantik versperren. Die Rekorddüne ist mit 325 m um 4,20 m höher als der Eiffelturm (mit Antenne). Anders als der Stahlturm bewegen sich die Dünen stetig vorwärts, jährlich bis zu 1 m in östliche Richtung. Nach Westen, gleich hinter den Sterndünen, beginnen die Dünenfelder mit den bis zu 50 km langen, höchstens 100 m hohen Langsdünen, die im Küstenbereich von Sicheldünen abgelöst werden.

Der Besuch des kleinen Weltwunders ist von Sesriem aus frühmorgens zu empfehlen, wegen des atmosphärischen Frühlichts und vor allem wegen der früh anbrechenden Tageshitze, die 40 °C weit übersteigen kann und zwischen den Dünenpyramiden noch ärger wirkt, unerträglich, wenn der Wind Sand waagerecht über die Dünengrate peitscht. In der Morgenkühle besteht die beste Chance, wilde Tiere zu sehen, etwa Spießbock, Springbock, Schabrackenschakal oder gelegentlich auch Löffelhund.

Der Weg zum Sossus Vlei folgt den aus dem Pleistozän stammenden Schotterterrassen des Tsauchab River. Nach 20 km kreuzt er das Flussbett, das hier mit recht eindrucksvollem Galeriewald umsäumt ist. Wer Lust hat, kann mit Erlaub-

Seit Jahrhunderten recken abgestorbene Kameldornbäume ihre Äste in den Himmel des wasserlosen Toten Vlei.

nis gut versteckte Nester der Ohrengeier beobachten. Vorsicht bei Begegnungen mit Spießböcken! 25 km weiter folgt links die viel besuchte **Düne 45**. Beim Parkplatz für Pkws endet die insgesamt 60 km lange Strecke. Die letzten 5 km sind nur für Vierradfahrzeuge geeignet. Der Weg bis an den Rand des eigentlichen Vlei kann auch in einem leichten Fußmarsch zwischen den Dünen bewältigt werden. An der knochentrockenen, rissigen Lehmsenke, die der Tsauchab nur alle Jahrzehnte mit verbrackendem Wasser aus dem Naukluft-Gebirge füllt, geben hohe Kameldornbäume dem **Picknickplatz** Schatten. Vögel der Trockenzone wie der Namibschnäpper finden sich hier öfter ein. Mehrere Eidechsenarten leben hier. Springbock und Spießbock äsen oft in der Nähe. Wenn die Nara-Kürbisse reifen, sind manchmal auch Schabrackenschakale anwesend. Andere größere Säugetiere gibt es nicht.

Südlich vom Picknickplatz liegt das **Tote Vlei** (saisonbedingter Teich, hier ausgetrocknet), das schon seit langer Zeit nicht mehr vom Flutwasser erreicht wird. Kameldornbäume recken ihre verdorrten Äste seit mehreren Hundert Jahren in den Himmel. Besonders gegen Abend geben sie der Umgebung eine gespenstisch-beklemmende Atmosphäre. Besuchern sei angeraten, während der heißen Tageszeit anstrengende Fußmärsche und Besteigungen der Sterndünen zu vermeiden und genug Trinkwasser mitzubringen. Die Temperaturen im Dünensand können leicht auf über 60 °C ansteigen! Im Übrigen sind heute unbeschränkte Besichtigungen nicht mehr möglich.

Für Besuche des größten »Sandkastens der Welt für Erwachsene« wurden zwin-

Ein sensationelles Erlebnis: Die Fahrt im Ballon über die grenzenlose Namib.

gende Regeln aufgestellt, weil das Vlei vom internationalen Tourismus überflutet wird und der empfindliche Lebensraum bereits erheblichen Schaden erlitt.
Nicht mehr erlaubt ist, außerhalb der 20 offiziellen Plätze im Touristenpark Sesriem zu zelten. Zugang zum Sossus Vlei muss auch von Tagesbesuchern im Voraus gebucht werden. Ausgenommen sind der Besuch des nahen Sesriem Canyon (ein Teilstück des Tsauchab Canyon) und der 4 km vom Touristenpark entfernten **Elim-Düne** an der Nahtstelle von Flächen- zur Dünennamib. Hier ist das für das Leben in den Dünen wichtige Dünen-Federgras sehr häufig, und der geduldige Frühaufsteher kann die hier lebende spezielle Tierwelt oft gut beobachten: von der Dünenameise bis zu Geckos und Goldmull. Aber auch die Zwergpuffotter und die noch kleinere, sehr angriffslustige Büschelbrauenotter kommen hier vor. Diese nicht lebensgefährlichen kleinen Vipern werden ebenso wie die im gleichen Lebensraum beheimatete Kapkobra nur sehr selten gesehen. Häufiger Besucher bei den Grillpartys auf dem Campingplatz ist der wenig scheue Kapfuchs. Dreiste Kapkrähen sind hier immer gegenwärtig, aber auch seltenere Arten sind in der Umgebung zu finden, darunter Dünenlerche, Namiblerche, Hereroschnäpper, Rüppelltrappe, Monteirotoko und manchmal Strauße. Spießböcke wandern öfter durchs Camp und grasen auf der Ebene bei der Elim-Düne.
Die Fahrbahn von Sesriem nach Sossus Vlei zum Parkplatz 5 km vor dem Sossus Vlei ist voll geteert, und die Fahrt über sehr schlechte Schotterpisten in der pleistozänen Flussterrasse gehört der Vergangenheit an. Naturfreunde sind nicht nur froh darüber: Sehr leicht erreichen die Besucher das Zentrum eines der staunenswertesten, aber auch menschenfeindlichsten Lebensräume der Erde. Ohne Geländewagen geht es aber nicht weiter. Die restlichen 5 km sind tiefer Sand mit ausgefahrenen Spuren. Auch erfahrenen »Safaristen« könnten sie Probleme bereiten, selbst wenn sie den Reifendruck stark verringern. Für etwa € 10 pro Person fahren 4x4-Taxis Besucher mit normalem Pkw hin und zurück.
TIPP: Wer Dünen hinaufsteigen möchte, sollte sich mit genug frischem Wasser (2–3 l) versorgen. Mit Sandalen geht's am besten, und Sonnenschutz ist selbstverständlich.
Viele Naturfreunde haben den Wunsch, wenigstens einmal die unberührte Wüstenlandschaft von oben zu beschauen. **Namib Sky Balloon Safaris** (s. S. 222) macht es möglich. Der Pilot startet die Ballonfahrt bei perfektem Wetter etwa eine halbe Stunde vor Sonnenaufgang in der Nähe von Sesriem, am Eingang zum Namib-Naukluft-Nationalpark. Passagiere werden

Namibdünen – Wüstensand

Das Dünenmeer der Namib trägt seinen Namen zu Recht, nicht nur wegen der Formen. Tatsächlich sind die meisten Dünen ständig in Bewegung, wenn auch nur etwa 1 m pro Jahr. Schneller sind die wandernden, sichelförmigen **Barchandünen**, die der Namib neuen Sand zuführen. Sie wandern bis zu 50 m jährlich. Barchanfelder sind 20 km außerhalb von Lüderitzbucht, bei Kolmanskop und dem alten Bahnhof Grasplatz gut zu beobachten, deren Gebäude sie zum großen Teil bereits zugedeckt haben. Erst beim Überfliegen wird deutlich, dass die meisten Dünen der »Großen Gobaba« zu den **Transversaldünen** gehören. Ihre Achse liegt rechtwinklig zum vorherrschend aus Südwest wehenden starken Wind. Die hohen **Sterndünen**, die hauptsächlich beim Sossus Vlei zu finden sind, sind vom Wind aus allen Himmelsrichtungen zusammengeweht worden. **Längsdünen** sind am nördlichen Rand des Dünenmeeres im Gebiet von Homeb zu beobachten. Sie wurden wahrscheinlich von starken südlichen und östlichen Winden aufgebaut, die zu verschiedenen Jahreszeiten wehen. Zum Teil sind die oft kilometerlangen Längsdünen bereits fossiliert. Ihre Kämme sind dadurch wesentlich stabiler geworden.

In den breiten Dünengassen wächst nach sporadischem Regen Gras. Die Dünenfarben reichen von Gelbbraun an der Küste und einem dunkleren Braun weiter im Inland bis zu Ziegelrot im Osten der Namib. Die Farbnuancen spiegeln das Alter des Sandes wider. Sand in Küstennähe ist jünger. Im Inneren erhalten die Sandkörner durch Oxidation einen Überzug von rötlichem Eisenoxid. Sie bestehen zu 90 % aus Quarz, der Rest ist Feldspat, Monazit und Granat. Farbvariationen entstehen auch durch unterschiedliche Lichteinwirkung.

Stern- und Längsdünen bauen sich beim Sossus Vlei auf.

Goldmull: Der kleine Säuger scheint im Wüstensand zu schwimmen.

auf Wunsch von Lodges und Campingplätzen der Umgebung abgeholt. Die Startplätze wechseln zwischen dem Eingang zum Nationalpark bei Sesriem, dem NamibRand-Naturreservat und der Kulala Lodge. Kinder über 1,30 m Größe dürfen mitreisen. Durchschnittlich werden etwa 15 km zurückgelegt. Nach der Landung wird ein Sektfrühstück serviert. Eine Ballonfahrt ist relativ teuer. Das Fluggerät kostet so viel wie ein Prestigeauto, ist aber nur ein paar Hundert Stunden gebrauchsfähig. Auch der Gasverbrauch ist hoch und das Bodenpersonal besteht aus 5 starken Männern.

Der **Tsauchab Canyon** ist eine vom Wasser ausgespülte Schlucht von 3–20 m Breite und größter Tiefe von etwa 40 m. Durstige Treckburen, die hier Wasser mit Eimern schöpften, benutzten bis zu 6 Riemen, jeweils endlos aus einer Spießbockdecke geschnitten, um ans Trinkwasser zu gelangen. Hinter dem Canyon weitet sich das Flussbett entlang der Dünen zu uralten, pleistozänen Schotterterrassen, bis sich der Fluss 60 km weiter an den Sterndünen des Sossus Vlei festläuft, wenn er alle Jahrzehnte einmal wirklich Wasser führt und starker Regen aus den Randbergen das Sossus Vlei in eine kurzlebige Oase verwandelt.

Sesriem Campsite ⛺ (s. S. 250) und **Sossus Dune Lodge** 🛏 (s. S. 251) sind die einzigen Nachtquartiere innerhalb des umzäunten Sesriem-Reservatsteils. Beide werden von Namibia Wildlife Resorts geführt. Von hier aus besteht die Möglichkeit, sich schon vor Sonnenaufgang mit einer guten Stunde Vorsprung auf den geteerten Weg zum 65 km entfernten Sossus Vlei zu machen, bevor der tägliche Ansturm von ein paar Hundert Touristen auf die Parkplätze 5 km vor dem Vlei beginnt.

Unweit des Eingangtors zum Sossus Vlei liegen die miteinander verbundenen **Sossusvlei Lodge** 🛏 (s. S. 251), **Desert Camp** ⛺ (s. S. 249) und **Sossus Oasis Camp Site** ⛺ (s. S. 251). Ihr Abenteuerzentrum organisiert exklusiv geführte Safaris und Ausflüge zu den zahlreichen Attraktionen der näheren und weiteren Umgebung. Die Wahl reicht vom Buschdiner oder der Fahrt durchs eigene Wildreservat bis zu den am meisten fotografierten Dünen der Welt im Sossus Vlei. Auch Safaris mit dem Heißluftballon (s. S. 222) können hier gebucht werden.

66 NamibRand-Naturreservat

Das Reservat ist der verwirklichte Traum eines deutschsprachigen Windhoeker Bürgers, der die wilde Jagd auf Springbock und Spießbock in der Nähe des Namib-Naukluft-Parks beenden wollte. Mit Gleichgesinnten kaufte er die angrenzenden Farmen auf und schuf so das NamibRand-Naturreservat mit Wolwedans als wichtigstem Teil. NamibRand ist mit über 1700 km² eines der größten privaten Reservate

Afrikas. Im Westen grenzt es auf 100 km Länge an den Namib-Naukluft-Nationalpark und reicht von endlosen Dünenreihen über Grassteppen und Schotterebenen bis zum Großen Eskarpment. Hier werden heute auch Kuhantilopen und Steppenzebras neben vielen Kleintieren der Namib geschützt.

Wolwedans, international ausgezeichnet für nachhaltigen Naturschutz, bietet eine Reihe erstklassiger touristischer Angebote: Dunes Lodge, Dune Camp, Private Camp, Boulders Camp, TokTokkie Trails und Familienrefugium in einem alten Farmhaus. Auch Geländefahrten unter fachkundiger Führung sind im Progamm. Alle Wolwedans-Buchungen über NamibRand Safaris (s. S. 223). Gäste können im Voraus buchen, falls sie frühmorgens mit dem Heißluftballon über Dünen und Steppe schweben möchten (s. S. 222).

67 Duwisib

Weiter südlich an der D 826 liegt **»Schloss Duwisib«** auf der Großfarm Duwisib ⛺ (s. S. 250) am Namibrand. Das burgähnliche Domizil in neuromantischem wilhelminischem Stil ließ der »tolle Baron« von Wolff bauen, der hier Pferde für die Schutztruppe züchtete. Duwisib wurde 1991 stilgerecht renoviert und ist heute nationales Monument und Museum. Die **Gästefarm Duwisib** 🛏 ⛺ (s. S. 250) nebenan bietet Bungalows und Campingplätze für Selbstversorger oder mit Vollpension zu durchschnittlichen Preisen an. Schwimmbad und Landebahn vorhanden.

Rundblick vom Heißluftballon auf die Dünennamib und die Ebene vor der Großen Randstufe.

Schloss Duwisib, einst Traum eines Schutztruppenoffiziers, heute Touristenattraktion.

68 Auf dem Dünenpfad nach Süden

Ein aufregender Weg beginnt bei Duwisib mit der D 707. Es ist der Anfang des historischen **Dünenpfads**, auf dem schon Ochsenwagen das Baumaterial von Lüderitzbucht für das »Schloss Duwisib« transportierten. Der Weg führt zunächst durch eine Landschaft mit bizarren Inselbergen und durch die granitenen Tirasberge, später dicht am Ostrand des Dünenmeeres entlang. Er ist mit normalem Pkw gut befahrbar. Überraschende Begegnungen mit Bergzebras sind immer möglich. Größere Spießbockherden weiden nach gutem Regen auf den Sandflächen vor den Dünen. In den Tirasbergen gibt es neuerdings die Tiras Conservancy mit mehreren Campingplätzen und naturnahen spartanischen Einrichtungen.

69 Natur total

Der **Tiras-Naturpark** (s. S. 251) entstand durch die Initiative junger Farmer, die Natur auf ihren Farmen in den Tirasbergen besser schützen wollten. Gleichzeitig sollte das Potenzial der einzigartigen, aber etwas abseits liegenden Umgebung entwickelt werden. Das gelang, denn im Gegensatz zu den derzeit aus dem Boden schießenden exklusiven Lodges konzentrierten sie sich auf ökologisch ausgerichteten Individual- und Abenteuertourismus. Als Rechtsform wählten sie die sogenannte Conservancy, eine Art von privater Naturschutzbehörde, die ursprünglich zur Hege des Wildes von den großen Jagdfarmen entwickelt worden war. Zur Information der Besucher wurde ein kleines Informationszentrum auf Gunsbewys geschaffen.

Der Tiras-Naturpark ist bereits über 1250 km^2 groß und gehört damit zu den größten privaten Naturreservaten des Landes. Die beteiligten Farmen umspannen 4 Vegetationszonen (Biome) am nördlichen Rand des Winterregengebiets. Gunsbewys gehört noch zur südlichen Namib, grenzt an den Namib-Naukluft-Park und an die roten Dünen. Tiras besetzt den Rand der Sukkulentensteppe und ist reich an einer Vielzahl von Sukkulentenarten, auch seltenen. Koiimasis und Landsberg (s. S. 251f.) gehören zur Trockensavanne, während Korais und ein Teil von Landsberg in die Nama-Karoo hineinreichen.

Berge und Dünen liegen auf halbem Weg zwischen Sossus Vlei und Lüderitz, leicht zu erreichen über die C13, C27 und die D707. Der historische Dünenpfad (D707) biegt zwischen Aus und Helmeringhausen nach links ab und führt zwischen roten Dünen und den Tirasbergen auf kürzestem Weg weiter zum Sossus Vlei. Die unbefestigte Landstraße ist ohne Geländewagen befahrbar.

Die einmaligen Landschaften und ihre Fauna und Flora zwischen Wüste und Köcherbaumwald sind faszinierend. Sie lassen sich mit Geländewagen, zu Pferde oder zu Fuß erkunden, aber auch auf eigene Faust erforschen. Beliebt sind zudem die von kundigen Farmern geführten mehrtägigen Wanderungen und Safaris zu den mächtigen Dünen. Wer möchte, kann auch selbst den zahlreich verbliebenen Spuren der San folgen. Sie waren die Ureinwohner des Landes.

Der Wildbestand befindet sich in beständiger Entwicklung und beeinflusst dadurch auch die Wildbeobachtung positiv. Großohrige Löffelhunde sind zu sehen während sie mit gespitzten Ohren auf die grabenden Geräusche von Termiten lauschen. Sie leben hauptsächlich von Ameisen, Termiten und Mäusen und sind eigentlich Freunde der Farmer. Trotzdem wird immer noch Jagd auf sie gemacht. Im Naturpark sind die Löffelhunde geschützt, und ihre Anzahl nimmt stetig zu. Auch Hartmann-Bergzebras vermehren sich hier, nachdem sie im Naturpark-Gebiet wieder angesiedelt wurden. Am häufigsten sind die scheuen Tiere im Bereich von Excelsior zu sehen. Bergzebras sind gut an steinigen Boden angepasst. Ihre Hufe sind härter als die der anderen Pferdeartigen und nutzen sich deshalb nicht so schnell ab. Auch Bärenpaviane sind natürlich dabei. Sie richten oft großen Schaden in den Köcherbäumen an. Sie werden von Leoparden verfolgt, die ihre übermäßige Vermehrung ausbremsen. Den Stachelschweinen gehen Leoparden aber aus dem Weg.

Sogar Geparden kommen vor, werden aber ebenfalls nur äußerst selten gesich-

Hartmann-Bergzebras auf dem Dünenpfad. Ihre harten Hufe trotzen selbst härtestem Gestein.

tet. Dagegen sind **Klippschliefer** beinahe Bestandteile der Tiras-Granitfelsen. Auch der Grundstock an wüstenharten Spießböcken vergrößert sich ständig. Die besonders gut an die Wüste angepassten Tiere wechseln manchmal in den Namib-Naukluft-Park, wo sie gute Weiden finden. Spießböcke und Springböcke suchen ebenso das Dünengebiet auf und sind hier besonders gut zu fotografieren. Kudus leben nur im Bergland und meiden offene Flächen. Überdies sind Klippspringer hier recht häufig, sie sind aber auch in Felsstücken außerhalb des Berglandes gut zu beobachten.

Eine Reihe unterschiedlicher Reptilienarten nutzt den einmaligen Lebensraum: Die Pantherschildkröte, streng geschützt, ist anscheinend nur auf Tiras im Winterregengebiet der Sukkulentensteppe daheim. Der Steppenwaran zieht dagegen Felsvorsprünge vor. Die dämmerungsak-

Südliche Namib

tive Hornviper bewegt sich im Sand vorwärts wie die sich seitwärts windende Zwergpuffotter. Kapkobras sind tagaktiv. Ihr Neurotoxin wirkt schnell. Nagetiere ziehen sie an. Deshalb ist sie manchmal in der Nähe der Farmen zu finden. Schlafstörend wirkt der nachtaktive Schreigecko *Chondrodactylus angulifer*, dessen nervenötende Laute bereits in der Dämmerung zu hören sind. Dagegen schwimmt der Wüstengecko nachts friedlich durch den Sand auf der Suche nach Schwarzkäfern. Mit etwa 180 Arten ist auch die Vogelwelt recht vielseitig. Außer 24 Greifvogelarten gibt es 5 verschiedene Trappen, außerdem Felsenadler, Geier und, unglaublich, sogar der stattliche Schreiseeadler zieht seine Kreise. Vielleicht gab es hier auch Elefanten, obwohl die großohrigen eigentlich Berge meiden. Auf Weissenborn wurde vor einiger Zeit eine rotgetönte Buschmannzeichung in einer der zahlreichen Höhlen entdeckt. Wahrscheinlich sind noch viele andere Felsbilder aufzuspüren. Aufmerksame Besucher fanden auch Perlen und andere Relikte.

Auf **Numis** ⛺ (s. S. 251) kampiert man auf sich allein gestellt in der Natur unter großen Kameldornbäumen. Dies ist der richtige Ort, allein mit sich und der Natur zu sein.

Tiras 🛏 ⛺ (s. S. 252) besitzt ein komfortables Gästehaus mit zwei Schlafzimmern, eigenen Badezimmern und einem großen Wohnraum mit zwei Zusatzbetten. Campingplatz und kleinere Chalets liegen abseits der Farm. Auch für Selbstversorger geeignet. Auf Wunsch gibt es deftige Farmverpflegung, die Farmersfrauen auch während der mehrtägigen Touren servieren. **Weissenborn** ⛺ (s. S. 251) ist nur einfacher Übernachtungsplatz während mehrtägiger Wanderungen durch die südlichen

Mächtige Felsblöcke für Kletterübungen auf der Farm Weissenborn.

Tirasberge. Sie führen teilweise an Wildwechseln entlang, die zu Begegnungen mit Spießbock, Kudu, Klippspringer und scheuen Bergzebras führen. Auf einen Leoparden in fotografierfähigem Abstand zu stoßen gehört dagegen, wie überall, zu einem kleinen Wunder. Auf Passhöhen reicht die Aussicht 80–100 km weit über die roten Sanddünen tief in die Namib hinein. In der Leopardenschlucht auf **Excelsior** ⛺ (s. S. 251) kann man ebenfalls sein Zelt abseits der Zivilisation in Dünen oder zwischen Bergen aufschlagen. Weiter geht es über sandverwehte Granithügel mit offenem Blick in alle Himmelsrichtungen auf die Tirasberge, den Rooirand, nochmals die Namib mit ihren roten Sanddünen. Man kann stundenlang durch das rote Meer aus Sand, hinauf auf die höchste Düne wandern und dann wieder hinunter zur Farm

Gunsbewys (s. S. 251). Da es im Südsommer nachts sehr kalt werden kann, ist übrigens warme, windfeste Kleidung zu empfehlen. Gunsbewys ist gleichzeitig Startplatz für geführte Erlebniswanderungen. **Korais** ist nur für die Übernachtungen der Trecker eingerichtet.

Die **Ranch Koiimasis** (s. S. 252) gehört ebenfalls zum Tiras-Schutzgebiet. Sie liegt in traumhaft schöner Landschaft im Herzen der Tirasberge. Der Name bedeutet Versammlungsplatz und stammt aus der Zeit der San-Buschleute. Auf Koiimasis werden verschiedene Reitsafaris und ein »Cattle Round Up« im Westernstil angeboten. Dabei geht es darum, eine Rinderherde quer durch Savanne und Bergland in ein neues Weidegebiet zu treiben. Dazu werden hier lebende verwilderte Farmpferde für Touristen eingeritten. Wer es sich zutraut, darf das auch selbst versuchen. Klettertouren sind ebenfalls im Angebot. Die Routen haben erfahrene Bergsteiger zusammengestellt.

Etwa 130 km hinter Sesriem mündet der »Duine Pad« in die C13 von Helmeringhausen über die Farm Tirol zum Bergort **Aus**, wo die Schotterstraße in die B4 Keetmanshoop – Lüderitzbucht mündet.

Aus ist der einzige Ort in Namibia, in dem es im Winter manchmal schneit. In dieser Übergangszone zwischen dem kapländischen Winterregenbereich und dem von den Tropen beeinflussten Sommerregengebiet Namibias gibt es aber eher überraschend farbenfrohe Blumenfelder, wenn das Gebiet vom letzten Winterregen gestreift wird. Die »Ausser Daisy« oder Schakalblume ist eine lokale Art unter den zahlreichen zur Asternfamilie gehörenden in Massen blühenden Arten.

70 Pferde unter heißer Sonne

Nach kurzer Fahrt auf der B4 von Aus in Richtung Lüderitzbucht senkt sich die Straße in die Äußere Namib hinunter. Hier

Ein Leithengst führt Stute und Fohlen zur Wasserstelle.

beginnt der neue Sperrgebiet-Nationalpark. Rechts fällt der **Inselberg Dicker Willem** am Rand des südlichen Dünenmeeres auf. Etwa 40 km hinter Aus steht rechts von der B 4 ein sonnengeschützter **Beobachtungsstand** an der Wasserstelle für die »Wilden Pferde der Namib«. Manchmal trinken hier auch Spießbockherden oder ein Schabrackenschakal und in der Nacht die heimliche Braune Hyäne. Ein Stück weiter folgt links der Bahnhof Garub, der besonders der Wasserversorgung der Dampfloks nach der Fahrt durch die Wüste diente, aber auch dem Aufenthalt der Reisenden. Nachts dampfte die Eisenbahn nämlich nicht durch die Wüste.

Klein-Aus Vista (s. S. 250) liegt im privaten 510 km² großen Privatreservat Gondwana Sperrgebiet Rand Park, eine Konzession im neuen Sperrgebiet-Nationalpark, nördlichstes Schutzgebiet der Nama- und Sukkulenten-Karoo und der Namibpferde. Diese verwilderten Pferde, ein Gemisch aus verschiedenen Rassen, leben seit fast 100 Jahren am Ostrand des Sperrgebiet-Nationalparks, in unzugänglicher, fast schattenloser Landschaft. Sie ist durchzogen von Trockenflussbetten und Abflussrinnen, charakterisiert und begrenzt durch Inselberge und Anhöhen des Großen Eskarpments. An die karge Weide und Temperaturen von 45 °C haben sich die genügsamen Pferde gut angepasst. Ihre Isolation half kräftig bei ihrer Fortentwicklung, sodass man trotz der augenscheinlichen Inzucht bereits von einer eigenen Pferderasse spricht.

Allerdings leben sie unter ständiger lebensgefährlicher Bedrohung durch die wüstenhaften klimatischen Verhältnisse. Die Überlebensraten der Fohlen sind äußerst niedrig, besonders während der häufigen Trockenzeiten. Die Wege zum bis

Bärenpaviane vor dem abendlichen Aufbaumen.

20 km entfernten Wasser werden dann für Stuten mit neugeborenen Fohlen besonders qualvoll. Erbarmungslos treiben die Leithengste ihre meist kleinen Herden voran. Das Gesetz vom Überleben ist hier besonders brutal. Es prägte die Pferde, von denen trotzdem viele ihre Abstammung von guten Hauspferden nicht verleugnen können.

71 Durch die Wüste

Große Namibabenteuer verheißt **Coastways Tours** (s. S. 219) mit täglichen oder mehrtägigen Fahrten durch Sperrgebiet und Dünenmeer. Die längste Safari (etwa 700 km) führt von Lüderitz über Sylvia Hill, Fishersbrun, am Wrack der Bohlen und an der Langen Wand vorbei, zum Sandwich Harbour und weiter bis Walvis Bay. Trails durchkreuzen schwieriges Dünengebiet. Spezielle Bereifung, sogenannte »fat takkies«, sind hier notwendig. Übernachtet wird an gestrandeten Schiffen, alten Diamantplätzen, zwischen Dünen, an unberührten Stränden, umgeben von Fauna und Flora der Namib. Die Touren können mit Fahrzeug und Fahrer gebucht werden, oder man fährt im eigenen Geländewagen unter kundiger Begleitung. Andere mehrtägige Safaris führen nach Saddle Hill, Spencer Bay, Oyster Cliffs und Sylvia Hill.

TIPP: Bitte darauf achten, dass die mehrtägigen Exkursionen durch die Namib nur für erfahrene Fahrer geeignet sind. Es ist jedoch spezielles Training vorgesehen, sodass auch Neulinge teilnehmen können. Umfangreiche Ausrüstung ist obligatorisch, wird zum Teil gestellt oder muss selbst beschafft werden.

Coastways Tours Konzessionen führen auch in südliche Richtung zu den sonst noch nicht wie Kolmanskop zugänglichen ehemaligen Diamantenorten Pomona, Elisabethbucht, Grillental und Bogenfels, letzterer in der Nähe des berühmten 80 m hohen gleichnamigen Felsens, einem Gewölbeeingang ähnlich. Nach Norden geht es zur Meob Bay und Conception Bay. Hier zeugen Reste der von Wanderdünen überrollten Ansiedlungen wie Holsatia, Charlottenfeld und Grillenberg ebenfalls von frühen Diamantenschürfern.

Interessierte können sich jederzeit selbst um eine Genehmigung zum Besuch des Diamantensperrgebiets bemühen. Den Zugang kontrolliert eine spezielle Einheit der namibischen Polizei, beauftragt mit dem Schutz der natürlichen Rohstoffe (Ressourcen) des Landes. Den Ordnungshütern muss ein schriftlicher Antrag vorgelegt werden. Anzugeben sind Name, Nationalität, Passnummer, Heimatadresse, Telefon- und Faxnummern sowie Aufenthaltsadresse in Lüderitz.

72 Diamantenstadt Lüderitzbucht

Sandwind ist am frühen Morgen auf der Fahrt nach Lüderitzbucht (neuer offizieller Name ist Lüderitz, Lüderitzbucht aber immer noch gebräuchlich und von Deutsch sprechenden Einwohnern bevorzugt) (B 4) oft zu erleben. In der Nacht hat

Pausenlos brandet der Atlantik gegen die Felsenküste mit der Diazspitze bei Lüderitzbucht.

der Sturmwind den Wüstensand wie Schneeverwehungen auf die sonst glatte Teerstraße gefegt. Eine Falle für unaufmerksame Autofahrer, die sich vielleicht schon in das Wunder der kleinen Hafenstadt am Rand der Diamantenwüste einstimmen wollten.

Malerisch, etwas verblichen, lehnt sie, eingeschlossen von Wüste und eiskaltem Südatlantik an der rauen Felsenküste. Einst abhängig von den Diamanten aus dem Dünensand und von den Langusten aus dem Meer, heute durch den Tourismus wieder im Aufwind. Einzelheiten über das Auf und Ab der kleinen Hafenstadt mit dem immer noch deutschen Gesicht sind im kleinen **Lüderitz Museum** (s. S. 226) dokumentiert. Regionale Ethnologie, Einzelheiten über Bartolomeu Diaz sowie lokale Fauna und Flora, die wichtigsten Themen, zusammen mit der Geschichte des Ortes, die sich draußen vor der Tür mit einer Reihe stilvoller Gebäude aus deutscher Kolonialzeit fortsetzt. Das **Goerke-Haus**, unter Denkmalschutz, steht protzig am Diamantenhügel. Es wurde 1909 erbaut in erfolgloser Erwartung des deutschen Kronprinzen. Besichtigung lohnend wegen der schönen Eichenmöbel aus der Pionierzeit.

Kapps Hotel im Stadtzentrum war **Diamantenbörse** und Bar für Diamantschürfer. In der Bismarckstraße sind die Gebäude der **Reichsapotheke** und **Deutsche-Afrika-Bank** zu bewundern. Der **Bahnhof**, beinahe zu prunkvoll für das Städtchen, sowie die **Alte Post** in der Schinzstraße stammen ebenfalls aus der Diamantenzeit, ebenso die deutschen Straßennamen wie Bahnhof-, Bismarck-, Brücken- und Werftstraße. Sie gehören zu den letzten im Land, die der offiziellen neuen Namensgebung bislang widerstanden. Vom Diamantberg herrliche Postkartenaussicht

Blick auf historische Häuser und Felsenkirche in Lüderitzbucht.

über Stadt, Hafen, Haifischinsel und Bucht, wo die Sonne im Meer versinkt – klar und deutlich, denn es regnet hier kaum.

Fast genauso idyllisch sind die sandverwehten Häuser von Kolmanskop, der Geisterstadt. Sie liegt 10 km außerhalb an der B 4. Bahnmeister August Stauch hielt hier mit seiner Crew die Schienen vom Sand frei. Als ein Bahnarbeiter ihm im April 1908 »glitzernde Steinchen« in den Handteller legte, löste der Fund einen Diamantenrun aus, der das verschlafene Städtchen weltberühmt machte.

Ein Besuch der Geisterstadt Kolmanskop ist heute sehr beliebt. Nur geführte Besuche möglich. Vermittelt wird dies alles durch Marion Schelkles **Lüderitz Safaris & Tours** (s. S. 221). Sie ist das personifizierte Universal-Reisebüro in einem Städtchen, das als erste deutsche Siedlung in Namibia entstand und den Namen Lüderitzbucht erhielt. Adolf Lüderitz war der Mann, der Deutsch-Südwestafrika unter nicht ganz einwandfreien Umständen gründete. Das wüstenhafte Land beschrieb er als reines Land Tirol, in dem (leider) nur die Bäche fehlten. Letzteres ist eigentlich ein Hauptgrund, warum Namibia bei Fernreisenden so beliebt wurde. Es ist eben das, was Marion Schelkle seit vielen Jahren anbietet: Reisen durch die Wunderwelt der Namib, Ausflüge zu den Geisterstädten Kolmanskop, Elisabethbucht, Pomona und Bogenfels, wo es einst Diamanten wie Sand in der Namib gab. Auch Safaris in den Sperrgebiet-Nationalpark und Segelbootfahrten werden vermittelt.

Für den Naturfreund lohnt sich eine Fahrt hinaus zur sturmumbrausten **Diazspitze**, wo ein Marmorkreuz das ursprüngliche »padrão« ersetzt, das der portugiesische Seefahrer Bartolomeu Diaz hier setzte, bevor er als erster Europäer das Kap der Guten Hoffnung erreichte. Im

Am Bahnhof Grasplatz, 24 km vor Lüderitzbucht, wurde Gras aus dem Inland für Zugochsen entladen. Auch die ersten Diamanten fand man hier.

wüstenhaften Gelände vor der rauhen Küste wachsen in Ablaufrinnen ungewöhnliche Pflanzen, darunter Buschmannkerze, Fensterpflanze und »Lebende Steine« *(Lithops)*.
Frühmorgens, wenn es das Wetter erlaubt, segeln Schoner »Sedina« und Katamaran »Sturmvogel« mit Ökotouristen aufs Meer hinaus. Zuerst geht der Segeltörn vorbei an der alten Walfangstation in der Sturmvogelbucht und weiter zur Sturmtaucher- und Guanobucht. In der Nähe des Leuchtturmes werden zahlreiche Meeresvögel, Brillenpinguine und die Kolonie der Bärenrobben beobachtet und fotografiert. Höhepunkt der an die Guanosegler erinnernden Rundfahrten ist der Besuch der **Halifax-Insel** mit einer kleinen Brillenpinguin-Kolonie. Hier wohnten im 19. Jahrhundert die mit dem Guanoabbau beschäftigten Arbeiter.
Alle Buchungen auch über Lüderitz Safaris & Tours in der Bismarckstraße (s. S. 221). Übernachtungen in gut geführten Hotels, Pensionen und Ferienwohnungen. Die Qualität auf dem oft windigen Campingplatz auf der Haifischinsel (s. S. 220) wurde inzwischen durch durch NWR erheblich verbessert, mit attraktiven Nachtquartieren in Leuchtturm und Chalets, dazu Schwimmbad, Hallenbad und Restaurant. Weitere gut geführte Restaurants mit Angeboten von frisch gefangenem Hummer (Crayfisch) im Ort.

73 Von Lüderitz zur Orange-Mündung

Eine gut befahrbare Trasse führt durch den Sperrgebiet-Nationalpark von Lüderitz bis hinunter zum Diamantenort Oranjemund an der Flussmündung. Bei Elisabethbucht zweigt eine sandige Piste ab. Sie führt dicht am Strand entlang zum Bogenfels

Nach 1928 wurde Kolmanskop oder auch Kolmannskuppe zur sandverwehten Geisterstadt.

und weiter zur Dunklen Wand. Der unbefestigte Hauptweg führt durch den Nationalpark bis hinunter nach Oranjemund. Mit etwas Glück sind in Lüderitzbucht Erlaubnisscheine von der Diamantengesellschaft zu erhalten.
Von der C13 her kreuzen mehrere Pisten die Wüste bis zum Anschluss an die Nord-Südverbindung oder enden irgendwo im Niemandsland. Alle beginnen mit der Warnung »No entry!« (Kein Zugang!). Wahrscheinlich werden erfindungsreiche Konzessionäre auch das in absehbarer Zeit ändern und neue Routen durch das ausgedehnte Niemandsland des Sperrgebiets zugänglich machen.

74 Endlich auch Trauminseln

Halifax gehört zu einer Kette von über 20 kleinen Felseninseln, ähnlich den Schären vor der schwedischen und finnischen Ostseeküste. Diese **Pinguininseln** – vormals Guanoinseln – sind auf einer Strecke von etwa 350 km in Küstennähe dem Diamantensperrgebiet von der Chamais-Bucht bei der Roastbeef-Insel im Süden bis zur Meob-Bucht im Norden bis auf 10 km dem Festland vorgelagert.

Alle Inseln und Schären gehören seit Mitte 2009 zum **Meob-Chamais-Meeres- und Inselschutzgebiet** und damit zum neuen Superreservat. Eine Ausbreitung des Schutzgebietes entlang der gesamten namibischen Atlantikküste inklusive der geplanten Weltnaturerbe-Gebiete Sandwich Harbour und der Lagune von Walvis Bay ist langfristig vorgesehen.

Die größten der Pinguininseln sind Halifax (10 ha), Pinguin (36 ha), Seal (44 ha) und Possession (90 ha), gleichzeitig auch die größten Eilande Namibias. Als wichtigste gilt immer noch Ichaboe, der »einsame Platz«. So nannten die Khoikhoi die 6 ha kleine Insel in der Kartoffelbucht, 48 km nördlich von Lüderitzbucht. Ichaboe ist heute von einer Flutmauer umgeben, zur Abwehr räuberischer Robben und zum Schutz der Wetterstation und Forschungsstätte für Ornithologen.

Da die meisten Inseln bedeutende Brutstätten für Brillenpinguin und andere Meeresvogelarten sind, ist der staatliche Naturschutz bemüht, die einmalige Vogel- und Naturwelt dauerhaft zu schützen und zu erhalten. Aus diesem Grund werden die Inseln auch durch die namibische Marine kontrolliert. Zugang ist gegenwärtig nur beschränkt möglich. Allein Seal Island ist zurzeit für Tourismus und wirtschaftliche Nutzung freigegeben. Das wird sich aber sicherlich ändern, da das Potenzial für Ökotourismus enorm ist und weiter entwickelt wird.

Das gilt besonders für Ichaboe. Es ist anscheinend die wichtigste und am dichtesten besiedelte Brutstätte für die im Küstenbereich lebenden Seevögel. Mindestens 8 verschiedene Arten brüten hier; darunter der vom Aussterben bedrohte Brillenpinguin (*Spheniscus demersus*) und die

Kolonie von Kaptölpeln und Brillenpinguinen auf Possession Island bei Lüderitzbucht.

Meeresvögel, wie diese Eilseeschwalbe, sind in Lüderitzbucht gut zu beobachten.

Küstenscharbe (*Phalacrocorax neglectus*) mit etwa 65 % der in der Welt verbliebenen Vögel.

Obwohl Kaptölpel, Kapscharbe und Kronenscharbe noch nicht bedroht sind, nehmen ihre Bestände stetig ab und müssen deshalb ebenfalls vorsorglich geschützt werden. In kleinerer Anzahl brüten hier außerdem Dominikanermöwe und Schwarzer Austernfischer. Seeschwalben haben hier zu Tausenden ihren Schlafplatz, vor allem Flussseeschwalbe und Trauerseeschwalbe. Zudem kommen Eilseeschwalbe, Brandseeschwalbe, Gabelschwanz-Seeschwalbe, Raubseeschwalbe und Rosenseeschwalbe vor und nisten auch zum Teil.

Ichaboe Island war bereits im 18. Jahrhundert Station für Robbenfänger aus aller Welt. 1828 entdeckte Benjamin Morrel, amerikanischer Walfänger und Kapitän der »Antarctic«, den Tierreichtum der namibischen Küste mit Walen, Langusten, Schellfischen, Seevögeln und Robben. Besonders hatte es ihm aber die Guanoschicht angetan. Ihr Durchmesser betrug nach seinen Angaben mindestens 8 m. Dieser Vogelmist war ein exzellentes Düngemittel. Nicht lange und eine rücksichtslose Ausbeutung der für die damalige Landwirtschaft äußerst wichtigen Ressource begann auf Ichaboe und den anderen »Guanoinseln«. Innerhalb weniger Jahre wurden allein auf Ichaboe an die 800 000 t »weißes Gold« abgebaut. Der größte Run startete um 1840 als bis zu 450 Segler vor Anker lagen und 6000 Arbeiter für äußerst kargen Lohn die Felsen blank schabten und wahrscheinlich täglich den Pinguinen und ihren Gelegen nachstellten.

Der Benguelastrom

Die kalte Meeresströmung belebt eine der großen Fischereizonen der sieben Meere. Ihr Oberflächenwasser wird von starken Winden oft seewärts getrieben und am Festlandsockel von aufwellendem kaltem, nährstoffreichem Wasser aus der Tiefe des Atlantiks ersetzt. Das stimuliert spektakuläres Wachstum von pflanzlichem Plankton, die Basis der reichen Nahrungsquelle für Meeresfische, Seevögel, Robben und andere Meeressäuger. Rücksichtslose Ausbeutung des für unerschöpflich angesehenen Fischbestandes, besonders durch ausländische Fischereiflotten, beeinflusst seit Langem auch die Fischwirtschaft an Namibias Küste. Die Ausplünderung der Meere ist so stark, dass ihre natürlichen Ressourcen nicht nur aufs Äußerste gefährdet sind, sondern dass nach Ansicht von Wissenschaftlern der natürliche Fischbestand Mitte dieses Jahrhunderts total erschöpft sein könnte. Dieser beunruhigende Trend ist bereits am starken Rückgang von Angelfisch und den Hummerbeständen erkennbar. Im Südatlantik leben zurzeit noch an die 2000 Fischarten, 56 Seevogelarten, etwa 9000 verschiedene Wirbellose, 30 Säuger- und 7 Reptilienarten.

Diamantenwüste

Kolmanskop: Wüstensand im Haus des Managers.

Als August Stauch 1908 in der Namib bäuchlings Diamanten auflas »wie Pflaumen unter einem Baum«, brach der internationale Run auf die »Diamantentäler« richtig los. Namen wie Märchental, Prinzental, Daheimtal oder Zillertal wurden weltbekannt. In jener goldenen Anfangszeit soll etwa die Hälfte aller Funde veruntreut oder gestohlen worden sein, bis das Deutsche Reich durch die »Diamantenregie« die Kontrolle übernahm und die südliche Namib vom Oranje bis hinauf zum Kuiseb River zu »Sperrgebieten« erklärte. Noch heute darf das Sperrgebiet Nr. 1 vom Oranje bis zur Straße Lüderitzbucht – Keetmanshoop von Normalsterblichen nicht betreten werden. Der nördliche Teil gehört zum Namib-Naukluft-Nationalpark.

Mit primitiven Trommelsieben wurden bis zum Anfang des Ersten Weltkrieges 5 – 6 Mio. Karat abgebaut und Dividenden bis zu 3800 % gezahlt. In jenen Jahren entstanden in Lüderitzbucht die heute als historisch bewunderten Bauten im kaiserlichen Kolonialstil. Nach dem verlorenen Krieg wechselte das deutsche Diamantenimperium in die Hände der Weltmarkt beherrschenden De-Beers-Gruppe. Von der Tochterfirma Consolidated Diamond Mines (CDM, heute Namdeb) wurde der namibische Diamantenabbau industrialisiert. Kolmanskop war schon auf dem Weg zur »Geisterstadt«, als 1928 in den prähistorischen Marineterrassen an der Oranje-Mündung neue gewaltige Funde von hervorragender Qualität gemacht wurden. Mit immensem Maschineneinsatz werden heute erst 30 m mächtige Deckschichten abgetragen und dann die darunterliegenden diamanthaltigen Sande und Schotter abgeräumt. Die namibischen Diamanten stammen aus ehemaligen Pipes (vulkanische Durchschlagsröhren) in Südafrika. Sie wurden über die Flüsse bis zur Meeresküste getragen, teilweise von Sanddünen wieder überdeckt, aber auch in der Brandungszone des Atlantiks abgelagert.

1990 wurde der Abbau bei Elisabethbucht südlich Lüderitzbucht wieder aufgenommen. Als besonders ertragreich scheint sich der Abbau vor der namibischen Küste in Wassertiefen von über 100 m zu erweisen. Seit 1965 ist De Beers hier maßgeblich beteiligt und gewinnt mit Spezialschiffen bis zu 470 000 Karat jährlich aus dem Atlantik.

75 Sperrgebiet-Nationalpark

Nach 100 Jahren Diamantensperrgebiet beginnt eine neue Ära für Namibias Naturtourismus mit 22 000 km² unberührter Landschaft, so gut wie einzigartig auf unserem gequälten Planeten, nur noch nicht bedingungslos zugänglich für Ökotouristen, Sucher von endlosen Weiten und unendlicher Stille oder auch Gäste auf der Jagd nach dem besonderen Kick. Ursprünglich ging es nur um die Sicherung des Reichtums an Mineralien, doch nun wurde die verbotene Region ganz nebenbei Schutzgebiet für das Sukkulenten-Karoo-Ökosystem. Der neue Nationalpark erstreckt sich von der Orange-Mündung bis an die B 4 zwischen Aus und **Lüderitz** (s. S. 138) und ein schmales Stück nordwärts von Lüderitz bis »Gibraltar«, einschließlich Koichab-Pfanne und Südende des Dünenmeeres an der Grenze des Namib-Naukluft-Nationalparks. Inselberge, Wanderdünen, Köcherbäume, Geisterstädte und der monumentale 50 m hohe Bogenfels sind seine Symbole.

Das neue Reservat vergegenwärtigt die Region mit Namibias größter Biodiversität. Es gehört zu den weltweit deklarierten 25 Hotspots biologischer Vielfalt. Sie ergibt sich zweifellos durch die hier vorkommende größte Zahl an Sukkulentenarten der Welt. 234 davon sind endemisch, und 285 Arten der Sukkulentenflora sind in der Roten Liste (Red Data Book) als vom Aussterben bedroht aufgeführt. Vor allem die oft hufeisenförmig ausgebildeten Inselberge am Namibrand (s. S. 11) geben Windschutz und sind deshalb besonders reich an sukkulenten Fettpflanzen.

Die Sperrgebietsküste gehört zum neuen Marineschutzgebiet. Ungefähr die Hälfte der Südafrikanischen Pelzrobben, etwa 500 000, lebt an der Küste des ehemaligen Sperrgebiets. In den Küstengewässern sind 35 Wal- und Delfinarten erfasst worden. Der Orange River, südliche Grenze des Nationalparks, ist ein internationales

Die Koichabdünen am südlichen Ende der Namibwüste begrenzen den Lebensraum der Namibpferde.

Ein verdursteter Spießbock im südlichen Sperrgebiet.

Rosapelikane sind streckenweise entlang der Küste zwischen Swakopmund und Lüderitz zu beobachten.

Feuchtgebiet. Die beiden anderen sind die Walvis Bay Lagune (s. S. 120ff., 142) und die Kunene-Mündung an der Nordgrenze Namibias.

Zweifellos wird die touristische Entwicklung durch das Ministerium für Umwelt und Tourismus (MET) (s. S. 229) aktiv gefördert. An umfangreichen Plänen wird anscheinend bereits gearbeitet. Zurzeit reichen Tourismus-Konzessionen von Erlebnistouren durch die Wüste (s. S. 219) bis zu Bootsfahrten und Kajaktouren (s. S. 158) auf dem Orange River. Das Konzessionär-System soll weiter ausgebaut werden, verknüpft mit der Einbindung von Farmgebieten am Rand des Reservats.

76 Hardap-Erholungsort

Die Hardap-Talsperre (s. S. 247), größter Stausee Namibias, liegt bei Mariental in einem 250 km² großen Naturreservat mitten in der mit Kameldornbäumen durchsetzten Trockensavanne, 240 km südlich von Windhoek, 24 km nördlich von Mariental. Der Fischfluss ist hier auf einer Länge von 30 km aufgestaut. Deshalb fließt er nicht mehr das ganze Jahr. Das Fassungsvermögen von 300 Mio. m³ ist 50 % höher als das der Edertalsperre. Der Stausee liefert Trinkwasser und bewässert das größte Gemüseanbaugebiet Namibias unterhalb der Staumauer. Bei Sportanglern ist er wegen seines Fischreichtums beliebt und bei Reisenden zur Übernachtung und Kurzerholung während der Fahrt zwischen den nördlichen und südlichen Landesteilen.

Trotz seiner idyllischen Umgebung und Attraktionen hat Hardap über die Jahre hinweg viel von seiner Beliebtheit und Anziehungskraft verloren. Vor allem die veraltete Infrastruktur erforderte eine umfangreiche Umstrukturierung, Erneuerung und Ausweitung des Touristenparks, um den Ruf als wichtiger Zwischenaufenthalt für Reisende zwischen Namibia und Südafrika wiederherzustellen.

Große Zugkraft besitzt nach wie vor das Wildschutzgebiet am Südufer. Landwärts ist es gut bestückt mit Kudu, Hartmann-Bergzebra, Spießbock, Kuhantilope, Springbock, Steinbock, Warzenschwein und Strauß. Das stark gefährdete namibische Spitzmaulnashorn wurde wieder eingeführt. Der Staudamm mit seinen zahlreichen kleinen Buchten und Inselchen bietet Raum für eine eindrucksvolle Vogelwelt. Besonders zahlreich sind wasserliebende Arten wie Flamingo, Schreiseeadler, Fischadler, Reiher, Kormoran,

Schlangenhalsvogel. Mit über 800 Rosapelikanen ist hier die drittgrößte Kolonie des Vogels in Namibia. 2 Wanderwege von 9 bzw. 15 km Länge führen am See entlang.

77 Gondwana Kalahari Park

Das 100 km² große Privatreservat liegt 30 km nordöstlich von Mariental am Rande des großen, abflusslosen Kalaharibeckens. Besuchern wird gern erklärt, dass sie ein Teilstück der längsten ununterbrochenen Dünenreihe der Welt durchfahren. Dabei werden dann noch zahlreiche wichtige Vertreter der Trockenzone gesichtet, die hier ihre Heimat haben. Es sind dies Spießbock, Springbock, Schabrackenschakal, Stachelschwein, Hase und Löffelhund. Letzterer kommt wie ein kleiner flauschiger Hund mit Riesenohren daher. Eigentlich gehört er aber zu den Fuchsartigen.
Als größter lebender Vogel ist auch der Strauß vertreten. Er muss aber der ebenfalls anwesenden Riesentrappe den Rang als schwerster und größter fliegender Vogel überlassen. Die besonders im Abendlicht rotleuchtenden Dünen sind bis zu 30 km hoch. Gras und Akazienbäume in den langgestreckten Dünentälern, vor allem Kameldorn, spenden Schatten und dienen den Siedelwebern als Grundkonstruktion ihrer Riesennester, die durch ihre Größe eine Art Weltrekord halten.
Beliebt sind die Rundfahrten in der Morgenkühle und zum Sonnenuntergang. Auch Wanderungen im Alleingang sind zu empfehlen, besonders für Fotografen. Hier hilft eine Karte mit guten, markierten Wanderwegen. Sie ist beim Empfang erhältlich.
Die **Anib Lodge** 🛏 (s. S. 220 Gondwana Collection), etwa 25 km vom Reservat entfernt, bietet von Streifzügen in der Kala-

Straußenhenne mit neugeborenen Küken

harisonne überwältigten Touristen eine immergrüne Oase zur schnellen Erholung. Restaurant, Chalets und Einzelzimmer gruppieren sich rings um 2 Schwimmbäder mit schattigen Plätzen und Aussicht auf rote Kalaharidünen. Naturnah ist der auf gleichem Anwesen großzügig angelegte **Kalahari Anib Campingplatz** ⛺ mitten in der Baum- und Buschsavanne. Jeder Standplatz ist störungsfrei angelegt und mit WC, Dusche, Elektrizität, Grillplatz und schattenspendendem Dach ausgestattet. Camper können Schwimmbad, Restaurant und Bar der benachbarten Lodge benutzen.
Kalahari Farmhouse 🛏 ⛺ nennt Gondwana Collection (s. S. 220) ihr Feriendomizil am Dorfrand von Stampriet. Aus einer Farm mit herrschaftlichem Farmhaus aus der klassischen Karakulzeit (um 1970) am Auob River wurde eine Luxusherberge mit ländlichem Ambiente. Nebenan liegt ein Campingplatz mit 8 Stellplätzen unter Palmen. Der Gondwana Kalahari Park ist von Stampriet nur 30 km entfernt. Weiterfahrt zum berühmten Kgalagadi Transfrontier National Park in Südafrika ist auch möglich. Er ist auf der ungeteerten C 15 nach 240 km zu erreichen. Für den Grenzübergang von Welverdiend zum Camp Mata Mata in Südafrika ist ein gültiger Reisepass erforderlich.

Fernverbindung

Pkw-Safaris oder Fahrten mit dem Wohnmobil zum Kgalagadi Transfrontier National Park und weiter nach Namibia beginnen derzeit oft mit einer Fahrt von Johannesburg (900 km) oder Kapstadt (1150 km) nach Twee Rivieren, dem Hauptcamp des grenzüberbrückenden Kgalagadi Transfrontier National Park. Hier sind zwischen rötlichen Sanddünen, künstlichen Wasserstellen und imposanten Kameldornbäumen Spießbock, Streifengnu und größere Springbockherden zu Hause, denen Leoparden, Geparden und große Kalaharilöwen mit schwarzen Mähnen auflauern.
Ein mehrtägiger Aufenthalt ist zu empfehlen, auch zur Einstimmung auf das Trockenreich, das den Reisenden jenseits der Grenze in Namibia erwartet. Eine Genehmigung zur Einreise ins Nachbarland ist in Twee Rivieren erhältlich. Der Grenzposten ist beim Camp Mata Mata. Von hier aus führen C 15 und C 17, beides recht gute »gravel roads«, durch typische Kalahari nach Keetmanshoop oder Mariental. Hier verbindet die B 1, Namibias Hauptverkehrsader, die Republik vom südlichen Noordoewer am Orange River über Windhoek bis zur nördlichen Landesgrenze. Reisenden aus Richtung Windhoek ist die Abzweigung zum Reiseziel 77 bei Mariental zu empfehlen. Bei einer Anfahrt aus Südafrika wäre die Benutzung der Abzweigung bei Keetmanshoop vorteilhafter. Beide Verbindungen führen weiter bis zum Eingang des Kgalagadi Transfrontier National Park, unmittelbar am Grenzübergang nach Südafrika.

78 Erloschener Vulkan Brukkaros

80 km nördlich von Keetmanshoop liegt links die Abzweigung von der B 1 zum 40 km entfernten Dorf Berseba, ehemals Station der Rheinischen Mission, 18 km vor dem 1586 m hohen Berg Brukkaros. Ein zunächst gut befestigter Weg führt an der Südflanke hinauf bis zu einem sehr einfachen Campingplatz mit weitem Blick über die Namaland-Ebene. Hier kann man den Wagen parken oder auch ein Zelt für die Nacht aufschlagen. Ein gut sichtbarer 1- bis 2-stündiger Wanderpfad führt in Nord-Süd-Richtung zum kraterähnlichen Becken und zum »Wasserfall«, der den Bergkessel zur Regenzeit entwässert. Er hat einen Durchmesser von 3 km und ist nicht etwa Rest eines Vulkanschlotes oder eine Caldera, sondern das Ergebnis langer Erosion. Scolopenda Canyon werden die in der Nähe vorkommenden schmalen Klüfte genannt, wegen der darin zahlreich vorkommenden giftigen Tausendfüßler der Gattung *Scolopenda*. Am nördlichen Ende des »Kraters« unterhielt das Smithsonian Institute um 1930 eine Station zur Erforschung der Oberfläche der Sonne. Geblieben ist nur der herrliche Blick über die endlose Ebene. Es gibt kein Wasser und keinen Schatten auf Brukkaros, und wer hier zelten und den fantastischen Nachthimmel genießen möchte, muss seine Ausrüstung weit schleppen.
Berseba wurde um 1850 gegründet und ist eine der ältesten Siedlungen des Landes. Die sehr armen Bewohner, überwiegend Nama, leben von ihren mageren Ziegen und Schafen und dem Verkauf der verarbeiteten Felle. Auch die winzige Brukkaros-Zwergfelsenmaus, die in den kleinen Felsenhügeln am Fuße des Berges beheimatet ist, dürfte es hier nicht leicht haben.

79 Keetmanshoop und Köcherbäume

Etwa 28 000 Einwohner leben in der »Metropole« des Südens. Die größte Siedlung des südlichen Namibias ist touristisch nicht überwältigend, aber ein guter Ausgangspunkt für den Besuch der atemberaubenden Fischfluss-Abgründe und wird auch gern als Zwischenstation auf der Reise von und nach Südafrika benutzt. Eine 360 km lange Teerstraße (B 4) verbindet mit der Hafenstadt Lüderitzbucht. Keetmanshoop entstand 1866 als Station der Rheinischen Mission, deren erster Missionar Johann Heinrich Schmelen 1812 im benachbarten **Bethanien** das erste Steinhaus des Territoriums nördlich vom Oranje baute. Einer der größten Bestände von Köcherbäumen *(Aloe dichotoma)* ist im **Wald der Köcherbäume** im etwa 20 km entfernten **Quiver Tree Forest Rest Camp** (s. S. 249) zu finden. Die Riesenaloen wachsen hier in einem dichten, waldartigen Bestand und sind zur Blütezeit im Juni/Juli am fotogensten. Dann werden die doldenartigen gelben Blüten von Nektarvögeln umschwirrt. Nördlich von Keetmanshoop nach rechts in die C 16 einbiegen.

Als »Playground of the Giants« ist der **Mesosaurus Fossil Site & Quiver Tree Dolerite Park** (s. S. 248) auf der Farm Spitzkoppe Ost bekannt. Der Spielplatz der Riesen in der Nähe eines riesigen Bestandes von angeblich über 5000 Köcherbäumen besteht aus bizarr aufgetürmten zum Teil weiß gestreiften Blöcken, scheinbar hingestreut von Riesenkindern. Es sind verwitterte 170 Mill. Jahre alte Doloritfelsen vulkanischen Ursprungs, überzogen mit einer Art Wüstenlack und vom Sand auf Hochglanz poliert. Die weißen Streifen

Köcherbäume wachsen bei Keetmanshoop in einem größeren, waldähnlichen Bestand.

stammen vom Urin der hier hausenden Klippschliefer. Kaum vorstellbar, dass dies der Boden eines prähistorischen Sees ist, in dem vor etwa 299 bis 271 Mill. Jahren der aquatische *Mesosaurus tenuidens* lebte. An einem Hang wurden 1988 die ersten Fossilien des etwa 70 cm großen Sauriers gefunden. Der Fund gilt als die Erhärtung der Theorie von der Verschiebung der Kontinente, da in Brasilien die gleichen Fossilien entdeckt wurden.

80 Fischfluss-Canyon

Der zweitgrößte Canyon der Welt ist eine der wichtigsten landschaftlichen Attraktionen Namibias. Heute gehört er zum grenzübergreifenden /Ai-/Ais-Richtersveld Transfrontier Park, dem zu beiden Seiten des Orange River erheblich vergrößerten Schutzgebiet.

Allein der Abschnitt Fischfluss-Canyon umfasst heute mit den westlich an-

Namibias Wahrzeichen: der Köcherbaum

Bereits 1685 erwähnte Kap-Gouverneur Simon van der Stel, dass die San Köcherbaum-Aststücke aushöhlten und als Köcher für ihre Pfeile benutzten. Mit dem leicht bitteren Blütennektar, dem Witsap (weißen Saft) löschten sie ihren Durst. Der Kap-Gouverneur war einer der Ersten, der im unbekannten Norden in der Nähe von Springbok nach Kupfer suchte.

Heute ist der Köcherbaum *Aloe dichotoma*, eigentlich eine riesige Aloeart, das Wahrzeichen Namibias und ein Warnsignal, das eindringlich auf die Klimaerwärmung hinweist (s. u.). Verbreitungsgebiet ist der trockene und heiße Teil des südlichen Afrikas vom nördlichen Kapland bis hinauf zur Brandbergregion in Namibia, wo das fast urzeitlich wirkende Gewächs häufig zwischen Doleritfelsen und Granit, an Hängen oder auf »koppies« (Kuppen) wächst. Tatsächlich sollen zwischen diesen Felsen bis zu 30 m lange Mio. Jahre alte versteinerte Köcherbaumstämme zu finden sein. Eingehende Feldstudien des Südafrikanischen National Biodiversity Institute (SANBI) an 50 Standorten innerhalb der Region ergaben, dass die Köcherbäume im nördlichen Teil früher und häufiger verdorren, weil das Klima zum Äquator hin zunehmend heißer und trockener wird. Es ist deshalb möglich, dass das Verbreitungsgebiet der Köcherbäume vom Norden her schrumpfen wird.

Noch aber können sich Besucher an den seltsamen Gewächsen erfreuen, die besonders bei Sonnenauf- und -untergang dramatische Fotos ergeben. Zur Winterzeit werden zahlreiche Vogelarten vom Nektar der gelben Blüten angezogen, besonders die Nektarvögel (Sunbirds). Von den 24 im südlichen Afrika vorkommenden Nektarvogelarten sind Binden-, Malachit-, Rotbrust- und -Rußnektarvogel an blühenden Köcherbäumen häufig zu beobachten. Aber auch Mousebirds beteiligen sich. Der Rotstirn-Bartvogel ist darauf spezialisiert, eine Nisthöhle in den verhältnismäßig weichen Stamm zu meißeln. In Ermangelung anderer Bäume bauen die Siedelweber ihre riesigen, nicht selten abbrechenden Nester in die Kronen. Halsband-Zwergfalken suchen gern ihre Jagdsitze in einem dieser Gemeinschaftsnester, in denen 400 oder mehr Siedelweber leben können.

Der Fischfluss-Canyon erreicht den Grand Canyon zwar nicht in seinen Ausmaßen, doch seine Stille und Abgeschiedenheit sind nicht zu übertreffen. Erst der Wanderer erfährt seine ganze Schönheit.

schließenden Hunsbergen und den heißen Quellen von **/Ai-/Ais** ein Gebiet von über 3500 km². Wer den /Ai-/Ais-Richtersveld Transfrontier Park besuchen will, ist auf größere Distanzen und schlechtere Pisten angewiesen. Der Zugang zum Fischfluss-Canyon von Keetmanshoop oder Grünau ist wesentlich kürzer und leichter als von Sendelingsdrift.

Die Schlucht ist 160 km lang und 450–550 m tief. Ihre größte Breite beträgt 8–10 km. Der Fischfluss entspringt im östlichen Naukluft-Massiv und führte vor dem Bau der Hardap-Talsperre als einziger Fluss Namibias das ganze Jahr Wasser. Sein Lauf endet nach 650 km etwa 50 km westlich von /Ai-/Ais im Orange River. Der Fluss schnitt sich zunächst in die weite Ebene ein und mäanderte. Auf die Flacherosion folgte später eine ausgeprägte, noch heute wirksame Tiefenerosion, die den typischen Schlucht-im-Tal-Querschnitt schuf, der gut von den Aussichtspunkten bei **Hobas** (Reiseziel 83) sichtbar ist. Das eindrucksvollste Bild vom Aufbau der südnamibischen Erdkruste erhält man jedoch von der Talsohle aus.

Der Abstieg ist am leichtesten am Einstieg zu den mehrtägigen Wanderungen. Er dauert 1 gute Stunde, der Aufstieg entsprechend etwa doppelt so lange. Die 90 km lange Wanderung durch den Fischfluss-Canyon nach **/Ai-/Ais** ist eine Herausforderung für jeden sportlichen Wanderer. Er ist nur in der Zeit zwischen 15. April und 15. September gestattet, weil sonst überwiegend gesundheitsgefährdende Hitze im Canyon herrscht. Genehmigungen, Buchungen und Informationen durch Namibia Wildlife Resorts Central Reservations (s. S. 223), möglichst lange im Voraus! Erlaubnis wird nur erteilt, wenn ein höchstens 40 Tage altes ärztliches Fitness-Attest vorliegt und die Gruppe aus 3–40 Personen besteht, die während 4–5 Tagen völlig auf sich gestellt sind. Bei den Schwefelquellen am linken Flussufer, bei denen ein Einsiedler Dattelpalmen angepflanzt hat, gibt es anfangs noch einen Ausstieg und die Möglichkeit, die Wanderung abzubrechen, wenn es zu heiß und beschwerlich wird. Entgegen überschwänglichen Berichten sind Tierbegegnungen verhältnismäßig selten. Nur Paviane und Wüsten- oder Klippschliefer sind häufiger, sowie gelegentlich ein paar Klippspringer. Schatten ist unter mächtigen Felsblöcken zu finden, die oft das Vorwärtskommen erschweren. Die Flora besteht überwiegend aus wüstenharten Köcherbäumen und Euphorbien. Das Flusswasser ist trinkbar, klebt aber lehmig am Gaumen. Die Rückfahrt von /Ai-/Ais muss selbst organisiert werden.

Das **Hobas-Camp** (s. S. 248) liegt am nördlichen Ende vom Fish River Canyon, 10 km vom Hauptausguck (Reiseziel 83) »Hell's Bend« entfernt. Der Campingplatz ist ein beliebter Ausgangspunkt für die 90 km lange Extremwanderung durch das Flusstal nach /Ai-/Ais. Der Platz wird durch Überlandfahrer frequentiert und ist deshalb nicht immer erholend. Auch die Paviane werden manchmal zur Plage. Empfangsbüro und Stützpunkt der Wildhüter sind am Tor. Es ist von 6–22 Uhr geöffnet.

TIPP: Wer den herben Charme der Fischfluss-Landschaft aus nächster Nähe spüren möchte, kann an einem 4- bis 5-tägigen Maultier-Treck durch das Canyon-Gebiet nördlich vom Hauptausguck teilnehmen. Angenehm ist, dass Maultiere Zelte, Gepäck und Ausrüstung klaglos über Stock und Stein tragen, was den Wanderern ein Gefühl von grenzenloser Freiheit gibt.

Die Hartmann-Bergzebras vermehren sich erfolgreich in dem vergrößerten Reservat

Wanderer, hier der Autor, am Ausgangspunkt der Wanderung durch den Fishriver Canyon.

und sind heute öfter zu sehen, ebenso Strauße und Spießböcke. Durch das reiche Wasserangebot gibt es bei Hobas relativ viele Vögel. Wer die Fischfluss-Abgründe aus anderer Perspektive kennenlernen möchte, kann den in der Nähe liegenden 1120 km² großen privaten **Gondwana Cañon Park** besuchen (s. Reiseziel 83).

81 Canyon exklusiv

Ein Gebiet von 3 Karakulschaf- und Ziegenfarmen wurde in ein Naturreservat umgewandelt und für sanfte touristische Nutzung ausgebaut. Kudu, Spieß- und Springbock, Klippspringer, Zebras, Paviane und Strauß sowie Schabrackenschakal und Wüstenluchs fanden wieder eine sichere Heimat.
Das private Naturschutzgebiet Vogelstraußkluft erstreckt sich heute 50 km entlang des Fish River Canyon. Es besteht aus sehr unterschiedlichen Landschaftsformen, darunter ein ausgetrockneter See, der sich nur bei starkem Regen mit Wasser füllt, bis zu einzigartigen, schwer zugänglichen Seitenschluchten. Dazu gibt es einen einfachen Zugang zum Boden des Fish River Canyon, der mit Allrad-Fahrzeugen befahrbar ist. Besucher können auch selbst den Canyon bis zum Ufer des Fish River hinuntersteigen.
Ganz- oder mehrtägige Touren mit einem Geländewagen führen durch raue Landschaft der Canyon-Ebene und den 300 m tiefen Abstieg hinunter in den Fish River Canyon mit seinen schönsten Seitenschluchten, zu einem (allerdings oft trockenen Wasserfall) und weiteren sonst nicht zugänglichen Zielen. Aussichtspunkte bieten spektakuläre Rundumblicke mit Fernsichten über Fish River Canyon bis zu den Klein-Karasbergen und über die Hochebene der Kalahari.
Möglich sind auch abenteuerliche Wanderungen durch den »Donker Kloof«, eine der schönsten und engsten Seitenschluchten des Canyons oder über einen über 100 Jahre alten Pass aus der Zeit der deutschen Schutztruppe hinauf zur Hochebene.
Bitte beachten: Manche Touren erfordern besondere physische Fitness und Wanderausrüstung. Im Sommer sind die Touren oft vom Wetter abhängig und können wegen hoher Temperaturen im Canyon (über 60 °C) kurzfristig abgesagt oder verändert werden.
TIPP: Durch ihre günstige, zentrale Lage eignet sich die Vogelstraußkluft auch als Ausgangspunkt zur Erkundung des Südens. Lüderitz, die Geisterstadt Kolmannskuppe, Aus mit seinen Wüstenpferden, Keetmanshoop, der Kokerboom-Wald und Giants Playground bei Keetmanshoop oder der Brukkaros-Vulkan sind in Tagesausflügen zu erreichen.
Buchungen im Voraus oder im Empfangsbüro der Lodge.

82 Kurort in der Wüste

/Ai-/Ais, beißendes Wasser, nannten die Khoikhoi schwefelhaltige Heißwasserquellen im Fischfluss-Canyon. Bekannt und beliebt wurde **/Ai-/Ais** durch seine heilenden heißen Quellen am oberen Ende des Fischfluss-Canyons. Im Winter ist es hier besonders angenehm, doch zur Sommerzeit wird die Hitze oft unerträglich. Deshalb ist die beliebteste Extremwanderung des südlichen Afrikas auf die Winterzeit verlegt worden. Die Wanderung endet hier in /Ai-/Ais. Die Fläche des Erholungs- und Badeortes wurde nach dem Anschluss der unerschlossenen Hunsberge 1988 auf 4611 km² vergrößert. Das Gebiet ist immer noch, außer dem Fischfluss-

Selbst im Fischfluss-Canyon trifft man manchmal auf Hartmann-Bergzebras.

Canyon, nur schwer zugänglich. Das mag sich bald ändern, denn die Apollo-11-Höhle soll Besuchern zugänglich gemacht werden. Sie wurde 1969 in den Hunsbergen entdeckt, zurzeit der Apollo-11-Weltraumfahrt. Der wertvolle Fund bestand aus 7 Felsenplatten mit Relikten von Tierfiguren, geschaffen in Holzkohle, Ocker und Weiß. Ihr Alter wurde durch die Radiokarbonmethode auf 23 000–27 000 Jahre geschätzt. Damals waren es Afrikas älteste künstlerische Darstellungen.

Offiziell ist die Fundstelle ein Teil des /Ai-/Ais-Richtersveld Transfrontier Park (s. S. 156). Eine wenig bekannte Trasse durch schwieriges Gelände bis zum Orange River bei Sendelingsdrift stellt die Verbindung mit der Fähre zum südafrikanischen Reservatsteil her, der am gegenüberliegenden Flussufer beginnt. Beide Teile gehören zum weltweit artenreichsten Succulent Karoo und Nama Karoo Biom, das hier in halbwüste Sukkulentensteppe und Strauchsavanne übergeht. Zu den auffälligen Charakterbäumen gehören Köcherbaum, (*Aloe dichotoma*), Giant Quiver Tree (*Aloe pillansii*), Halfmens (*Pachypodium namaquanum*) und Maiden's Quiver Tree (*Aloe ramosissima*). Von Ästen des Maiden's Köcherbaums stellten San-Jünglinge kleine Köcher her und überreichten sie den jungen Damen als Zeichen ihrer Zuneigung.

An Tieren kommen auf der namibischen Seite Hartmann-Bergzebra, Klippspringer, Kudu, Braune Hyäne und Leopard vor, die sich an die fast wüstenhafte Umgebung angepasst haben. Über 200 Vogelarten wurden registriert, darunter überraschend Schwarzstorch, Mohrenweihe, Malachitnektarvogel, Zwergrohrdommel und Witwenstelze.

Bergbau ist im Augenblick die größte Bedrohung für die gewaltige biologische Vielfalt. Zum Beispiel wird am Orange River intensiv prospektiert. Auch die Verbreitung von exotischen Pflanzen wie Wilder Tabak (*Nicotiana glauca*) und Honig-Mesquite (*Prosopis glandulosa*) bereitet Probleme. Problematisch sind auch illegales Fischen und Weiden von Ziegen und Kühen.

83 Gondwana Cañon Park

Das 1120 km^2 große private Naturreservat gehört zum Gondwana-Collection-Touristikunternehmen, (s. S. 220). 4 verschiedene Ferienanlagen, landschaftlich und klimatisch attraktiv gelegen, stehen hier zur Wahl. Der Hauptaussichtspunkt bei Hobas ist von ihnen leicht zu erreichen, aber das private Reservat besitzt selbst berauschende Canyon-Panoramen.

Cañon Lodge liegt an der C37, die direkt zur Aussichtsplattform führt (20 km). Die En-suite-Chalets sind aus Naturstein, riedgedeckt und schmiegen sich an massives Graniturgestein. Gäste haben die Wahl, die fantastische Umgebung zu Pferde, mit dem Geländewagen, mit Nordic Walking oder Spazierstock zu erkunden. Das Restaurant ist im Stil der namibischen Pionierzeit dekoriert. Terrasse mit Schattenbäumen, Schwimmbad.

Cañon Village, mit kapholländischen Landhäusern und strohgedecktem Restaurant, erscheint auf den ersten Blick wie ein Bergdorf aus dem Kapland. Wandbilder in Wohnungen und Restaurant schildern ergreifend das tägliche Leben der Bondelswart-Nama, die versuchten, in der Einöde zu leben.

Cañon Roadhouse, im Stil früherer Rasthäuser errichtet, hat Kultstatus erreicht, vor allem durch die geschmackvolle Ausstellung von Oldtimern aus der Frühzeit der Motorisierung Namibias. Vielseitig ist auch das Informationszentrum, in dem Geologie, Geschichte sowie Fauna und Flora von Canyon und Umgebung erklärt werden. Von hier aus führt eine Landstraße zum 14 km entfernten Eingangstor und zum Aussichtspunkt. Zur Übernachtung stehen 24 En-suite-Zimmer bereit, dazu Schwimmbad und Tankstelle. Für Camper gibt es einen Campingplatz mit Privatsphäre.

Cañon Mountain Camp, an einem Hügel zwischen mächtigen Doleritfelsen, bietet dem abenteuerlustigen jüngeren Reisenden eine Alternative. Die gut ausgestattete Küche lädt Selbstversorger ein. Außerdem ist das Restaurant der Cañon Lodge nur 6 km entfernt. Wohnzimmer, schattige Terrasse und ein Grillplatz stehen ebenfalls zur Verfügung.

Das Reservat gehört zur Nama-Karoo, wie der Sperrgebiet-Nationalpark. Überall stehen die wenig Schatten spendenden Köcherbäume. Trotzdem finden Kuhantilope, Springbock, Hartmann-Bergzebra und besonders die an die Namibwüste angepassten Spießböcke und Strauße hier ihr Auskommen.

Die Tiere können auf einer etwa 3-stündigen, 6 km langen Morgenwanderung durch den Gondwana Cañon Park beobachtet werden. Kompetente Führung stärkt das Verständnis für die faszinierende Wüstenlandschaft und ihre Fauna und Flora.

Man kann den meist wunderbaren Sonnenaufgang auch bei Kaffee und Tee an einem fantastischen Aussichtspunkt zelebrieren oder hier ebenso die Abendstimmung genießen. Ein 2–3-stündiger Wanderweg führt von der Cañon Village zu atemberauschenden Aussichten und zum lokalen Bogenfels.

Auch vom Rücken eines Pferdes lässt sich die fremdartige Landschaft eingehend betrachten.

TIPP: Die Cañon Lodge (s. S. 253) bietet Reitstunden für Anfänger bis hin zu mehrstündigen, geführten Ausritten für erfahrene Reiter durch den Gondwana Cañon Park. Buchung nur direkt vor Ort möglich. Auf dem Programm für Pferdefreunde stehen ferner geführte Sonnenaufgangsritte mit Frühstück, auch für Anfänger; desgleichen zum Sonnenuntergang. Für erfahrene

Reiter gibt es zur Auswahl einen 2-tägigen Ausritt mit Übernachtung im Zeltcamp oder einen fünftägigen Abenteuerritt zum Sossus Vlei und zu den Naukluft-Bergen.

84 /Ai-/Ais-Richtersveld Transfrontier Park mit Fischfluss-Canyon
(namibische Seite)

Der länderübergreifende /Ai-/Ais-Richtersveld Transfrontier Park ist 6045 km² groß. Der Orange River war die Grenze zwischen beiden Reservaten, die jetzt als sogenannter Friedenspark über die Staatsgrenzen hinweg miteinander verbunden sind. Richtersveld erschließt sich am besten mit einem geländegängigen Fahrzeug, auch Minibus und Bakkies mit hohem Radstand sind geeignet, Pkws nicht zugelassen.
Von Sendelingsdrift führt eine manchmal etwas holprige Piste direkt zum /Ai-/Ais-Resort am Fischfluss-Canyon. Wer lieber weiter nach Norden möchte, wählt die Schotterstraße über Rosh Pinah und von dort 170 km auf der teilweise dicht am Sperrgebiet-Nationalpark entlang führenden C-13-Schotterstraße bis Aus. Hier kreuzt die C 13 die Teerstraße B 4 von Keetmanshoop nach Lüderitz. Als Dünenpfad führt sie von Aus auf verschlungenen Pfaden auf C- und D-Landstraßen weiter nach Norden, durch weites, dünn besiedeltes Gebiet zwischen Namib-Naukluft-Nationalpark und dem an die B 1 anschließenden Farmgebiet.
TIPP: Fahrten durch die südliche Region verschlingen Zeit. Entfernungen zwischen Zielorten sind oft beträchtlich. Eine gute Gelände- und Straßenkarte ist bei der Planung hilfreich. Geländegängige Fahrzeuge sind für Reisen durch die abgelegene Region zu empfehlen. Der schnellste und einfachste Weg für Besucher aus Namibia oder Südafrika ist über Namibias B 1 oder auf der N 7 in Südafrika via Steinkopf –

Das Bett des Orange River in der Nähe der Fischflussmündung zur Trockenzeit.

Port Nolloth und Alexander Bay direkt nach Oranjemund (Grenzübergang) oder weiter nach Sendelingsdrift (Grenzübergang). Nur die letzten 80 km auf Schotterstraße.

Grenzüberschreitend

Am 1. August 2003 wurden Namibias Ai-Ais Hot Springs Game Park (einschließlich Fish River Canyon) und Südafrikas |Ai-|Ais/Richtersveld National Park vereinigt. Die Bezeichnung für die namibische Seite ist seitdem /Ai-/Ais-Richtersveld Transfrontier Park, für die südafrikanische |Ai-|Ais/Richtersveld Transfrontier Park.

85 |Ai-|Ais/Richtersveld Transfrontier Park

(südafrikanische Seite)

Das grenzüberspannende Schutzgebiet am unteren Orange River sollte ursprünglich Südafrikas einzige Bergwüste schützen. Das Klima ist harsch. Wasser ist äußerst knapp. Regenfall gering. Frühe Morgennebel sorgen für lebenserhaltende Feuchtigkeit, die auch das Überleben einer großen Zahl Insektenarten und Säugetiere ermöglicht. Unter den Säugern sind Afrikanische Wildkatze, Braune Hyäne, Erdmännchen, Erdwolf, Ginsterkatze, Grüne Meerkatze, Hartmann-Bergzebra, Kap-Borstenhörnchen, Kap-Fingerotter, Kapfuchs, Kaphase, Klippspringer, Kronenducker, Leopard, Löffelhund, Pavian, Rehantilope, Schabrackenschakal, Smiths Rothase, Stachelschwein, Steinböckchen, Streifeniltis, Wüstenluchs und 3 Mangustenarten. Die Vogelliste enthält an die 200 Spezies. Großen Zauber strahlt die Blumenblüte aus, mit der zwischen Juni und Oktober nach gutem Winterregen zu rechnen ist.

»Garten der Götter« scheint ein seltsamer Name für die Region am unteren Ende der

Eine Fähre verbindet die Transfrontier-Parks beiderseits des Orange River bei Sendelingsdrift.

Am Kreuzkap: Weibliche Braune Hyäne mit ihrem einzigen Jungen vor dem Bau.

Namibwüste, die unter versengender Sommerhitze schmachtet und sich nach gutem Winterregen in ein Symbol der Regenbogennation verwandelt. Auf knochendürrer, steiniger Halbwüste sprießt dann eine farbenfrohe Vielfalt kurzlebiger Blütenpflanzen, deren endlose Teppiche in allen Farben leuchten. Heißer, trockener Bergwind kann über Nacht das Blumenwunder beenden. In den meisten Jahren hält es aber lange genug, dass lokale Touristen und Besucher aus aller Welt an der einmaligen Wildblumenschau teilhaben können. Sie setzt sich maßvoll auf der namibischen Seite fort.

Der extreme Lebensraum fördert Durchsetzungsvermögen, Gemeinschaftsgeist und Verbundenheit mit der Natur, fordert dem Besucher auch einige Anstrengungen ab. Im Mittsommer sind Temperaturen über 50 °C zu erwarten, doch die Nächte bleiben kühl, die Winter kalt.

Abenteuerliche Pisten kreuzen die Bergwüste. Kaum markierte Feldwege sind vor allem für Geländewagen geeignet, Kleinbusse und Pick-ups mit hohem Radstand sind erlaubt. Das Fahren im Konvoi wird empfohlen. Einzelfahrer müssen sich bei der Rückfahrt im Parkhauptquartier abmelden. Nachtfahrten sind nicht erlaubt. Die beste Route zum Reservat führt von der N 7 bei Steinkopf westwärts über die Diamantenorte Port Nolloth – Alexander Bay nach Sendelingsdrift. Zugangs- und Übernacht-Permitte sind täglich im Reservatsbüro erhältlich. Nach 16 Uhr ist die Weiterfahrt zu den Übernachtungsplätzen nicht gestattet. Es besteht eine Fährverbindung, die Besucher und Fahrzeuge über den Orange River bringt (Transfrontier-Route). Diesel und Benzin (97 Oktan) sowie alkoholfreie Getränke sind werktags in Sendelingsdrift erhältlich. Bleifreies Benzin gibt es in Alexander Bay.

TIPP: Trinkwasser vorher abkochen. Besser: Genug Frischwasser mitbringen.

Geführte Wanderungen: Sie werden für die kühlere Zeit zwischen 1. April und 30. September angeboten und sollten möglichst 3 Monate im Voraus gebucht werden. 3 Routen stehen zur Wahl: Vensterval (3 Nächte), Lelieshoek – Oemsberg (2 Nächte), Kodaspiek (1 Nacht).

Die Basis für organisierte Wanderungen liegt im dramatischen Ganakouriep Valley und ist für bis zu 9 Teilnehmer vorgesehen. Es gibt Gasherde, Kühlschränke, heiße und kalte Duschen, aber kein Trinkwasser. Genug qualifizierte Führer stehen noch nicht zur Verfügung. Gruppen unter Leitung einer Person mit Kenntnis der Umgebung sind zugelassen. Entfernungen vom Parkeingang nach Cape Town 875 km, Johannesburg 1595 km, Durban 1992 km, Upington 720 km, Springbok 320 km, Port Nolloth 180 km, Alexander Bay 90 km.

86 Kanufahrten auf dem Diamantenfluss

Die junge Mannschaft von Amanzi Trails (s. S. 247) (organisiert kurze oder mehrtägige Kanufahrten unter professioneller Leitung auf dem »familienfreundlichen« unteren Orange River, 16 km flussabwärts vom Grenzübergang Noordoewer. Der längste Fluss des südlichen Afrikas windet sich hier durch die wildromantische Landschaft des Richtersveld Transfrontier Park. Friedliches Dahingleiten im 2-sitzigen, 5 m langen Mohikaner-Kanu wechselt mit gurgelnden, reißenden Stromschnellen, die leicht mit Hilfe des Führers und den Sicherheitsvorkehrungen zu überwinden sind.

Manche Übernachtungen am Flussufer enden mit den ersten Rufen eines Schreiseeadlers. Aber auch über 100 andere Vogelarten leben an den grünen Ufern, an denen auch Grüne Meerkatze, Bärenpavian und Nilwaran oft zu sehen sind. Für Fischotter, Steinbock und Klippspringer benötigt man meist ein gutes Fernglas. Das Flusswasser ist frei von Bilharziose und Malaria übertragenden Stechmücken.

Im Angebot sind Kanufahrten mit Selbstversorgung von 1–7 Tagen. Beliebt ist die 1-tägige Fahrt zum Fish River Canyon. Eine 4-tägige Tour führt nach Aussenkehr und ein 5 Tage dauernder Trip bis zur Mündung des Fish River. Am Ende der abenteuerlichen Flussfahrten stehen geländegängige Fahrzeuge für die Rückkehr zum Basiscamp bereit.

87 Freeclimbing hoch über dem Orange River

Das **Norotshama River Resort** (s. S. 248) ist ein malariafreies Refugium mit spektakulärer Landschaft am unteren Orange River. Es ist nur 115 km vom Fish River Canyon entfernt und kann mit normalem Pkw oder Geländewagen erreicht werden. Die monumentale Landschaft mit ihrer Tier- und Pflanzenwelt lässt sich von hier aus auf Wanderpfaden gut erkunden. Canyoning, das sportliche Durchwandern und Durchklettern von engen Gebirgsschluchten mit reißenden Flüssen wurde hier zum beliebten Abenteuer. Zur Lockerung der Muskeln gibt es ein Floß mit Bar auf dem Orange River.

Ein besonderes Erlebnis sind auch die Namibpferde. Eine Herde wurde während einer großen Dürre in ihrem Revier bei Garub eingefangen und in Norotshama eingebürgert. Sie haben sich gut vermehrt. Außerdem folgt das private Naturreservat auch weiterhin seinen landwirtschaftlichen Aufgaben. Auf weiten Flächen werden Weintrauben für lokalen Verbrauch und für den Export produziert.

Für aktive Touristen ist einer der großen Höhepunkte aber zweifellos die Möglichkeit, in der Bergwelt am Orange River zu klettern. An der C 13 zwischen Noordoewer und Aussenkehr liegt viel zerklüftetes Gelände, das auch für Freeclimber geeignet ist. Vom Norotshama Resort oder von Amanzi Trails ist es leicht zu erreichen. Mehrere traditionelle Kletterrouten wurden vor einigen Jahren im Kings Throne Canyon von 2 bayrischen Bergsteigern eingerichtet. Inzwischen besteht eine Auswahl von über 20 Strecken. Auch »Deep Water Soloing« ist möglich. Dieses Soloklettern über dem Wasser ist aufregend, aber nicht ganz ungefährlich, da die senkrechten Steilwände meist über 25 m hoch sind. Zum Glück können die Wasser des Orange als riesige Sturzpolster dienen.

TIPP: Die Region Aussenkehr ist ein felsiges Wüstengebiet mit sehr hohen Sommertemperaturen. Beste Kletterzeit ist zwischen April und September. Einige der Routen im Königsthron Canyon sind zum Glück stets beschattet.

Information über Klettertouren, besonders im Kings Throne Canyon:

- E-Mail: antonie@webmail.co.za
  www.aussenkehr.com

Namibias interessante Tierwelt

Als Äthiopis bezeichnet man die tiergeographische Region Afrikas südlich der Sahara (sowie Teile Arabiens). Im Gegensatz zum Pflanzenreich, bei dem die deutlich differierende Florenzone der Capensis Südafrikas unterschieden wird, gibt es innerhalb der Tierwelt nur Unterregionen zur Äthiopis.

Namibia ist Teil der Subregion Südliches Afrika, deren Grenze etwa entlang des Kunene und Sambesi verläuft. Beide Grenzflüsse liegen noch in der Savannenzone, die südlich der Etosha-Pfanne in die Trockenzone übergeht, die ihrerseits von Namib und Kalahari beeinflusst wird.

Trotz ihrer Lage in der Trockenzone unterscheidet sich die Tier- und Pflanzenwelt Namibias nicht wesentlich von der Gesamtregion Südliches Afrika, in der etwa 340 Säugetierarten leben, ein großer Teil davon noch in überlebensfähigen Populationen. Die Verbreitung und Häufigkeit des Großwildes im wüstenhaften Namibia unterstreicht auch die Anpassungsfähigkeit der Säugetiere vom Elefanten bis zur winzigen Brukkaros-Zwergfelsenmaus. Die Zahl der Großwildarten ist hoch. Sie leben meistens in der Trockensavanne, in der auch Insekten und andere Gliederfüßer häufig sind, während Kleinsäuger nur eine untergeordnete Rolle spielen.

Allerdings können die meisten Wildtiere heute nur noch in Reservaten überleben, wo seltene oder bedrohte Arten wie Hartmann-Bergzebra, Schwarznasenantilope, Kirk-Dikdik, Breitmaul- und Spitzmaulnashorn besonderen Schutz genießen. Im Farmland gibt es noch viel jagdbares Wild, jedoch wird die Auswahl durch Sonntagsjäger mitbestimmt.

Mopane-Savanne um die Ombika-Wasserstelle am Andersson-Eingangstor von Etosha

Nur im **Kaokoland** und im **Caprivistreifen** überleben heute noch Elefanten in freier Wildbahn, außerdem Flusspferde, Antilopen sowie ein paar Löwen und Leoparden. Dazu kommt die seltene Unterart des Spitzmaulnashorns, *Diceros bicornis bicornis*, das einem starken Druck durch Wilderer ausgesetzt ist, obwohl seine in Ostasien als Aphrodisiakum gehandelte Hornwaffe aus der gleichen Hornmasse besteht wie das Haar aller anderen Säugetiere.

Im unzugänglichen Kaokoland sind die Säugetierbestände minimal, weit verstreut und schwer aufzufinden. Der Besucher darf sich da keinen Illusionen hingeben. Generell wird die Zahl der Elefanten und anderer Wildtiere außerhalb der Reservate in der nächsten Zeit weiter abnehmen, weil Mensch und Wild immer enger aneinanderrücken. Nur wenn z. B. die im engen Kontakt mit den Felder verwüstenden Elefanten lebenden Kleinbauern Vorteile aus dem Miteinanderleben gewinnen können, ließe sich die negative Entwicklung aufhalten. Einsichtsvoll räumt die Regierung heute den ländlichen Gemeinden, wie bisher den Farmern, Besitzrechte über das Wild ihres Bezirks ein, wenn sie sich zum Naturschutz verpflichten.

In der **Namibwüste** leben über 60 Säugetierarten, überwiegend Nager. Die Zahl der Vogelarten ist mindestens doppelt so hoch. Selbst in der scheinbar leblosen Dünenwelt haben sich Lebewesen mit speziellen Fähigkeiten entwickelt, die sich im brennend heißen Wüstensand dadurch behaupten können, dass sie die Feuchtigkeit des über 50 km landeinwärts ziehenden Treibnebels nutzen. Auch ihre Nahrung

Giraffenmütter verteidigen ihre Jungen, die mit freiem Fall aus ca. 2 m Höhe ihr Leben beginnen, unmittelbar nach der Geburt.

wird herangeblasen. Den Anfang der Nahrungskette bilden Blattfetzen, Blüten, lose Flechten, Käferteile und andere Überreste, die vom Wind an die Dünensäume geweht werden. Schwarzkäfer, Eidechsen und selbst ein Säugetier, das durch den Sand »schwimmen« kann, der Goldmull, setzen die Kette fort bis zur Zwergpuffotter, die sich geschwind seitwärts auf den Dünenhängen fortbewegt. Diese Arten leben nur hier, während es unter den größeren Säugern keine »typischen Wüstentiere« gibt, obwohl sich einige wie Schabrackenschakal, Springbock, Spießbock und Braune Hyäne gut an das Leben in der Wüste angepaßt haben und tief in die bis zu 2 km breiten Dünenfelder vordringen, in denen zuweilen Gras wächst.

Als Attraktion gelten auch die »Wüstenelefanten« und die namibische Unterart des Spitzmaulnashorns, die auf eine durch den Menschen erzwungene Isolierung (Apartheidsgesetze und Zäune) mit adaptiver Weiterentwicklung reagieren (das heißt die Tendenz, in isolierten Teilpopulationen Unterarten auszubilden, ist hoch). Fraglich ist allerdings, ob die minimalen Bestände auf lange Sicht lebensfähig bleiben.
In den folgenden Übersichten werden die wichtigsten Arten Namibias vorgestellt. Die Listen berücksichtigen vor allem jene Arten, denen der Besucher mit größerer Wahrscheinlichkeit begegnet.

Säugetiere

Gepard: Der größte wild lebende Bestand des schnellsten Säugetiers der Welt (120 km/h und mehr auf 400 m) ist heute in Namibia zu finden. Da die leicht gebaute Großkatze nicht mit Löwe oder Tüpfelhyäne konkurrieren kann, sind ihre Bestände in Etosha und anderen Wildreservaten sehr niedrig. Die meisten leben über das ganze Land verstreut (90 %) im Farmland der Kultursteppe. Obwohl wohlmeinender Schutz besteht und zunehmend gute Aufklärungsarbeit geleistet wird, werden jedes Jahr immer noch an die 120 Geparde getötet oder gefangen. Trotzdem besitzt Namibia mit 3000 der schnellsten Landtiere Afrikas weitaus größten Bestand. In freier Wildbahn sind Geparde öfter mal in der Nähe der Wasserstelle Gemsbokvlakte (Reiseziel 14) und gelegentlich in Khaudum (Reiseziel 21) zu sehen.
Leoparden jagen jede Beute, von der Maus bis zum Bergzebra. Das Männchen wiegt bis 60 kg, ein Weibchen etwa 32 kg. Obwohl noch verbreitet, sind Leoparden selbst in Etosha (Reiseziel 13) nur selten zu sehen. Gute Beobachtungsmöglichkei-

Durstlandelefanten

Sie werden besonders groß, tragen schlechte Stoßzähne und wirken etwas unterernährt: Trotzdem ist der auf über 8000 Tiere geschätzte Elefantenbestand Namibias allgemein als einer der überlebensfähigsten in Afrika anerkannt, gut gehegt und geschützt.
Er verteilt sich auf den Caprivistreifen (etwa 5500), den Etosha-Nationalpark (2400) und das Kaokoland (100). Heute können sich die Elefanten noch in einem Gebiet von etwa 80 000 km² außerhalb der Schutzzonen bewegen. Durch zunehmenden Bevölkerungsdruck ist dieses Verbreitungsgebiet jedoch stark gefährdet. Elefanten plündern immer wieder die Hirsefelder der armen Caprivi-Bauern, die zur Selbsthilfe greifen wollen. Im benachbarten Simbabwe werden jährlich mindestens 100 solcher »Übeltäter« erschossen oder mit einer Mischung aus Chili-Pfeffer bestäubt. Die Riesen erstarren, schnauben durch ihre Rüssel und verschwinden.
Mit ihrem Rüssel, einem wunderbaren Organ zur Umweltanalyse, prüfen Elefanten dauernd die Umgebung. Besonders bei widrigen Winden benutzen sie auch andere Verständigungsmittel: Wissenschaftler haben zuerst in Etosha entdeckt, dass Elefanten noch Infraschall von 0,1 Hz wahrnehmen können (das menschliche Ohr passt bei 16 Hz). Elefantenherden können sich – für den Menschen unhörbar – über größere Entfernungen hinweg verständigen, und aggressive Bullen in Musth (hormonell bedingte Periode sexueller Angriffslust mit gelegentlicher Raserei) halten auf diese Art Abstand voneinander. Es ist anzunehmen, dass Elefanten auch Gewitter – Quellen von sehr lautem Infraschall – viel eher als Menschen wahrnehmen.
Die »Wüstenelefanten« im Kaokoland sind nur eine geographische Rasse von *Loxodonto africana* und haben sich der besonders harschen Umgebung gut angepasst. Sie sind etwas leichter, haben aber längere Beine als Elefanten in wasserreicheren Lebensräumen und größere Fußsohlen. Das ermöglicht ihnen, auf der Suche nach Nahrung und Wasser unbeschadet große Entfernungen auf rauem Wüstenschotter und heißem Wüstensand zurückzulegen.

Die Nachkommen folgen der Elefantenmutter auf Schritt und Tritt: zum Wasser, bei der Nahrungssuche und auf der Flucht.

Geparde sieht man am ehesten auf Farmen.

Leoparden werden auch in Namibia immer seltener, weil der Mensch sie außerhalb der Reservate verfolgt.

Die großen Augen weisen auf die nächtliche Lebensweise der Falbkatze hin.

ten in einem Freigehege bei Windhoek (Reiseziel 4). In freier Wildbahn begegnet man ihnen nur selten.

Falbkatze, Afrikanische Wildkatze: Sie kommt fast überall in Namibia vor. Ausgenommen ist ein schmaler, ungastlicher Küstenstreifen. Auch in Etosha und auf privaten Wildfarmen ist sie mit etwas Glück zu beobachten. Teilweise wird sie zudem in Gehegen gehalten. Aussehen und Größe ähneln stark der eher kurzhaarigen Hauskatze, die wahrscheinlich von ihr abstammt. Die Falbkatze ist ein überwiegend nachtaktiver Einzelgänger. Während der kalten Jahreszeit ist sie aber auch während der Morgen- und Abenddämmerung aktiv. Tagsüber ruht sie in Erdbauten, die sie von anderen Tieren übernimmt. Ihr Fell ist kurzhaarig und meist sandfarben oder gräulich bis graubraun, zuweilen ist es auch rötlich-braun gefärbt. Ihre Beute besteht aus Kleinsäugern, Vögeln, Schlangen, Fröschen und Insekten. Auch beim Fangen von Hasen und Perlhühnern wurden Falbkatzen schon beobachtet.

Tüpfelhyänen kommen fast überall in Etosha (Reiseziel 13) vor, werden außerhalb der Reservate heftig verfolgt, halten sich aber noch in der Kultursteppe. Die in Clans organisierten Tiere sind oft bessere Jäger als Löwen.

Braune Hyäne: Der scheue und heimliche, nachtaktive Einzelgänger ist von der Waldsavanne bis zur Küste übers ganze Land verstreut, relativ häufig aber nur im Bereich von Robbenkolonien. Das Revier kann 500 km² oder mehr umfassen. Die oft von der Tüpfelhyäne bedrohte wesentlich kleinere Art lebt von Aas, Insekten, Straußen- und anderen Eiern, in der Kalahari auch von wasserhaltigen Tsamma-Melonen. Felle und Knochen verdaut sie mühelos. Braune Hyänen leben in sozialen Clans, geführt vom dominierenden weiblichen Tier. Des-

Löwen in Gefahr

Der Löwenbestand von Etosha wurde vor 30 Jahren auf gut 500 Individuen geschätzt. Er schien für das Reservat nicht tragbar zu sein, und chemische Geburtenkontrolle wurde eingeführt. Später stellte sich heraus, dass sich die Löwenzahl schon vorher drastisch verringert hatte. Es gibt heute wieder etwa 300–350 erwachsene und halb erwachsene Löwen. Hohe Verluste hatte der Bestand vor allem durch die an Etosha grenzenden Farmer erlitten. Sie schossen in 2 Jahrzehnten mindestens 500 Löwen ab, weil diese in ihre Weidegebiete eindrangen. Höhepunkt war ein Jahresverlust von 85 Löwen vor etwa 20 Jahren. Außerdem scheinen die Löwen von starken Hyänenclans verdrängt zu werden. Jetzt versucht die Parkverwaltung, die Probleme durch ein umfangreiches Forschungsprogramm zu lösen und die Löwenzahl zu stabilisieren oder aufzubauen.

Im trockenen Etosha-Nationalpark besteht ein Rudel im Schnitt aus 7 Tieren. Ein großer Teil streift nomadisch umher. Jagdgebiete sind bis zu 2000 km² groß. Darin können sich die Löwen auf Entfernungen bis 5 oder 10 km durch Brüllen verständigen. Die »Löwensprache« besteht aus drei Grundlauten: Miauen, Fauchen beziehungsweise Knurren und Brüllen. Kombiniert ermöglichen sie etwa 9 verschiedene Ausdrucksweisen. Durch sein Gebrüll gibt der Löwe seine Präsenz beziehungsweise sein Jagdrevier bekannt oder warnt fremde Löwen. Brüllen fördert die Solidarität des Rudels. Auch Löwinnen und Jungtiere brüllen. Nur während der Jagd und danach wird nicht gebrüllt.

Hauptnahrungsquelle in Etosha sind Steppenzebra und Streifengnu, auf die Löwen anscheinend am liebsten Jagd machen. Ein erwachsener Mähnenlöwe frisst täglich durchschnittlich 10,3 kg Fleisch, schafft aber auch 30 kg im Ausnahmefall. Die Reservats-Löwen setzen jährlich 752 000 kg Biomasse um. Das sind etwa 1000 Zebras, 1000 Gnus und 5000 Springböcke. Im Kunene-Gebiet gibt es noch 90–135 »Wüstenlöwen«. Der Bestand im Caprivi wird auf 100 bis 200 geschätzt.

Löwen an der Namutoni-Wasserstelle. Kooperation zwischen Männchen ist weit verbreitet. Dabei unterstützt der jüngere den »großen Bruder« oft bei der Eroberung oder Verteidigung eines Rudels.

Die Tüpfelhyäne ist ein früher Besucher am Wasser.

Die scheue Braune Hyäne ist nur im Bereich der Robbenkolonie häufiger und hier öfter zu sehen.

Der hyänenartige Erdwolf ist in freier Wildbahn selten zu sehen, außerdem überwiegend nachtaktiv.

Hyänenhunde, Afrikanische Wildhunde sind sehr selten und bedroht.

Der Löffelhund ortet Termiten mit Riesenohren.

Schabrackenschakale kommen überall zurecht.

sen Geschlechtsteile unterscheiden sich kaum von denen eines Männchens. Alle Clan-Angehörigen helfen bei der Aufzucht der Jungen. Männchen durchziehen nomadisierend ein größeres Territorium, bis sie auf paarungsbereite Weibchen stoßen.

Erdwolf: Der kleine, schakalgroße Verwandte der Hyänen mit hundeähnlichem Kopf ist überall im Land anzutreffen, ausgenommen ist ein schmaler Streifen entlang der unzugänglichen Küste. Seine Nahrung besteht fast ausschließlich aus Erntetermiten, die nachts in Scharen zur Nahrungssuche an die Erdoberfläche kriechen. Hier werden sie vom Erdwolf durch Nase und die großen Ohren geortet und zu Hunderttausenden mit klebriger Zunge aufgeleckt. Sein Nachwuchs kommt in Höhlen zur Welt, die oft von in ähnlichem Metier tätigen Erdferkeln übernommen werden. Erdwölfe sind relativ selten, doch bislang ist die Population stabil, obwohl die nützlichen Tiere oftmals während der Bekämpfung von Wanderheuschrecken durch sekundäre Vergiftung umkommen, aber auch direkt verfolgt werden. Alle größeren Raubtiere, auch der Felsenpython, sind seine Feinde.

Zebramanguste: Sie ist im nordöstlichen Drittel des Landes und im gesamten Caprivistreifen verbreitet und eine der weniger häufigen 7 in Namibia vorkommenden Mangustenarten. Sie lebt in 6 bis etwa 30 Tiere starken Gruppen und ist, zumindest zeitweise, von Wasser unabhängig. Die Zebramanguste ernährt sich hauptsächlich von Insekten und Käfern, verschmäht aber auch nicht Früchte und zuweilen Aas. Dauerndes Zwitschern hält den Trupp in engem Kontakt miteinander. In Touristencamps sind sie manchmal beim Durchsuchen der Abfalltonnen zu beobachten. Die ungefähr 60 cm langen Tiere sind tagaktiv und verschwinden vor Sonnenuntergang in

Zebramangusten sind im Land verbreitet.

Höhlen, übernommen von anderen Kleinsäugern.

Hyänenhund, Afrikanischer Wildhund: Kein anderes Tier wurde in Afrika so brutal vom Menschen verfolgt wie der Afrikanische Wildhund. Der Mensch sah seine Rinderherden bedroht und bekämpfte den »Wild Dog« so grausam, dass er ihn zeitweilig selbst in den Großreservaten ausmerzte. Dadurch ist der Afrikanische Wildhund heute mit einem Gesamtbestand von nur 2000–3000 Tieren eines der seltensten Säugetiere Afrikas und vom Aussterben bedroht. Namibias Population wird auf 200–300 Tiere (abnehmend) geschätzt. Wiedereinbürgerungen sind überall im südlichen Afrika im Gange, auch in Etosha. In der Schulter steht der Afrikanische Wildhund 5–10 cm höher als ein Schäferhund. Er ist zudem langbeiniger und unverwechselbar durch die runden Ohren, das fleckige schwarz-weiß-gelbe Fell und die lange, buschige Rute mit weißer Spitze. Rudelleben und gemeinsame Jagd sind hoch entwickelt. Die Beute reicht von kleineren Antilopen bis zu Büffeln, die vom Rudel mehrere Kilometer mit einer Geschwindigkeit von über 60 km/h verfolgt und im Lauf verletzt werden. Nur selten zu sehen in Etosha (Reiseziel 13), Khaudum (Reiseziel 21) und Mudumu (Reiseziel 28).

Der Wüstenluchs ist überall in Namibia anzutreffen. Nur die Wüste meidet der überwiegend nachts jagende Einzelgänger. Kleine Antilopen, Hasen und Mäuse sind seine bevorzugte Beute.

Warzenschweine sind die Clowns an den Wasserstellen.

Das unberechenbare Flusspferd soll immer noch die meisten durch Tiere bedingten Todesfälle unter Afrikas Einwohnern verursachen.

Löffelhund: Überall in Namibias Grassavannen ist er zu finden. Selbst im offenen Waldland und auf kargem Boden überlebt er, denn hier hausen oft Ernteameisen in großer Zahl, wie z.B. am Brandberg. Außerdem jagt der Löffelhund Käfer, Termiten, Spinnen, Heuschrecken und dergleichen. Kleine Nagetiere, bodenbrütende Vögel und Reptilien verschmäht er ebenfalls nicht. Seine Beute ortet der kleine Savannenbewohner überwiegend durch Geräusch. Die Riesenohren presst er dabei dicht an Termitengänge oder andere unterirdische Verstecke.

Das Gebiss erinnert an Insektenfresser wie Fledermaus oder Igel. Es ist mit 46 bis 50 Zähnen besetzt, 4 bis 8 mehr als bei seinen nächsten Verwandten, den anderen Hundeartigen. Tatsächlich gleicht er einem kleinen, flauschigen Hund mit viel zu großen Ohren. Die Eltern bleiben lebenslang beieinander. Beide kümmern sich um die Aufzucht der Welpen, die wie junge Hunde sehr verspielt sein können. Allerdings sind sie großen Gefahren durch Greifvögel, Hyänen, Leoparden und andere Raubtiere ausgesetzt.

Warzenschweine halten sich trotz intensiver Bejagung durch den Menschen in der Kultursteppe. Auf der Fahrt nach Norden sind sie öfter an Straßenrändern zu sehen. Häufig an den Wasserstellen von Etosha (Reiseziel 13), besonders Chudop, Klein Namutoni, Goas und Olifantsbad.

Flusspferd: Sein lässig wirkendes Drohgähnen zeigt Aggressionsbereitschaft an. Manchmal gähnt es allerdings auch aus Müdigkeit. In Namibia gibt es Flusspferde nur in den Gewässern des Caprivistreifens und in geringerer Zahl auch noch im Kunene. Leicht zu beobachten sind sie im Mahango-Wildpark (Reiseziel 27) in der Nähe des Kechwe-Picknickplatzes. Vorsicht ist immer geboten. Die Riesen gelten als größte Killer Afrikas!

Afrikanische Büffel: Afrikas einzige Rinderart kommt in Namibia nur im Caprivistreifen vor. Der Bestand von etwa 2000 Tieren ist aber besonders wertvoll, da er bislang noch zu einem großen Teil frei ist von der im südlichen Afrika weit verbreiteten Maul- und Klauenseuche und von Rinder-Tb. Seuchenfreie Büffel werden für etwa € 10 000 oder mehr zur Aufstockung zwischen Wildreservaten gehandelt. Büffel aus verseuchten Beständen kosten dagegen nur etwa € 1500–2000. Büffelherden gibt es fast nur in den Caprivi-Reservaten (Reiseziele 24–30).

Giraffen trinken etwa alle 2 Tage und können dabei am besten an den Etosha-Wasserstellen Klein Namutoni und Chudop (Reiseziel 16) beobachtet werden, wo sich manchmal 20–30 Tiere versammeln und Mütter ihre jungen Kälber mitbringen, die tagsüber oft gemeinsam in einem »Kindergarten« von Tanten bewacht werden. Obwohl sie ihre Jungen auch aktiv gegen Löwen verteidigen, verlieren Giraffen 50–75 % ihres Nachwuchses. Wer sie wie in Zeitlupe laufen sieht, ahnt nicht, dass sie 60 km/h erreichen können.

Hartmann-Bergzebras tragen schnell wachsende Hufe und gleichen dadurch den großen Verschleiß auf dem felsigen Boden ihres Lebensraums aus. Vorwiegend Grasesser. Auf Farmen im Khomas-Hochland noch verbreitet und bejagt. Vorkommen auch im Daan-Viljoen-Wildreservat (Reiseziel 4) und Hardap-Wildreservat (Reiseziel 76). Gut zunehmende Bestände am Fischfluss-Canyon (Reiseziel 80). In der Naukluft (Reiseziel 64) schlägt sie der Leopard, vom Fohlen bis zum starken Hengst.

Elenantilope: Sie ist eine der mobilsten Antilopen; immer unterwegs auf der Suche nach guten Nahrungsquellen legt sie vor allem in der Kalahari weite Strecken zurück. Afrikas größte und schwerste Antilopen können je nach Alter mit Leichtigkeit einen Zaun von 2–3 m Höhe überspringen-

Hartmann-Bergzebras sind mit ihren harten, schnell wachsenden Hufen gut an felsigen Boden angepasst.

gen. Raubfeinde wehren sie gemeinsam aktiv ab, im Gegensatz zur Passivität der meisten anderen Antilopen. Das Elenkalb wird die ersten 14 Tage abgelegt und danach im »Kindergarten« immer von mehreren Erwachsenen beaufsichtigt. Gegen Angriffe von Tüpfelhyänen bilden die großen Antilopen einen Kreis und schlagen blitzschnell aus. Afrikas größte Antilopenart ist in Etosha (Reiseziel 13) gut vertreten. Sie bevorzugt Grasland, Steppenebenen und Waldsavanne. Gute Bestände leben auch in der Kalahari, wo sie im Sommer ostwärts, im Winter südwärts ziehen. Die Nahrungsaufnahme von Blättern, Zweigen und Gräsern erfolgt überwiegend in der Nacht. Dann ist die Vegetation wasserhaltiger. Im Sommer zur Wurfzeit schließen sich die Herden zu einem größeren Verband zusammen. Bei Gefahr scharen sich die Kühe eng um ihre Kälber und gehen mit Horn und Huf zum Gegenangriff über. Bullen können bis zu 900 kg wiegen, während die Kühe mit 400–500 kg erheblich kleiner sind. Besitzer privater Herden sehen in ihnen großes Potenzial für zukünftige nachhaltige Fleischproduktion.

Die Schwarznasenantilope galt früher als Unterart der Impala.

Großkudu: Bekannt als Afrikas schönste Antilope und allgemein als Kudu. Besonders der Kudubulle beeindruckt mit seinem korkenzieherartigen langen Gehörn und oft stolzer oder gar als majestätisch beschriebener Körperhaltung. Er ist im Land weit verbreitet, ausgenommen in einem breiten Streifen entlang der Küstenwüste und im unteren Landesteil. Er gehört zu den spiral-gehörnten Antilopen, unter denen auch der Büffel eingestuft ist. Der Kudu äst meist Blattwerk und liebt deshalb besonders bewaldete und bebuschte Savanne sowie felsige Gebiete und Hänge. Vor allem wird er auch gern auf größeren Farmen und Wildfarmen gehalten. Kühe, Kälber und Halberwachsene bilden kleinere Herden. Bullen sind oft in starke Machtkämpfe verwickelt und ringen mit ineinander verhakten Gehörnen.

Grasantilope: Die dem Riedbock ähnliche Antilope erreicht im südlichen Afrika die Grenze ihres Verbreitungsgebietes. Sie ist hier vom Aussterben bedroht. Vereinzelt kommt die Grasantilope noch in den Linyati-Sümpfen des östlichen Caprivistreifens vor und ist in dem anschließenden Feuchtgebiet am südlichen Ufer des Chobe River etwas häufiger (Reiseziel 32). Nur die Böcke tragen Hörner.

Pferdeantilope: Die recht elegante, zweitgrößte Antilope des Kontinents ist in Baum- und Buschsavanne des Caprivistreifens (Reiseziel 24ff.) oft in Wassernähe, vornehmlich am Morgen und Spätnachmittag zu beobachten. Im Körperbau der Rappenantilope ähnlich, unterschiedlich aber durch helleres Fell, lange, schmale

Wasserböcke besuchen den Olifantsbad-Trinkplatz auch sehr gerne.

Existenz im südlichen Afrika bedroht: Grasantilopen am Chobe River, Botswana.

Zwischen Pferdeantilopen und Equiden besteht wirklich nicht die geringste Ähnlichkeit.

Der Großkudu liebt deckungsreiche Lebensräume.

Kuhantilopen trinken an der Olifantsbad-Wasserstelle, Etosha.

Pinselohren und kurze, leicht nach hinten gebogene Hörner, die von beiden Geschlechtern getragen werden. Die meist kleineren bis kleinen Herden verteidigen sich aggressiv gegen Raubfeinde. Sie werden von älteren Kühen angeführt.

Rappenantilope: Die stattliche Antilope mit geschwungenen, krumsäbelartigen Hörnern lebt überwiegend in den lichten Waldsavannen des Caprivistreifens und im benachbarten Chobe-Nationalpark (Reiseziele 24–32), meist in der Nähe von trinkbarem Wasser. Gern grast sie morgens und spätnachmittags, aber auch bis Mitternacht in Herden von 15–30 Tieren, einschließlich junger Bullen, geführt von älteren Kühen. Letztere halten Wacht, während die Herde grast oder ruht. Gegen Raubfeinde verteidigen sie sich durch Schlagen mit den Hörnern, möglichst mit dichtem Gebüsch hinter sich.

Kuhantilope: Die schnelle (60–70 km/h), rötlich-braune Antilope kommt natürlich in einem großen Gebiet zwischen Ostgrenze und etwa der Straße zwischen Keetmanshoop und Lüderitz in offener Gras- und semiarider Buschsavanne vor. Weiter südlich und näher zur Namib hin wurden die Grasfresser inzwischen wieder ausgewildert und leben oft in Halbfreiheit auf Wildfarmen, weil sie sich den heißen und ariden Bedingungen hervorragend anpassen können. Beide Geschlechter tragen leierförmige Hörner. Bullen sind größer und tragen stattlichere Hörner. Kuhantilopen bilden meist kleinere Herden bestehend aus weiblichen Tieren unterschiedlichen Alters. Fortpflanzungsfähige Bullen sind das ganze Jahr hindurch territorial. Sie treiben sich nähernde Herden zur Paarungszeit auf ihr Territorium und halten andere Bullen fern.

Wasserbock: Erstaunlich, dass selbst im Etosha-Nationalpark (Reiseziel 13) Wasserböcke leben, wenn auch nur in kleineren Herden, hier sogar fern von Gewässern, in die sie bei Gefahr flüchten könnten. Übri-

Elenantilope,
Afrikas größte Antilopenart.

Der englische Name »Sable Antilope« ist sehr passend für die stattliche Antilope.

gens ist die stattliche Antilope in diesem trockenen und wüstenhaften Land selten, wird aber auch auf Wild- und Jagdfarmen gehalten. Auf den Überschwemmungsebenen von Caprivi (Reiseziel 23) und im Chobe-Nationalpark (Reiseziel 32) ist sie häufiger. Ihre Größe entspricht etwa der von Rappen- und Pferdeantilope. Sie ist etwas kurzbeiniger und stämmiger. Nur die Bullen tragen lange, sich v-förmig gabelnde Hörner. Auffällig ist der weiße Ring am Hinterteil, der manchmal als WC-Sitz oder Zielscheibe bezeichnet wird. Wasserböcke bevorzugen Standorte wie Gras- und Baumsavanne, Schilfbestände an Flussufern sowie Überschwemmungsebenen und entfernen sich selten weiter als 2 km vom Wasser. Sie weiden bevorzugt langes Gras, nehmen aber auch Blattwerk und im Winter sogar Pavianlosung. Die Bullen verteidigen ihre Territorien, die von den meist 6- bis 12-köpfigen, von Kühen geführten Herden durchstreift werden.

Schwarznasenantilopen haben in Etosha eine letzte, sichere Zuflucht. Wer diese seltenen, graziösen Antilopen sehen möchte, versucht es am besten bei den Wasserstellen rund um Namutoni (Reiseziel 16).

Spießböcke leben in kleinen Gruppen und zerstreuen sich weit voneinander. Das Kalben ist auf das ganze Jahr verteilt. Die Jungen werden abgelegt und die ersten 2 bis 6 Wochen in wechselnden Verstecken geborgen. Spießböcke verteidigen ihre Jungen nicht. Erwachsene Tiere in guter Kondition können aber mit ihren Hörnern Löwen gut abwehren.

Springböcke können gänzlich ohne Oberflächenwasser auskommen. Höhepunkt der Kitzzeit ist im Sommer, wenn die Weide am besten ist. Muttertiere versammeln sich mit ihren Kitzen, die oft von Löwen gegriffen werden, in vielen Gebieten Etoshas (Reiseziel 13).

Kirk-Dikdik, nur Böckchen sind gehörnt.

Der Springbock ist weit verbreitet und wüstenhart.

Beim Spießbock tragen Bulle und Kuh Hornwaffen.

Nashörner in Namibia

Spitzmaulnashorn: heute sichere Bestände.

Gegenwärtig besitzt Namibia etwa 1750 **Spitzmaulnashörner** *(Diceros bicornis bicornis)* und knapp 500 **Breitmaulnashörner** *(Ceratotherium simum simum)*. Der Bestand der Spitzmaulnashörner (auch Spitzlippennashörner) ist mit 28 % weltweit der größte. Zahlen über die individuelle Verbreitung beider Arten in den heimischen Schutzgebieten werden wegen der auch in Namibia erheblich zunehmenden Wilderei nicht veröffentlicht. 98 % der Unterart des **Spitzmaulnashorns** leben im Etosha-Nationalpark und im benachbarten Kaokoland, wo sie einen Aktionsbereich bis zu 2000 km² haben und 30 km weit zum Wasser laufen. Notfalls fressen sie die für andere Tiere widerwärtigen Welwitschia-Blätter und kommen auch mit der *Euphorbia virosa* klar, die einen giftigen Milchsaft absondert und scheußliche Stacheln trägt. Die Bullen besitzen ein bewundernswertes Stehvermögen. Die Kopulation kann sich über eine Stunde ausdehnen, mit regelmäßigen Ejakulationen. Wahrscheinlich ist dies der Grund, warum ihre Hörner als ein potentes Aphrodisiakum gefragt sind. Das führte beinahe zum Aussterben der Kaokoland-Nashörner, obwohl ihnen die staatlichen Naturschützer zum Schutz die Hörner absägten. Die zu Pulver verarbeiteten Hörner sind bei vielen asiatischen Männern beliebter als jede potenzsteigernde Pille. Nashornpulver soll hier auch gegen Krebsleiden wirksam sein. **Breitmaulnashörner** (auch Breitlippennashörner) sind die bedeutend massigere der 2 afrikanischen Nashornarten. Auch sie tragen 2 Hörner, von denen das vordere nicht selten über 2 m lang wird. In Etosha ist das zweitgrößte Landtier der Welt oft unter Flutlicht an der Okaukuejo-Wasserstelle zu beobachten. 10 Tiere aus Südafrika wurden neu eingebürgert. Die Wiedereinführung von wenigen Exemplaren aus deutschen Wildgehegen hat außer größeren Kosten wenig Eindruck hinterlassen. An ihren breiten Mäulern sind die grassfressenden Tiere leicht zu erkennen. Sie sind normalerweise sehr friedlich und kümmern sich kaum um lästige Fotografen. Die Gegenwart von Fremden ist ihnen durch den ausgeprägten Geruchs- und Gehörsinn bewusst, dagegen sehen sie sehr schlecht. Mütter beschützen ihre jungen Kälber äußerst aggressiv. Sie führen sie meist vor sich her. Beim Spitzmaulnashorn, meist in dichtem Busch lebend, geht die Mutter voraus.

Vorsicht! Mutter Breitmaulnashorn mit Kalb ist in dieser Entwicklungsphase sehr aggressiv.

Kirk-Dikdik: Mit einer Schulterhöhe von 40 cm ist es eine der kleinsten und zierlichsten Antilopenarten Afrikas. Nur im trockenen Nordwesten Namibias, vom Kaokoland bis zum Brukkaros verbreitet. Unverkennbar durch das rüsselartige Schnäuzchen, das bei der Nahrungssuche in alle Richtungen bewegt wird, und durch die weißen Haarringe um die großen Augen. Nur die Böckchen tragen kleine, spitze Hörner. Dikdiks leben einzeln oder als Kleinfamilien, im Winter auch in Gruppen bis zu 6 Tieren, in der Waldsavanne. In gut bewachsenen Trockentälern dringen sie tief in die Namib vor. Am besten sind die trotz geringer Fluchtdistanz sehr scheuen Tiere am Dikdik-Drive bei Namutoni (Reiseziel 16) zu beobachten. Bei Sonnenuntergang und am späten Nachmittag sind sie hier meist aktiv und auf Nahrungssuche.

Bärenpaviane leben heute überwiegend in der Kultursteppe, wo sie gelegentlich zum Ziegenhüten abgerichtet werden. Von den Farmern werden sie stark bekämpft. Dennoch konnten sie ihre Überlebensstrategien anpassen und die Scheu vor dem Menschen verlieren. Deshalb werden sie überall lästig, besonders auf Campingplätzen.

Grüne Meerkatze: Die kleinen, leicht gebauten Schmalnasenaffen mit langen Armen und Beinen und schwarzem Gesicht kommen in einem Streifen von der Kunene-Mündung bis zum Ostende des Caprivistreifens vor, außerdem im äußersten Süden am Orange River. Die Grüne Meerkatze ist wahrscheinlich nach ihrem Hodensack benannt. Allerdings ist er leuchtend blau, zumindest beim Männchen der im südlichen Afrika lebenden Art. Sie gilt als Kulturfolger, da sie sich gern in menschlichen Wohngebieten aufhält und hier besonders aufdringlich wird, vor allem wenn man sie füttert. Sie ist tagaktiv, omnivor

Der intelligente, anpassungsfähige Bärenpavian kann sogar als Ziegenhirt dressiert werden.

Bärenpaviane sind sehr anpassungsfähig und dringen tief in die Trockenzone vor.

und übernachtet in Bäumen oder auf unzugänglichen Felsenklippen. Die sehr geselligen Meerkatzen leben in Trupps von 20–30 Mitgliedern, die von mehreren Weibchen dominiert werden. Mit verschiedenen Rufen können sie vor speziellen Feinden warnen, z. B. vor Schlangen, Greifvögeln oder Schakalen.

Kap-Borstenhörnchen sind im ariden Westen Namibias verbreitet. Sie lieben offenes Gelände mit kalkhaltigem Boden und sind oft an den Rändern ausgetrockneter Pfannen zu finden. Die Tiere leben in kleinen Kolonien in selbst gegrabenen Höhlen, in die sie bei Gefahr flüchten. Morgens nehmen sie gern Sonnenbäder und sind am späten Nachmittag aktiv bei der Nahrungs-

Grüne Meerkatzen gehören, wie Homo sapiens, zu den Primaten. Sie sind besonders im Farmland weit verbreitet.

Das Kap-Borstenhörnchen ist weit verbreitet in Namibia. Sein Schwanz dient als Sonnenschirm.

Im Diamantensperrgebiet: Ein Kaphase sucht Deckung.

suche. Außer Gras, Samen, Früchten und Wurzeln nehmen sie auch Eier, Jungvögel, kleine Reptilien und Insekten. Sie sind leicht in Etosha (Reiseziel 13) rechts vom Weg zur Wasserstelle Okondeka am Rand der Salzpfanne zu beobachten.

Kaokoveld-Borstenhörnchen leben im bergigen Gelände entlang der Namibwüste.

Kaphase: Er liebt Grasland und offenes Gelände mit niedrigem Gebüsch. Die Fellfarbe ist der Umgebung angepasst. In den heißen Zonen Namibias ist er überwiegend nachtaktiv, bei kühlerem Wetter jedoch oft auch tagsüber unterwegs. Kaphasen leben einzeln oder in kleinen Gruppen in der Nähe grüner Grasflächen, Sie passen sich aber auch dem strengen Regime der Namib an und haben praktisch den gesamten Süden Namibias besiedelt. Größere Greifvögel schätzen die bis etwa 60 cm langen, bis zu 2 kg schweren Tiere. Bei Gefahr flüchten sie geradeaus, schlagen plötzlich einen Haken, sobald der Verfolger zu nahe kommt. Überrascht sie ein Fahrzeug, können sie ein paar Hundert Meter vor ihm herlaufen und endlich zwischen den Vorderrädern wegtauchen.

Vögel

Die äthiopische Region ist mit 1750 Brutvogelarten die zweitstärkste tiergeografische Region der Erde. Außerdem ist das südliche Afrika Ziel vieler Zugvögel aus Asien, Europa und Afrika. In Namibia kommen etwa 800 auf dem Erdboden lebende Arten vor. Dazu zählen mehrere endemische Arten sowie Besonderheiten, deren Verbreitungsgebiet zumeist auf das nördliche Namibia beschränkt ist. Einige Reservate und Gebiete werden von Kennern als wirkliche »Vogelparadiese« gelobt. Dazu gehören der Etosha-Nationalpark, das Mahango-Wildreservat und die Kavango-Caprivi-Region, das Ufergebiet des Kunene River sowie die Küste von Swakopmund-Walfischbucht.

Strauß: größter lebender Vogel, wird bis 3 m hoch, 3–4 m lange Laufschritte, 50 km/h Dauerlauf, über 150 kg Gewicht, verlor im Eozän Flugfähigkeit. In Savannen und Wüstengebieten Afrikas noch verbreitet, in Etosha, Namib und in der Caprivi-Kavango-Region z. T. häufig. Spektakuläres Balzverhalten, oft gut in Etosha zu beobachten (Gemsbokvlakte). Am Gemeinschaftsnest meist mehrere Hennen beteiligt, in Ausnahmefällen über 40 Eier.

Der **Rosapelikan** erhielt durch Guanoplattformen bei Walfischbucht und Swakopmund geschützte Brutplätze.

Der **Kapkormoran**, einst Guano-Massenlieferant, liefert immer noch den beliebten Dünger, wenn auch in weit bescheideneren Mengen; die ehemals gewaltigen **Kaptölpel**-Kolonien auf den Felseninseln dicht vor der Küste nehmen wie die Kormorane ebenfalls ständig ab.

Kaptölpel: Die fast blütenweißen großen Meeresvögel brüten in großen Kolonien, hauptsächlich auf den kleinen, vorgelagerten Inseln nördlich und südlich von Lüderitzbucht. In großen Schwärmen, meist in Sichtweite der Küste, stürzen sich die Tölpel im eleganten Sturzflug auf Sardinen, Anchovis, Makrelen und Bastardmakrelen. Auch den Inhalt von Schleppnetzen verschonen sie zum Ärger der Fischer nicht.

Andere Ruderfüßer: Weißbrustkormoran, Kronenscharbe, Schlangenhalsvogel.

Weißbrustkormoran: Die auffälligste und größte der in Namibia vorkommenden 5 Kormoran- und Scharbenarten ist im ganzen Land verbreitet, ausgenommen ist die trockene Kalahari im Osten. Der Kormoran ist leicht durch seine hell leuchtende Brust zu erkennen. Er liebt Meeres- und Inlandgewässer, brütet vor allem in Kolonien

Rosapelikane halten sich gern auf Guanoplattformen auf.

Das Begrüßungsritual zwischen dem brütenden und dem vom Fischfang auf hoher See heimkehrenden Partner erleichtert das Zurückfinden in der riesigen Kaptölpel-Kolonie.

Strauße sind häufig an Etosha-Wasserstellen.

Der Hammerkopf,
ein kurzbeiniger Storchenverwandter.

Ausgerechnet bei den mächtigen Flusspferden hofft der Kuhreiher Nahrung zu ergattern.

Stundenlang lauert der Goliathreiher bewegungslos auf Beute.

auf kleinen Felseninseln, oft zu mehreren Hundert Vögeln. Der Weißbrustkormoran hat aber auch die Guanoplattformen bei Swakopmund und Walfischbucht besetzt. Wenn alarmiert schwimmt er mit halb getauchtem Körper, und Kopf und Hals wirken fast wie das Seerohr eines tauchenden U-Boots.

Der **Hammerkopf** mit hammerförmigem Kopfprofil ist überall zu finden, wo es Wasser gibt, selbst an Regentümpeln am Straßenrand.

In Etosha, Kunene, Caprivi-Kavango sind folgende **Reiherarten** z. T. häufig: Graureiher, Silberreiher, Schwarzhalsreiher, Seidenreiher, Mittelreiher, Kuhreiher. Im Kavango-Caprivi-Gebiet und am Kunene auch seltenere Arten wie Rotbauchreiher, Weißrücken-Nachtreiher, Mangrovereiher, Purpurreiher, Glockenreiher, Schieferreiher.

Goliathreiher: Dieser Reiher ist schon allein durch seine stattliche Größe unverwechselbar, obwohl er Ähnlichkeit mit dem Purpurreiher besitzt. Der Goliath ist im mittleren Teil Namibias vom Kunene bis hinunter zum Orange River verbreitet. Sein Jagdrevier sind Staudamm, See, Teich, Ästuar, Fluss und Flussmündung. Seine Nahrung besteht aus Fischen, Fröschen, kleineren Reptilien und Säugetieren. Er begnügt sich aber auch mit Aas, wenn keine lebende Beute erreichbar ist. Vielleicht ist er deshalb auch manchmal in Etosha zu beobachten.

Rallenreiher: Der scheu schleichende, kleine, kurzhalsige Reiher ist ein nicht in Namibia brütender Einwanderer, der sich nur im oberen Drittel des Landes aufhält. Manchmal vagabundiert er aber auch bis hinunter nach Windhoek und zum Fischfluss. Er ist nicht nur in Afrika verbreitet, sondern auch im südlichen Europa und in Teilen Asiens und Madagaskar zu finden. Der scheue Rallenreiher, noch um ein

Drittel kleiner als der weitverbreitete Kuhreiher, liebt ruhige Gewässer mit dichter Vegetation, wo er, gut getarnt und oft übersehen, auf Beute lauert. Sie besteht hauptsächlich aus Insekten, Spinnen, Krabben, Fischen und Fröschen.

Kuhreiher: Der für einen Reiher kleine Vogel hat sich über große Teile Namibias ausgebreitet. Sein Gefieder ist rein weiß, sein Nacken kurz im Vergleich zu anderen Reiherarten. Mit Ausnahme eines kleinen Zipfels in der Nordwestecke ist er bis hinunter nach Lüderitzbucht auch am rauen Atlantik daheim. Er scheut nur das Gebiet, dass als westliche Kalahari und ihre Ausläufer bekannt ist. Der Kuhreiher liebt Grasland, semiaride Steppen, offene Savanne, kurz, wo große Tiere zu finden sind. Natürlich ist er auch im Kulturland anzutreffen, überall dort, wo Rinder, Schafe und Ziegen weiden. Vor allem liest er Insekten auf, die von grasenden Tieren aufgescheucht werden. Er lebt aber auch von Heuschrecken, Spinnen, Skorpionen, Fröschen und Eidechsen. Manchmal fischt er und reitet gern auf Tierrücken. Der sehr häufige Standortvogel hat inzwischen auch Madagaskar, die Mittelmeerzone, Asien, Australien und Nord- und Südamerika besetzt.

Storchenvögel in Etosha, Kunene, Caprivi-Kavango: Weißstorch, Schwarzstorch, Nimmersatt, Afrika-Sattelstorch, Abdimsstorch, Klaffschnabel, Wollhalsstorch, Marabu. Im April/Mai ziehen Regenstörche in großen Schwärmen südwärts und zwischenlanden an Etosha-Wasserstellen. Dort ist auch der Marabu zu finden, z. B. Koinachas bei Namutoni.

Entenvögel in Etosha, Caprivi-Kavango und Teilen vom Kunene sind u. a. Nilgans, Gelbe Baumente, Weißrückenente, Kapente, Rotbrust-Zwergggans, Rotschnabelente, Höckerente, Sporengans. Graukopf-Rostgans vorwiegend in Etosha und südlich.

Der Kapkormoran war der bedeutendste Guano-Lieferant.

Nilgänse leben in lebenslanger Paarbindung.

Witwenpfeifgans mit Küken

Der Marabu taucht auf, wenn es Aas gibt.

Der Afrika-Sattelstorch ist die größte Storchenart.

Witwenpfeifgans: Sie ist weithin auch als Witwenpfeifente bekannt, gehört aber zweifellos zu den Gänseartigen. In Namibia kommt sie nur entlang des Kunene River und in den subtropischen Feuchtgebieten des Caprivistreifens vor. Leicht zu erkennen ist der kleine Gänsevogel an seinem weißen Gesicht und am dreisilbigen Pfiff. Einzelne Vögel vagabundieren bis hinunter zum Fischfluss-Canyon und tauchen gelegentlich selbst in Windhoek auf. Die gesellige Pfeifgans hat man schon in riesigen Schwärmen von 24000 Vögeln im benachbarten Zambezi Valley gesichtet. Der gute Taucher ist überwiegend vegetarisch, verschmäht aber auch Insekten und Larven nicht.

Eine größere Anzahl von **Greifvögeln** lebt in Etosha, Kunene, Caprivi-Kavango, u.a. Einfarb-Schlangenadler, Gaukler, Gleitaar, Habichtsadler, Kampfadler, Raubadler, Schreiadler, Schreiseeadler, Schwarzbrust-Schlangenadler, Sekretär, Steppenadler, Silberadler, Zwergadler. Felsenadler ausschließlich in der westlichen Hälfte Namibias, in Etosha und am Kunene. Bei vielen Greifvögeln ist die Mortalität unter den Jungvögeln hoch; Nestplünderungen, Vergiften und Abschuss sind beträchtlich. Ohne Schutzgebiete und menschliche Hilfe könnten viele Arten nicht mehr lange überleben.

Sekretär: Dem langbeinigen Greifvogel begegnet man mit etwas Glück in allen Teilen des Landes. In Gras- und Baumsavanne, in der Halbwüste, selbst im Farmland und an Berghängen lebt er in Paaren, manchmal auch in Gruppen von 3–4 Vögeln. Seine Nahrung besteht aus Insekten (87%), Eidechsen, Schlangen, jungen Hasen, Vögeln und Vogeleiern.

Etliche kleinere Greifvogelarten sind häufig in Etosha, Kunene, Caprivi-Kavango: Baumfalke, Lannerfalke, Rötelfalke, Rotfußfalke,

Rothalsfalke, Steppenfalke, Turmfalke, Weißbürzel-Singhabicht, Wanderfalke.

Lannerfalke: Er ist einer der wenigen Greifvögel, die das ganze Land als Jagdgebiet nutzen können. Der recht häufige Standortvogel lebt bevorzugt in den Bergen, ist aber auch in Stein-, Halbwüste und in der Waldsavanne anzutreffen, selbst in der Kultursteppe. Er jagt einzeln oder mit einem festen Partner. Manchmal ist er auch in Schwärmen von 20 oder mehr Vögeln an Wasserstellen zu beobachten. Seine Beute sind Vögel bis zur Frankolingröße, kleinere Säugetiere, Reptilien und Insekten.

Halsband-Zwergfalken brüten oft in Nestern der Siedelweber. Weitere, weniger häufige Greifvögel sind Mäusebussard, Ovambo-

Fliegende Gesundheitspolizei

Die zu den Greifvögeln zählenden Geier gehören mit Hyänen und Schakalen zum »Aufräumkommando« der Savanne. Weißrückengeier (Foto unten), Ohrengeier (links im Bild unten) und Wollkopfgeier räumen schnell mit Tierkadavern auf und verhindern den Ausbruch von Seuchen. Gegen Erreger wie den Milzbrand, denen die Säugetiere erliegen, sind Vögel durch ihre höhere Körpertemperatur immun. Am »Kill« erscheinen zuerst Ohrengeier. Sie sind die Tüchtigsten beim Auffinden von Tierkadavern. Diese größte und stärkste Art kommt im ganzen Land vor, ist aber besonders im Namib-Naukluft-Park verbreitet, wo Ohrengeier in den Bäumen der Trockenflussbetten horsten. Weitaus häufigste Art ist der Weißrückengeier, der an Kadavern im Etosha-Nationalpark in großer Zahl zu sehen ist und auch regelmäßig Wasserstellen zum Trinken und Baden aufsucht. Die dritte, unauffälligste Geierart am Kill ist der kleine Wollkopfgeier.

Der Kampfadler ist sehr scheu.

Der Gabarhabicht ist in Etosha oft zu sehen.

Der große, schwarze Felsenadler ist im Nordosten Namibias zu beobachten. Er jagt Hasen, Klippschliefer und Bodenvögel.

Im Gamsberggebiet hat der Felsenbussard ein gutes Jagdrevier gefunden.

Gaukler sind im Nordosten Namibias, in Simbabwe und Botswana verbreitet. Der mittelgroße Adler besticht durch seine Flugkünste.

Schlangensperber, bekannt als aktive Nesträuber, sind fast überall im Land verbreitet.

Lannerfalken sind den Wanderfalken ziemlich ähnlich, haben aber einen breiter gefächerten Schwanz.

Der Ruf des Schreiseeadlers bleibt unvergesslich.

Bereits der junge Sekretär zeigt seine Haubenfedern am Hinterkopf, wenn er erregt ist.

Der kleine, braun gefederte Wollkopfgeier ist im gesamten Norden und Westen Namibias sowie im gesamten Botswana und Simbabwe verbreitet.

Selten, aber gut, fliegt der Sekretär manchmal ähnlich einem Geier hoch am Himmel segelnd.

Der Weißrückengeier ist über große Teile Namibias verbreitet. In den wildreichen Gebieten ist er die weitaus häufigste Geierart.

Ohrengeier sind überall in Namibia, Botswana und Simbabwe verbreitet. Der größte Geier Afrikas ist Chef an jedem Kill. Er greift auch kleinere Säuger, Fische und überfällt Flamingonester.

sperber, Schikra, Gabarhabicht, Wiesenweihe, Steppenweihe, Fischadler und Schlangensperber. Vom Kunene bis Caprivi lebt die Froschweihe. Fledermausaar und Kuckucksweih sind in Caprivi-Kavango daheim.

Der **Felsenbussard** ist im Bergland weit verbreitet, an der ariden Skelettküste bis hinauf nach Möwebucht. Südlich von Windhoek kommt er überall im Land vor. Oft kann der Felsenbussard beim Flug in Paaren beobachtet werden, häufig auch

Rotschnabelfrankoline sind häufig in Etosha.

aufgebaumt auf Telefonpfählen entlang der Landstraßen und Farmwege. Der stattliche Bussard fängt Säugetiere bis zur Größe Steppenschliefer und Vögel bis zur Frankolingröße. Er greift aber auch Schlangen, selbst giftige wie die Puffotter.

Frankoline leben fast überall. In Etosha, Kunene, Caprivi-Kavango vor allem Schopffrankolin, Rotschnabelfrankolin/Sandhuhn (lässt sich auf Etoshas Campingplätzen füttern), Hartlaubfrankolin, Swainsonfrankolin, Rebhuhnfrankolin, Harlekinwachtel, Wachtel. Östlicher Caprivistreifen: Coquifrankolin, Natalfrankolin, Grauflügelfrankolin.

Helmperlhuhn: Der haushuhngroße Schnellläufer ist im ganzen Land häufig, ausgenommen ist ein Streifen entlang der Küste. Das Helmperlhuhn kann allerdings auch unter wüstenhaften Bedingungen überleben. Abends baumt es zur Nachtruhe auf und meldet sich frühmorgens mit kräftigem Ruf. Das Gefieder ist recht hübsch schiefergrau mit weißen Punkten. Hauptzierde ist allerdings der hornige Helm, der dem Perlhuhn seinen Namen gab. Es lebt in manchmal großen Schwärmen von ein paar Hundert Hühnern in Grasland, Busch- und Kultursavanne. Hier findet es meist reichlich Nahrung an Samen, Zwiebeln, Beeren, Insekten, Schnecken und liest manchmal Zecken von Warzenschweinen. Helmperlhühner in gro-

Gute Läufer: Helmperlhühner an der Chudop-Wasserstelle, Etosha.

Namaflughühner trinken frühmorgens.

ßer Zahl oft an der morastigen Chudop-Wasserstelle, Etosha. Sie werden bisweilen vom Kampfadler verfolgt. Kräuselhauben-Perlhuhn nur im östlichen Caprivistreifen. Etosha, Kunene und Caprivi-Kavango: Namaflughuhn, Fleckenflughuhn, Nachtflughuhn. Gelbkehl-Flughuhn nur am Kunene-Caprivi.

Der **Paradieskranich** brütet in Etosha, der Klunkerkranich in Mahango. Kronenkranich vom Kunene bis Caprivi. Weitere **Kranichvögel** in Etosha, Kunene und Caprivi-Kavango: Kapralle, Steppenralle, Mohrenralle, Tüpfelsumpfhuhn, Purpurhuhn, Zwergsumpfhuhn, Teichhuhn, Kammblässhuhn. In Etosha leben Ludwigstrappe, Rotschopftrappe, Riesentrappe (häufig an Wasserstellen), Gackeltrappe (Ngobib-Schleife). Rotschopftrappe auch am Kunene-Caprivi. Die wüstenangepasste Rüppelltrappe ist auf die nördliche Namib und das Kaokoland beschränkt. Namatrappe im südlichen Namibia.

Die **Wat- und Möwenvögel** sind mit 80 Arten vertreten. **Blaustirn-Blatthühnchen** gibt es in der nördlichen Hälfte Namibias, Zwergblatthühnchen nur im Caprivi und bei Windhoek.

Blaustirn-Blatthühnchen: Unverkennbar durch das nahezu kastanienbraune Federkleid, den bläulichen Schnabel und Stirnschild und vor allem die großen, spreizbaren Zehen. Sie erlauben es, auf Teich-, Lagunen- und blätterreichen Flussgewächsen schnell nach Insekten, Mollusken, Krebstieren, Zwiebeln der Wasserlilie und verschiedenen Samen zu suchen, oft in kleinen Gruppen, manchmal auch einzeln oder paarweise. Das Blatthühnchen ist nur in der nördlichen Hälfte des Landes zu finden, gelegentlich bis hin zur Skelettküste.

Schwarzer Austernfischer: Der krähengroße Vogel besetzt einen schmalen Küstenstreifen vom Hoanib River nahe der Möwebucht bis zur Wilden Küste in Südafrika. Er brütet bevorzugt auf den kleinen, küstennahen Inseln. Die einst recht häufigen schwarzen Vögel gerieten durch die zunehmende Entwicklung der Strandgebiete und durch menschliche Störenfriede unter Druck. Nach Schätzungen leben heute weniger als 5000 Austernfischer paarweise oder in kleinen Schwärmen entlang eines etwa 2000 km langen Küstenstreifens. Auch das Nahrungsangebot an Muscheln, Schnecken, Krebstieren, Seeanemonen und anderen verschlechtert sich rasch.

An der Küste zwischen Walfischbucht – Swakopmund – Kreuzkap gibt es eine große Vielfalt **Regenpfeiferarten**, darunter Dreiband-Regenpfeifer, Fahlregenpfeifer, Hirtenregenpfeifer, Kiebitzregenpfeifer, Sandregenpfeifer, Weißstirn-Regenpfeifer. Der Wüstenregenpfeifer ist selten. Im

Seine riesigen Zehen helfen dem Blaustirn-Blatthühnchen schwankendes Blattwerk der Wasserpflanzen bei der Nahrungssuche zu überqueren.

Das Teichhuhn, eine im gesamten Namibia, Botswana und Simbabwe verbreitete Rallenart, ist durch ihr Schnabelschild leicht zu identifizieren.

Riesentrappe: Das Schwergewicht fliegt ungern.

Die Gackeltrappe ist relativ häufig zu sehen.

Paradieskraniche sind selten, aber nicht leicht zu übersehen.

Austernfischer brüten gern an einsamen Sandstränden.

Dem Dreiband-Regenpfeifer begegnet man auch im Land.

Der überall im Land zu beobachtende Säbelschnäbler ist von seichtem Wasser abhängig.

Caprivi-Kavango: Trauerkiebitz, Langspornkiebitz, Senegalkiebitz, Langzehenkiebitz. Kronenkiebitz und Waffenkiebitz sind in ganz Namibia verbreitet.

Überall im Land, wo es Wasser gibt: Flussuferläufer, Bruchwasserläufer, Teichwasserläufer u. a. **Afrikanische Bekassine** im Nordosten Namibias.

Säbelschnäbler, Stelzenläufer und **Kaptriel** lassen sich bei Walfischbucht und Swakopmund (Salzwerke) beobachten.

Mehrere Rennvogelarten sind z. T. über weite Teile Namibias verbreitet. Der **Doppelband-Rennvogel** ist in Etosha recht häufig zu sehen, besonders südlich und westlich der Pfanne. Der kiebitzähnliche, gut getarnte Bodenvogel widersteht extremer Hitze. Er brütet jährlich 2- bis 3-mal, legt sein einziges Ei auf dürrem Boden, immer in praller Sonne. Gefahr versucht er durch schnellen Lauf zu entgehen.

Seeschwalben sind zwischen Kreuzkap und Lüderitzbucht häufig bis sehr häufig, z. B. Raubseeschwalbe, Eilseeschwalbe, Brandseeschwalbe, Flussseeschwalbe, Küstenseeschwalbe, Zwergseeschwalbe, Weißflügel-Seeschwalbe. Die seltene **Damara-Seeschwalbe** kommt nur an der Westküste des Subkontinents vor. Diese kleine See-

Stelzenläufer sind weit verbreitet und leben nomadisch.

Der Doppelband-Rennvogel brütet ganzjährig.

Eilseeschwalben gibt es nur im Küstengebiet.

Der Goldbugpapagei kommt nur im Norden Namibias vor, ausgenommen ist die Skelettküste.

Namibias lieblichstes Vögelchen, der Rosenpapagei, wird leider zu gern in Käfigen gehalten.

schwalbe ist am schwarzen Schnabel und an ihrer schwarzen »Kopfbedeckung« leicht zu erkennen. Ihr Habitat im südlichen Afrika reicht etwa von der Mündung des Hoarusib River an der Skelettküste bis hinunter zu den Stränden des Indischen Ozeans bei Port Elizabeth. An Namibias Stränden ist sie mit derzeit etwa 200 Paaren sehr selten und hier besonders von Ausrottung bedroht. Ihr wichtigstes Brutgebiet liegt zwischen Walfischbucht und der Skelettküste. Hier brütet die kleinste Seeschwalbenart zwischen November und Februar, also gerade dann, wenn höchst uneinsichtige Besucher mit ihren Fahrzeugen am Strand entlangwalzen und den Brutvorgang empfindlich stören, ein einziges Küken aus. Aber auch lokale Angler zerfahren ihr Brutgebiet, das auf den Schotterflächen vom Strand bis etwa 1 km ins Inland reicht. Das Nest ist nur eine kleine Vertiefung im Sand oder Schotterboden. Ihre Nahrung besteht aus kleinen Fischen und Krebstieren.

Ein anderer seltener Vogel, der kurzbeinige, seeschwalbenähnliche **Braunmantel-Scherenschnabel** aus dem tropischen Afrika ist im Caprivistreifen zu finden, wo er die Südgrenze seines Verbreitungsgebiets erreicht. Zwischen April und Dezember lebt er in Schwärmen von 20 und mehr Vögeln am Okavango River. Der unnahbare Vogel kann nur vom Boot aus größerer Nähe beobachtet werden.

In Etosha kommen Goldbugpapagei, Rosenpapagei und Rüppellpapagei vor. Vom Kunene bis Caprivi auch Kap-Papagei und Rußköpfchen. Namibias **Papageien** sind nicht auffällig bunt. Sie klettern mit Füßen und Schnabel, nisten in Baumhöhlen, Felsen oder Termitenbauten. Der Rüppellpapagei, von Windhoek bis Kaokoland, ist schwer zu beobachten, der **Rosenpapagei** überall zu finden, nur nicht im Nordosten.

Diese fast über das ganze Land verbreitete nur etwa 15 cm große Papageienart wird auch verniedlichend Rosenköpfchen genannt. Der schnelle Flieger ist selten bis häufig, manchmal in Schwärmen von mehreren Hunderten nomadisierend auf Nahrungssuche. Die Paarbindung hält lebenslang. Die Federkleider der Partner sind nicht zu unterscheiden. Gebrütet wird mitunter in Nestern der Gemeinschaftsweber oder auch anderer Vogelarten. Rosenpapageien leben in Höhen bis zu 1500 m in wüstenhaftem Gelände, in lichter Baumsavanne, an Flussläufen und auch am Rand von Ackerland. Sie meiden aber die feuchte Caprivizone.

Der **Graulärmvogel** bevölkert die Trockensavanne. Der etwa krähengroße Vogel ist an den Etosha-Wasserstellen häufig. **Helmturako** und der von Vogelbeobachtern gesuchte **Rossturako** sind auf einen kleinen Teil von Caprivi beschränkt. Ihr farbenprächtiges Federkleid in Rot, Grün, Purpur und Blau basiert auf kupferhaltigen Pigmenten.

Die uhugroße, nachtaktive **Bindenfischeule** ist an Flussufern im Caprivistreifen heimisch und lebt paarweise oder in kleinen Familiengruppen.

Europäischen Bienenfresser, Schwalbenschwanzspint und Madagaskar-Bienenfresser gibt es in Etosha, Kunene, Caprivi-Kavango; im Kunene-Caprivi zusätzlich Blauwangenspint und Zwergspint. **Scharlachspinte** leben nur im Nordosten. Alle Arten tragen recht bunte Federkleider. **Europäische Bienenfresser** überwintern in Namibia. Größere Schwärme sind zwischen Oktober und April oft in Etosha zu sehen.

Die **Gabelracke** ist in Etosha häufig an Wegesrändern zu beobachten, vor allem um Namutoni. Von bevorzugten Ansitzen stößt sie auf Beute am Boden: Insekten, Skorpione, Frösche, Eidechsen.

Graulärmvögel rufen laut bei Störungen.

Der Scharlachspint gräbt meterlange Bruthöhlen.

Wiedehopf, Sichelhopf und Steppenbaumhopf sind in Etosha, Kunene, Caprivi-Kavango verbreitet, der Damara-Baumhopf im nördlichen zentralen Namibia einschließlich Etosha. **Hopfe** besitzen lange dünne Schnäbel, leicht gebogen beim Wiedehopf, stärker bei den Baumhopfen. Damit stochern sie, laut und gesellig, in Borken- und Holzspalten nach Gliederfüßern. Mehrere erwachsene Helfer oder Junge der letzten

Gabelracke

Wiedehopfe sind über das ganze südliche Afrika verbreitet und selbst in Europa zu finden. Sie lieben Gärten, Savanne, Kalahari und andere aride Gebiete.

Der Rotschnabeltoko brütet meist in Baumhöhlen, in denen das Weibchen eingemauert wird.

Brut unterstützen den Steppenbaumhopf bei der Aufzucht der Jungen.

Wiedehopf: Ganz Namibia ist seine Heimat, von den ariden Gebieten im Westen bis zu den Savannen und der Dornbusch-Kalahari im Osten. Häufig ist er nirgendwo, mal Standortvogel mal Nomade oder Migrant. Einzeln oder auch paarweise sucht er kopfnickend den Boden ab, nach Insekten, Larven, Fröschen, kleinen Schlangen und fängt Termiten im Flug. Nutzt zur Brutzeit bestehende Höhlen, deren Eingang er zukleistert, das Nest riecht abscheulich, wenn die Jungen schlüpfen. Es stinkt eben wie ein Wiedehopf.

Hornvögel sind kurzbeinig, langhälsig, mittelgroß bis sehr groß und leicht erkennbar an ihren gekrümmten, roten oder gelben Schnäbeln. Die meisten nisten in Baumhöhlen, die das brütende Weibchen bis auf einen senkrechten Schlitz von innen verschließt. **Rotschnabeltoko** und der 50–60 cm große **Gelbschnabeltoko** sind ständige Gäste auf Etoshas Campingplätzen und auch noch überall in Savanne und Farmgebieten heimisch. In Etosha, Kunene und Caprivi-Kavango leben außerdem Grautoko, Bradfieldtoko und Monteirotoko. In Caprivi-Kavango Trompeterhornvogel, Kronentoko und Hornrabe. Der 0,90–1,30 m große **Hornrabe** lebt in Familiengruppen (Caprivi) mit mehreren Jungvögeln und sucht am Boden nach Reptilien, Fröschen, Schnecken, Insekten und Säugetieren bis Hasengröße.

Großer Honiganzeiger, Kleiner Honiganzeiger, Schmalschnabel-Honiganzeiger und Zwerg-Honiganzeiger kommen nur in Caprivi-Kavango vor. **Spechte**, vor allem Benettspecht, Kardinalspecht, Namaspecht und Goldschwanzspecht, sind dagegen auch in Etosha und am Kunene heimisch.

Kardinalspecht: Er ist im ganzen Land verbreitet, ausgenommen ist nur ein schma-

Gelbschnabeltoko (oben) und Rotschnabeltoko (S. 190 unten) sehen sehr ähnlich aus.

Der Hornrabe sucht am Boden kleine Tiere als Nahrung.

les Küstengebiet nördlich und südlich von Lüderitzbucht. Leicht zu erkennen an der roten Krone. Der häufig vorkommende Resident lebt vorzugsweise in der Baumsavanne, an Waldrändern, im Ufergebüsch, in Parks, Gärten und Anpflanzungen. Normalerweise paarweise aber auch einzeln zu sehen. Beklopft Äste von Bäumen und Büschen, inspiziert aber auch Schilfrohr und Maispflanzen. Der Kardinalspecht lebt hauptsächlich von Insekten und Käferlarven. Er nistet in Löchern, die er oft auch selbst in abgestorbene Bäume und Äste meißelt.

Singvögel sind mit 29 Familien und 300 Arten zu zahlreich, um sie alle aufzulisten. Wer sich mit ihnen beschäftigen möchte, benötigt Geduld und ein gutes Bestimmungsbuch (s. S. 255). Unter den 20 Lerchenarten gibt es einige besonders merkwürdige Arten wie die **Baumklapperlerche** im Caprivi, die **Dünenlerche**, die in der Namib bis zum Eskarpment lebt, sowie die nomadische **Namiblerche**, die einen schmalen Wüstenstreifen von Südangola bis Lüderitzbucht besetzt. Ihre Nahrung sucht sie gern bei Nagetierbauten am Wüstenrand und übersteht darin die Mittagshitze.

In besonderen Lebensräumen im westlichen Namibia leben auch **Namibschmätzer**, **Wüstenschmätzer** und **Bergschmätzer**, der gern den Naukluft-Campingplatz besucht, sowie Schilfrohrsänger, Sumpfrohrsänger, Papyrusrohrsänger und **Kalahariheckensänger**, der häufig im Okaukuejo-Touristenpark (Reiseziel 14) zu sehen ist.

Der heimliche **Namibschnäpper** lebt im schmalen Gürtel von der Naukluft bis zum südwestlichen Angola. Auf Picknickplätzen ist er weniger kamerascheu.

Selbst im Touristengebiet Okaukuejo lässt sich der Kardinalspecht gut beobachten.

Rotschulter-Glanzstar, ein aufdringlicher Bettler

Unter den 20 Würgerarten des Landes gibt es den prächtigen **Rotbauchwürger**, auch Reichs- oder Kaiservogel genannt. In Touristenparks von Etosha und beim Hoba-Meteoriten ist er in den unteren Etagen der Dornbuschsavanne leicht aufzuspüren. In Etosha, Kunene, Caprivi-Kavango gibt es außerdem u. a. Schwarzstirnwürger, Fiskalwürger, Neuntöter, Elsterwürger und Brillenwürger.

Glanzstararten spielen in den Touristenparks eine besondere, oft aufdringliche Rolle. Der Bergstar ist in Namibia verbreitet, ausgenommen im äußersten Osten. Beim **Lappenstar**, der seine »Kopflappen« nur zur Balz trägt, hängt die Brutsaison vom Schwärmen der Heuschrecken ab. Der langschwänzige **Meves-Glanzstar** lebt im Mahango-Reservat (Reiseziel 27).

Gelbschnabel-Madenhacker sind bedroht. Über 60 % der Weltpopulation leben im Caprivi. Der nützliche Vogel liest Zecken und andere Hautparasiten von Säugern, zupft aber auch gern Gewebe aus Wunden von Büffel, Giraffe oder Haustieren. Weiter verbreitet und häufiger ist der **Rotschnabel-Madenhacker**. Der starengroße Vogel ist nur im Caprivigebiet und am Kunene River zu finden. Er ist leicht an seinem gelben Augenring und vor allem am scharlachroten Schnabel und Rachen zu identifizieren. Als Standortvogel bevorzugt er große Tierreservate und ihre Umgebung in Savanne und Buschveld. Hier sucht er in Gruppen von 2–6 Vögeln die Ektoparasiten wie Zecken und Pferdebremsen an den Körpern von Wildtieren ab oder schneidet von Verwundungen mit dem scherenartigen Schnabel kleine Gewebestückchen ab. Giraffen werden bevorzugt, aber man findet ihn auch auf Nashörnern, Flusspferden, Büffeln, Rappen- und Elenantilopen, Kudu, Zebra und Impala. Manchmal werden Tiere auch zur Nachtruhe aufgesucht.

Kalahariheckensänger besuchen gern Campingplätze.

Rotbauchwürger, früher auch Reichsvogel genannt

Rotschnabel- und Gelbschnabel-Madenhacker profitieren oft von Wunden ihrer Wirte.

Der Rußnektarvogel kommt überall im ariden Namibia vor, ausgenommen ist der Caprivistreifen.

Etosha, Kunene und vor allem Caprivi-Kavango sind Heimat der **Nektarvögel**. Öfter zu sehen sind Binden-, Rotbrust-, Ruß-, Weißbauch- und Waldnektarvogel sowie Amethyst-Glanzköpfchen. Das metallisch schillernde Prachtkleid der Männchen kontrastiert mit dem glanzlosen braunen Federkleid der Weibchen.

6 **Sperlingsarten** sind über Namibia verbreitet. Den Gelbkehlsperling gibt es nur in Kavango-Caprivi. Der **Haussperling** aus Europa ist zutraulich und wachsam geblieben, fand aber zur Natur zurück. Sein chaotisches, gerundetes Grasnest erinnert an seine Weberverwandtschaft, die mit 16 Arten im Lande vertreten ist. Mahaliweber, Maskenweber und Cabanisweber leben auch in Etosha, nur zwischen Kunene und Caprivi Brillenweber, Großer Goldweber, Scharlachweber und Textor. **Siedelweber** beleben Namibia fast überall. Ein riesiges Siedelwebernest hängt in einem gewaltigen Kameldornbaum an der ausgetrockneten Wasserstelle Leeubron (Reiseziel 14). Auch auf dem Campingplatz von Okaukuejo (Reiseziel 14) bauen Siedelweber fleißig an ihren Nestern. Ebenso sind sie an den Wegen zum Fischfluss und Sossus Vlei (Reiseziele 80 und 65) zu beobachten.

Blutschnabelweber fallen zu Zehntausenden über Kornfelder her. Größere Schwär-

Siedelweber bauen riesige Gemeinschaftsnester.

Schildraben sind als die vielseitigsten und intelligentesten Vögel des Landes bekannt.

Der Graufischer, zweitgrößte Eisvogelart Afrikas, ist im Caprivi noch verbreitet.

me sind an den Wasserstellen wie Kalkheuwel (Reiseziel 16) zu sehen.

Besonders beliebt bei Vogelfreunden sind einige der 13 **Prachtfinkenarten**. Die meisten sind in Namibias Norden heimisch, wie Angola-Schmetterlingsfink, Blaubäckchen, Elfenastrild, Wachtelastrild, Wellenastrild, Rosenamarant, Wiener Astrild, Großer Pünktchenamarant, Rotkehl-Tropfenastrild. **Cinderella-Schönbürzel** gibt es nur am Kunene, wo ihn Vogelfreunde eifrig suchen.

Schildrabe: Wahrscheinlich ist er der im südlichen Afrika am weitetesten verbreitete Rabenvogel. Er besetzt auch große Teile Namibias und kommt selbst in der Namibwüste vor. Die einzige Ausnahme bilden Teile des Kalaharibeckens im Südosten des Landes. Der vielseitige Kulturfolger ist häufig bis sehr häufig in Savanne, Kultursteppe, in städtischen Gebieten, an Straßenrändern, Bahndämmen und Müllkippen zu finden. Überwiegend lebt der Schildrabe paarweise, aber auch in kleineren Schwärmen, die manchmal bis zu 300–500 Vögeln anwachsen. Auch die Nahrung ist vielseitig. Sie besteht aus Samen, Früchten, Wurzeln und verschiedenem Kleingetier. Kleinere Vögel werden im Flug gefangen und tierische Unfallopfer oft am Straßenrand abgeräumt. Seine Körperlänge von etwa 45–50 cm übertrifft die der Saatkrähe um ein paar Zentimeter.

Schleiereulen sind lebenslang monogam.

Gut getarnt lebt der Woodfordkauz auch unentdeckt in menschlicher Nähe.

Graufischer: Eisvögel werden wegen ihrer Schönheit und Farbenpracht gern »fliegende Edelsteine« genannt. Das gilt in etwa auch für 7 der 8 im Land vorkommenden Arten der Eisvogelfamilie (Alcedinidae). Eine Ausnahme ist der fast überall im Land verbreitete schwarz-weiße Graufischer, der nur dem Kalahari-Sandveld und dem trockene Westen fernbleibt. An Flüssen, Seen, Staudämmen, Küstengewässern und Kanälen ist er häufig bis sehr oft zu beobachten, meist zu zweien, manchmal auch in lockeren Gruppen. Der Graufischer lauert vom Ansitz aus oder steht flatternd über dem Wasser bis er geräuschvoll nach Beute taucht. Sie besteht aus kleinen Fischen, Krebstieren und Insekten. Lässt menschliche Annäherung zu.

Schleiereule: Sie ist über die ganze Welt verbreitet. In Namibia ist sie zwischen Baumsavanne und Wüste überall dort anzutreffen, wo sich ein geeigneter Schlaf- und Brutplatz findet, z. B. in Felsenhöhlen, Grubenschächten, tiefen Brunnen, Baumlöchern oder Siedelwebernestern. Gebrütet wird anscheinend hauptsächlich in Hammerkopfnestern (50 %) oder Gebäuden (31 %). Der Nachtjäger erbeutet überwiegend Nagetiere, kleinere Vogelarten, Frösche, Eidechsen und Insekten.

Woodfordkauz: Im immergrünen Feuchtgebiet des Capristreifens ist dieser Kauz häufig, im übrigen Teil des Landes aber abwesend. Augenscheinlich ist er ausschließlich nachtaktiv. Man muss schon genau hinsehen, um den bei Tag gut getarnt auf einem Baum hockenden Kauz zu entdecken. Nachts jagt er oft paarweise von hier aus nach Insekten, Nagetieren, Fröschen, Vögeln und Tausendfüßlern.

Flamingo und Zwergflamingo: Beide Arten besitzen extrem lange Beine, mit denen es sich im seichten, schlammigen Wasser auf der Suche nach mikroskopisch kleinen Al-

Großer und Zwergflamingo (rechts) sind leicht durch Schnabel und Färbung zu unterscheiden.

Brillenpinguine sind die einzige an der Küste des südlichen Afrikas lebende Pinguinart.

gen, winzigen Tieren und Pflanzenresten gut waten lässt. Der Zwergflamingo geht überwiegend nachts auf Nahrungssuche und konzentriert sich mehr auf mikroskopisch kleine Blau- und Kieselalgen. Obwohl sie von unterschiedlicher Größe sind, der »Große« Flamingo 100–155 cm, der Zwergflamingo bis 105 cm, sind sie leichter durch ihre unterschiedlichen Seihschnäbel auseinanderzuhalten. Beide sind groß und gebogen. Beim Flamingo (manchmal auch als Großer Flamingo bezeichnet) ist der Schnabel rosa, das Gefieder weiß. Beim Zwergflamingo (im Foto rechts) ist der Schnabel dunkelrot. Beide Arten sind über ganz Namibia verbreitet, ausgenommen ist ein Stück Kalahari im Südosten. Die größten Kolonien bestehen bei Walfischbucht und Etosha, wo sie nach Überschwemmungen der Pfanne zu Tausenden brüten. Die Jungen beider Arten verlassen nach etwa 5 Tagen ihre Nester und sammeln sich oft zu Tausenden in der Kita, bis sie nach 75–80 Tagen davonfliegen können.

Brillenpinguin: Die einzige Pinguinart Afrikas brütet entlang der Atlantikküste etwa vom Kreuzkap bis hinunter nach Kapstadt und von hier aus am Indischen Ozean entlang bis zur Vogelinsel bei Port Elizabeth. Die Hälfte der südlichen Population hat sich auf den vorgelagerten Inseln niedergelassen, vor allem Ichaboe, Mercury, Possession, sowie Dassen, Dyer und St. Croix in Südafrika. Um 1930 brüteten auf manchen Inseln noch bis zu 1,5 Mio. Pinguine. Inzwischen sind ihre Zahlen immens geschrumpft, sodass die Art nun vom Aussterben bedroht ist. In Namibia können Pinguine vor allem noch an der Felsenküste bei Lüderitz in der Nähe der Diazspitze beobachtet werden. Sie brüten überwiegend ganzjährig. Ihre Nahrung besteht hauptsächlich aus Fisch und Tintenfisch.

Reptilien

Krokodile

Nilkrokodile kommen nur im Kunene River und in den Flüssen des Caprivistreifens vor. Es gibt hier auch noch große, bis 7 m lange »killercrocs«, die den Einwohnern immer wieder gefährlich und deshalb erbarmungslos verfolgt werden.

Schildkröten

Schildkröten sind in Namibia sehr selten zu sehen, vielleicht bei Fahrten auf Nebenwegen wie zum Fish River Canyon. Am weitesten verbreitet ist die **Pantherschildkröte**. Sie ist mit 60 cm Länge und 10–15 kg Gewicht die größte Schildkröte im südlichen Afrika. Die **Höcker-Landschildkröte** kommt nur im Süden vor, während die **Stachelrand-Landschildkröte** fast über das ganze Land verbreitet ist. Die beiden mit schönen Strahlenmustern gezeichneten, 10–15 cm großen Arten werden gern in Gefangenschaft gehalten. Die bis zu 2,5 m lange **Lederschildkröte** ist mit bis zu 700 kg die größte lebende Schildkröte. Außerdem gibt es noch 4 andere Meeresschildkrötenarten an Namibias Küste.

Echsen

5 Eidechsenarten sind an Wüste und Sanddünen so gut angepasst, dass sie nirgends sonst leben können. Die **Sand-Schildechse** ist eine pflanzenfressende Eidechse, die nur im Sand der nördlichen Namib vorkommt und sich von Narafrüchten ernährt. Ausschließlich in den Wanderdünen der Namib lebt die **Sandechse**. Ihr Nachwuchs besitzt beim Schlüpfen bereits 60 % der Körperlänge der Erwachsenen.

Die letzten riesigen Nilkrokodile im Kunene und Kavango River sind als Menschenfresser gefürchtet.

Der Wüstengecko besitzt durchsichtige Haut, wunderschöne schwarze Augen und Schwimmhäute an den Vorder- und Hinterfüßen.

Lappenchamäleon: 2 Lappen am Hinterkopf falten sich im Nacken zusammen.

Durch Schwarzfärbung nutzt das Wüstenchamäleon die ersten Sonnenstrahlen in der kühlen Nebelzone am Wüstenrand.

Der in Etosha recht häufige Steppenwaran ist in der Savanne und Halbwüste Namibias zu Hause, in Felsenspalten oder -vorsprüngen, Baumhöhlen oder Bauten anderer Tiere.

Der Wüstenbereich ist auch Heimat für 4 Glattechsenarten und 11 Geckos. Der seltsamste ist wohl der durchsichtige **Wüstengecko**. Seine Zehen sind durch Schwimmhäute verbunden, so daß er buchstäblich durch den Dünensand schwimmen kann.

Der **Steppenwaran**, bis zu 1 m lang, kommt hauptsächlich in der Trockensavanne vor. Er lebt in Termitenhügeln, in die er auch seine Eier ablegt. Der **Nilwaran**, mit bis zu 1,50 m die größte Echse Afrikas, lebt nur an den Gewässern von Kavango-Caprivi und am Kunene.

Lappenchamäleon: Bewohner der Grassavanne. Bleibt grün. Aufmerksame Beobachter entdecken es mit Glück am Campingplatz Namutoni (Reiseziel 16). Während der Regenzeit wandert es manchmal über Land auf der Suche nach einer Gefährtin.

Wüstenchamäleon: Leicht an seinem gezahnten Rücken zu erkennen. Der noch unbeholfen greiffähige Schwanz erinnert an das Baumleben des Reptils, bevor es sich an das harte Leben in der Namib anpasste. Entwickelte seine Fähigkeit zu raschem Farbwechsel weiter: Schwarzfärbung am frühen Morgen erhöht die Körpertemperatur; eine helle Farbe gegen Mittag reflektiert dagegen die intensive Sonneneinstrahlung.

Schlangen

Von Namibias 60–65 Schlangenarten können 10 giftige Arten, zu denen Kobras, Vipern und Mambas gehören, dem Menschen gefährlich werden (s. S. 228). Schlangen kommen überall im Land vor. Oft sind sie an besondere Lebensräume angepasst. Außer der berüchtigten Puffotter sind Schlangen wenig angriffslustig und flüchten meist, bevor der Mensch sie sieht. Der **Snake Park Swakopmund** (59 Sam Nujoma Drive, Box 1370, Tel./Fax: 064-405100, E-Mail: snake@iway.na) zeigt etwa 30 einheimische Reptilienarten, einschließlich der wichtigsten Giftschlangen.

Schwarze Mamba (2,5–3,5 m lang): Größte und gefährlichste Giftschlange Afrikas. Farbe nur selten schwarz, zumeist eher ein stumpfes Oliv. Das tödliche Gift ist neurotoxisch (greift das Nervensystem an). Scheu und ausweichend, flüchtet bei Andeutung von Gefahr. Greift blitzschnell an, wenn in die Enge getrieben.

Kapkobra (1–2 m lang): Kommt in mehreren Farbvarianten in der südlichen Hälfte Namibias vor, auch unter anderen Namen: Gelbe Kobra, Gelbe Kapkobra, Braune Kapkobra und Gesprenkelte Kobra. Das sehr potente Gift ist neurotoxisch wie bei anderen Kobras und Mambas.

Puffotter (60–100 cm lang): Gut getarnt, gedrungen und bösartig. Über das ganze Land verteilt. Das Gift – genau wie bei den beiden folgenden viel kleineren Arten – hämotoxisch (wirkt auf Blut und Gewebe).

Giftentnahme bei einer Puffotter. Die hochgiftige Viper ist mit Ausnahme eines schmalen Küstenstreifens über ganz Namibia verbreitet.

Der treffende englische Name »Sidewinding Adder« beschreibt die typische Fortbewegungsart der Zwergpuffotter.

Gehörnte Puffotter (30–40 cm lang): Miniaturausgabe der Puffotter, die in der südlichen Namibwüste von kleinen Eidechsen,

Angola-Python:
Die zwergenhafte Riesenschlange ist eine der seltensten Schlangenarten Afrikas.

Nagern, Vögeln und Schlangen lebt. Ihr Gift ist nicht tödlich.

Zwergpuffotter (25 cm lang): Kleine Schlange, die sich im weichen Sand schnell seitwärts fortbewegt (»Sidewinder«). Lebt in den Namib-Dünen zwischen Oranje und Kunene River. Ihr Gift ist nicht sehr potent.

Baumnatter (1–1,5 m lang): Lebt und fängt ihre Beute in Bäumen und durchsucht häufig die Nester der Siedelweber. Vorkommen: nordöstlicher Teil Namibias. In Etosha gut vertreten. Das Gift wirkt hämotoxisch (zerstört Blutkörperchen), wirkt aber zum Glück sehr langsam.

Angola-Python oder **Zwergpython:** Die höchstens 1,5 m lange Riesenschlange kommt nur im nördlichen Namibia und Angola vor und lebt auf felsigem Terrain. Die schön gezeichnete Schlange ernährt sich von Rennmäusen und auf dem Boden lebenden Vögeln.

Felsenpython: Er ist insgesamt harmlos und wertvoll als Verfolger von »Farmschädlingen« wie Klippschliefer und Schakal. Mit bis zu 6–7 m Länge größte Schlange der Region. Leider ist seine Haut als Leder trotz aller Schutzmaßnahmen immer noch sehr gefragt, Fett und Fleisch sind als Medizin und Nahrung begehrt. Die nachtaktive nicht giftige, aber leicht reizbare Riesenschlange beißt sehr schnell zu, wird aber dem Menschen nur selten gefährlich.

Amphibien

Frösche treten selten in Erscheinung und erfordern sorgfältige Suche. Einige Arten schaffen es, in der wasserlosen Wüste zu überleben. Die meisten vermeiden zu hohen Wasserverlust durch Eingraben. Andere können sich platt machen und verbergen sich in schmalen Felsenspalten oder unter Steinen. Der **»Marbled Rubber Frog«** ist einer von ihnen. Er lebt in den Granit-Inselbergen der zentralen Namib. Wie andere Arten versammelt er sich zur Laichzeit an Tümpeln, die sich meist nachts nach sporadischem Regenfall in Vertiefungen und Felsenwannen bilden. Der **Graue Baumfrosch** hat eine andere Strategie entwickelt: Seine Haut ist weitgehend wasserundurchlässig. Wie ein Chamäleon kann er die Hautfarbe zum Wärmeaustausch und zur Tarnung ändern.

Gesprenkelter Grabfrosch: Der auch als Afrikanischer Ochsenfrosch bekannte Froschlurch ist überall dort in Namibias Savannen zugegen, wo sich während der Regenzeit Tümpel bilden. Hier erfolgen Fortpflanzung und Entwicklung der Kaulquappen, die er bewacht und manchmal auch verschlingt. Auf der Flucht vor der folgenden Trockenzeit gräbt er einen höhlenartigen Unterschlupf, in dem er längere Zeit im

Der Afrikanische Ochsenfrosch, auch als Gesprenkelter Grabfrosch bekannt, ist ein brutaler Räuber.

Nebeltrinker fangen Morgennebel auf und können so Wüstenregionen besiedeln.

Trockenschlaf überdauern kann. Hauptsächlich überwältigt er Schlangen, Ratten, Mäuse und andere Lebewesen, die nicht selten fast so groß sind wie er selbst. Mit einem Gewicht bis zu 1,4 kg und einer maximalen Länge von etwa 25 cm gehört der Grabfrosch zu den Riesen unter den Fröschen. Sein Fleisch wird in mehreren afrikanischen Ländern als Delikatesse verzehrt.

Insekten

Die »Namibian National Insect Collection« umfasst zur Zeit über 500 000 Arten. Die Sammlung zeigt den relativen Reichtum an Wirbellosen in der Trockenzone, die durch ihre speziellen Anpassungen erstaunen. Auffällig durch ihre Bauten sind vor allem die **Termiten** und mehrere nur in der Namib vorkommende Arten der Schwarzkäferfamilie. Der **Nebeltrinker** *Onymacris unguicularis* steht im grauen Morgennebel »auf dem Kopf« und lässt sich Feuchtigkeit in den »Mund« rinnen. *Lepidochora*-Arten ziehen Gräben und extrahieren Wasser aus den feuchteren Rändern. Sobald es hell wird, verschwinden die Käfer, damit sie nicht von Zwergpuffotter, Goldmull oder Schabrackenschakal erwischt werden.

Durch seine spezielle Kommunikation bei der Partnersuche zeichnet sich der **»Klopfkäfer«** aus. Jeder Tourist, der in der Regenzeit reist, wird früher oder später auf »Armoured Ground Crickets« stoßen, die in Namibia unter dem Namen **Gobabis-Garnele** weit bekannt sind. Die zu den Laubheuschrecken gehörenden, bis 5 cm langen, grotesk aussehenden, aber harmlosen Insekten wandern an warmen Morgen oft in Scharen über Teerstraßen und werden zu Tausenden zerquetscht.

Trockenresistente Pflanzenwelt

Trotz der Lage in der Trockenzone, in der es fast nirgends eine geschlossene Pflanzendecke gibt, wächst in Namibia eine Vielzahl von Pflanzen. Allein in Etosha sind über 600 Arten gezählt worden. Viele Pflanzen haben sich dem Leben in der Wüste angepasst, darunter über 500 Zwergstraucharten. In der fast niederschlagsfreien Zone in Meeresnähe haben unterschiedliche Pflanzenarten Strategien entwickelt, durch die sie die Feuchtigkeit des nächtlichen Küstennebels aufnehmen und speichern können. Manche haben ein spezielles, oft kugelwüchsiges, zentral gelegenes Gewebe gebildet, in dem sie Wasser speichern. Sukkulenten stauen für mehrere Monate Wasserreserven in ihren dickfleischigen Blättern. Die wundervolle Welwitschia hält es mit Hilfe von Nachttau sogar 2000 Jahre aus. Gräser können ihren Wassergehalt in der Wüstennacht verdreifachen. Die Bezeichnung »Nebelpflanze« gebührt aber nur den Algen, die als Einzige ihren Wasserbedarf ausschließlich durch Nebelkondensation decken.

Die oft nur in Horsten wachsenden Gräser sind Namibias wichtigste Pflanzen. Sie stellen etwa 12,5 % der einheimischen Flora und prägen nicht nur das Gesicht der Landschaften bis tief in die Wüste hinein, sondern ermöglichen auch das Überleben von Mensch und Tier. Es gibt weit über 100 Grasarten, die in vielfältiger Form alle Lebensräume besetzt haben.

Wunderbarerweise gibt es im baumarmen Namibia über 500 Baum- und Buscharten. Dazu kommen noch zahlreiche holzartige Kletterpflanzen und Parasiten. Die meisten der in der Namibwüste vorkommenden Zwergsträucher sind noch nicht bestimmt. Besonders wichtig sind auch die 30 Akazienarten, 15 davon kommen in Etosha vor. Sie können sich einzeln im Grasland halten und widerstehen auch Grasbränden. Zum Schutz gegen Beweidung durch die reiche Tierwelt der Trockensavanne tragen alle Dornen oder Stacheln und liefern mit ihren Samen wichtiges Protein in Schoten unterschiedlicher Form und Größe. Zu den herausragenden Akazienarten gehören Kameldorn, Anabaum und Schirmakazie.

Das Überleben der Gehölze hängt von ihren Wurzelsystemen ab. Akazienarten besitzen lange, senkrecht in den Boden gehende Pfahlwurzeln. Das Wurzelsystem der Palmen ist faserig und nicht in die Tiefe reichend. Der Köcherbaum vertritt das sogenannte adventive Wurzelsystem, das Nebenwurzeln bildet (Stockausschläge). Der als »einziger Baum der Namib« bezeichnete Köcherbaum ist die bis 7 m hoch wachsende *Aloe dichotoma*.

Hartes Strauchgras stabilisiert die Namib-Dünen, deren Formen sich ständig verändern.

Charakteristische Gehölze

Affenbrotbaum oder Baobab: Ungestört erreicht er gewaltige Ausmaße und ein hohes Alter (bis 3000 Jahre). Er wird oft von Elefanten zerstört, die von seinem wasserhaltigen Stamm fressen. In manchen Gebieten des nördlichen Namibias ist er noch recht häufig (Reiseziel 34).

Ahnenbaum: Er ist weit über die südliche Savanne verbreitet und bildet die dauerhaften Baumruinen in vielen Reservaten, denn sein Holz ist ungeheuer hart (»Lead Wood«). Bei den Herero und Himba besitzt er große Bedeutung als Ahnenbaum (»omumborombonga«), aus dem die Menschen, das heilige Feuer und die heiligen Rinder geboren wurden.

Dolfholzbaum: Er wird bis 20 m hoch und ist einer der wichtigsten Bäume des Kavan-

Die viel besungenen, eindrucksvollen Kameldornbäume tragen oft Siedelwebernester.

Buschleute nutzten den stark giftigen Milchsaft des Flaschenbaumes als Pfeilgift für die Jagd.

go-Caprivi-Waldgebiets (Reiseziele 23–30). Das »Mukwa«-Holz wird wegen seiner hohen Qualität von einheimischen Schnitzern und Möbelmachern bevorzugt. Es dient auch zum Bootsbau und als Brennmaterial. Frauen stampfen Hirse im Mukwa-Mörser. Alle Baumteile spielen eine große Rolle in der traditionellen Medizin.

Ebenholzbaum: Auch bekannt als »Falscher Ebenholzbaum«. Der Kern besteht aus hartem, pechschwarzem Holz. Er gedeiht in der Stein- und Sandwüste, wo kaum ein anderer Baum Wurzeln schlagen kann, z. B. bei Homeb und Gobabeb (s. S. 120) zwischen Dünen und Kuiseb River.

Kameldornbaum: Er ist Namibias zähester und bekanntester Baum und tief in die Namib vorgedrungen. Imposante Exemplare beschatten Camping- und Picknickplätze bei Sesriem und Sossus Vlei (Reiseziel 65). Der Kameldorn ist auch an den Trockenbetten im Namib-Wildreservat (Reiseziel 60) häufig. Siedelweber hängen ihre riesigen Nester gern an seine starken Äste.

Korallenbaum: Wächst in günstiger Umgebung 3–4 m hoch, erreicht unter harschen Bedingungen aber nicht einmal 50 cm. Blüht leuchtend rot zwischen November und April in der Trockenzone zwischen Kunene und Swakop River (Reiseziele 35–57).

Flaschenbaum: Er ist ein sukkulenter Busch bis kleinerer Baum, sondert einen klebrigmilchigen Saft (Glucosid) ab, mit dem die San ihre Pfeile vergifteten. Die Wirkung ist ähnlich wie beim Gift des Fingerhutes (*Digitalis*). Flaschenbäume stehen im zentralen nördlichen Namibia und sind auf der Fahrt von Ruacana zum Kunene (Reiseziel 34) mehrfach zu sehen.

Halbmensch: Die sukkulente, baumartige Pflanze wird bis 2,5 m hoch und gehört wie der Flaschenbaum zur Familie Apocynaceae. Ihre Silhouette erinnert an menschliche

Der Halbmensch wächst im typischen Fall als Einzelstamm.

Die Herzblattfeige schmiegt ihre Wurzeln gern an Felsen.

Konturen. Der Halbmensch wächst nur in der felsigen, trockenen Wüste am Unterlauf des Oranje River und steht unter Naturschutz.

Herzblattfeige: Diese Feigenart presst ihre fahlen Wurzeln flach gegen Felsen, gut zu sehen bei einem schönen Exemplar am Otjikoto Meer (Reiseziel 17). In der Naukluft (Reiseziel 64) ist die Herzblattfeige recht häufig. Der Baum kann mehrere hundert Jahre alt werden. Es gibt etwa 10 Feigenarten in Namibia.

Makalani-Palme: Diese Art ist im Ovamboland (Reiseziel 34) landschaftsbeherrschend. Die Kerne ihrer kugelrunden Nüsse werden mit Miniaturen verziert und an Touristen verkauft. Die Blätter sind Grundmaterial für die traditionellen Korbflechter.

Moringa: Diese nur in Namibia vorkommende Baumart wächst von der Naukluft im Süden bis zum Kaokoland im Norden. Nur selten bildet sie dichte Bestände wie im »Märchenwald« bei Okaukuejo (Reiseziel 14). Borke, Stamm und Wurzeln werden von Tieren gefressen.

Tamariske: Sie ist von der Großen Karoo in Südafrika bis Nordafrika verbreitet. Der widerstandsfähige Busch oder Baum bis 5 m Höhe ähnelt mit seinen schuppenartigen Blättern, die im Tageslauf ihre Farbe wechseln, einer Zypresse. Die salz- und sandliebende Tamariske bohrt überall im Wüstenbereich ihre Pfahlwurzeln tief in die sandigen Trockenflussbetten. Sie ist vor allem an der Swakop-Mündung (Reiseziel 57) und in den Trockenflüssen im Kaokoland (Reiseziele 35–38) zu finden.

Hirtenbaum/Weißstamm: Im Land weit verbreitet, ausgenommen ist die Skelettküste bis hinunter nach Swakopmund. Zahlreiche verwandte Arten sind über verschiedene Teile des südlichen Afrikas verstreut. In wüstenhaften Gegenden ist er auch als »Lebensbaum« bekannt, weil er in Notzeiten das Überleben von Mensch und Tier sicherte. Die San-Buschleute zapften Wasser aus den hohlen Stämmen. Menschen aller ethnischen Gruppen rösten die getrockneten Wurzeln als Ersatzkaffee, mahlen sie zu Mehl für den Frühstücksbrei oder verwenden sie gegen Hämorrhoiden.

Leberwurstbaum: Verbreitet vom Caprivistreifen bis an die Victoria-Fälle, in großen Teilen Botswanas und in Simbabwe überall. Der mittelgroße bis große Baum weckt das Interesse hauptsächlich wegen seines Namens und seiner Früchte, die tatsächlich an riesige Landleberwürste erinnern. Sie sind bis zu 1 m lang und 10 kg schwer. Im unreifen Zustand sind sie giftig. In der traditionellen Medizin haben sie einen guten Namen als Heilmittel für Syphilis, Rheumatismus und Geschwüre. Auch reife Früchte

Siedelwebernest in Weißstamm

Ein knorriger Weißstamm (Hirtenbaum) in der Diamantenwüste bei der Garub-Wasserstelle.

Die vielseitige, bis 10 kg wiegende Frucht des Leberwurstbaumes ist toxisch, aber trotzdem weit verbreitet in der traditionellen Medizin.

sind nicht essbar, werden aber pulverisiert dem traditionellen Bier gern zur Beschleunigung des Gärungsprozesses zugesetzt. Im Haus aufgehängt schützen sie gegen Wirbelwinde. Ein uralter historischer Baum steht am Treffpunkt von Simbabwe und Sambia mit dem Caprivistreifen. Hier soll Dr. David Livingstone gezeltet haben, bevor er die Victoria-Fälle als erster Europäer sah.

Die vielseitigen Sechs

Affenbrotbaum, Ahnenbaum, Hirtenbaum, Kameldornbaum, Köcherbaum und Welwitschia gehören zu den eindrucksvollsten, schönsten, interessantesten und überwiegend weitverbreiteten Baumarten Namibias. Auf ihren Entdeckungsreisen und Safaris durch Wüste, Berge und Savanne werden Reisende ihnen oft begegnen. Wie zahlreiche andere Bäume und Pflanzen Namibias besitzen auch sie erstaunliche Heilkräfte und spielen ihre Rollen in legendenumwobenen Stammesüberlieferungen. Allen voran »Omumborombonga«, Ahnenbaum der Herero und Himba, aus dem die ersten Menschen die Welt betraten. Wandersleute baten den Ahnenbaum um sichere Passage auf ihren Wegen. Er gehört zu den schwersten Hölzern der Welt, die viele Jahre als Stumpf überstehen und selbst dann noch Zusammenstöße mit Geländewagen überdauern. Auch der Hirtenbaum (»Shepherd's Tree«) ist weit verbreitet. Er steht als guter Schattenbaum am Rand der B 1 nördlich von Okahandja. Auch sein sehr hartes Holz eignet sich speziell für Lagerfeuer, ebenso der Kameldorn, dessen heiße Glut ideal für jede Grillparty ist. Junge Pfadfinder besingen ihn noch heute »Hart wie Kameldorn ist unser Land...« Er ist zweifellos Namibias bekanntester Baum, wächst langsam und kann ein paar Hundert Jahre alt werden. Seine Wurzeln reichen tief hinunter bis zum meist spärlichen Grundwasser.

Flora im Bereich der Namib

Buschmannkerze: Es gibt eine zartgelb und eine dunkelrosa blühende Art. Die sukkulente Pflanze aus der Geranienfamilie übersteht jahrelange Trockenheit. Sie speichert Wasser im Stengel, der durch einen wachsartigen Überzug gegen Verdunstung geschützt ist. Diese Hülle bleibt nach dem Absterben am Boden zurück und brennt mit rußiger Flamme. Die San benutzten sie als Brennmaterial. Die Pflanzenteile dienten auch versuchsweise zum Heizen des ersten Kraftwerkes in Lüderitzbucht. Die Blattstiele bilden sich nach dem Abfallen der Blätter zu harten, langen Dornen um. Beide Arten sind zwischen Aus und Lüderitzbucht (Reiseziele 69–72) zu finden.

Fensterpflanze: Sie schiebt nur die halbkugeligen Enden ihrer keulenförmigen Blätter aus dem Sand und schützt sich so wirksam vor der Hitze. Das wasserreiche Gewebe am oberen Ende wirkt wie eine Linse: Die Sonnenstrahlen werden durch einen Lichtschacht an die tief im Sand steckenden grünen Schichten zur Photosynthese weitergeleitet. Zu finden ist die Fensterpflanze auf den Trockenflächen vor den Buchten bei Lüderitzbucht (Reiseziel 72).

Kandelabereuphorbie: Große Exemplare wachsen im bergigen Teil der Inneren und Zentralen Namib und auf Ebenen, die durch Felsenbänke unterbrochen werden. Die unverkennbaren geformten »Flöten« begrenzen zu jeder Tageszeit den Effekt der Sonneneinstrahlung auf ein Minimum. Für Menschen ist die Kandelabereuphorbie anscheinend giftig, doch Spitzmaulnashörner fressen davon. Ihr Nährwert ist mit 3% niedrig, ihr Wasser- und Fettgehalt wahrscheinlich aber der höchste unter den Pflanzen Namibias.

Kandelabereuphorbien sind wasser- und fetthaltig, ungiftig aber nur für Spitzmaulnashörner.

***Lithops*-Arten:** Diese Sukkulenten werden auch Blühende Steine, Lebende Steine oder Hottentottenpopo genannt. 35 Arten mit vielen Unterarten kommen hauptsächlich nur in Namibia vor und sind im allgemeinen als kleine Kiesel so gut getarnt, dass sie ohne Hilfe kaum aufgespürt werden können. In der Äußeren Namib sind sie weit verbreitet, aber selbst auf dem unzugänglichen Brandbergplateau (Reiseziel 50) gedeihen ein paar seltene Arten. Die Gattung *Lithops* gehört zur Familie der Mittagsblumengewächse.

Massonia depressa: Diese Pflanze bildet nur 2 Blätter, die sich eng an den Boden pressen und darunter warme Luft festhalten. Nachts sind die Blätter noch wärmer als die darüber streichende Nachtluft. Wassertröpfchen bilden sich an der Unterseite und liefern der Pflanze lebenswichtige Feuchtigkeit. Nagetiere bestäuben die Pflanze. Zu finden in der südlichen Äußeren Namib (Reiseziel 71).

Mopane: Ein Strauch, der unter guten Bedingungen zu einem 15 m hohen Baum wachsen kann. Oft mehrstämmig, Holz hart und dauerhaft. Im Norden und Nordwesten Namibias weit verbreitet, vor allem auch in

Blühende *Hoodia gordonii* am Rand des Sperrgebiet-Nationalparks.

Die Drüsenakazie blüht in großen Beständen in der trockensten Jahreszeit, bevor der Regen beginnt.

besiedelten Gebieten von Kaokoland (Reiseziel 37) und Kavango-Caprivi (Reiseziel 23). Hier viel gebraucht als Bau- und Brennholz. Mopane wächst noch dort, wo andere Bäume nicht mehr bestehen können, besonders gut auf alkalihaltigem, undurchlässigem Boden in heißen, niedrig liegenden Gebieten. Weit verbreitet in Etosha, besonders bei Halali (Reiseziel 15). Seine proteinreichen Blätter sind vor allem bei Elefanten beliebt. Sie geben aber wenig Schatten, da sie sich in der Mittagshitze zusammenfalten. Blätter im Frühjahr oft von »Mopane-Raupen« befallen. Die »mopane worms« gelten als große Delikatesse.

Schakalblume oder **»Ausser Daisy«**: Der Körbchenblütler keimt nach leichtem Regen über Nacht und bedeckt größere Flächen der Inneren Namib (Reiseziel 58). Wie bei Mittagsblumen und verschiedenen Grasarten können auch seine Samen jahrelang im Boden ruhen.

Südwester Edelweiß: Eine Pflanze der Schotterwüste, die auf steinigem, sandigem Boden und sogar in Felsspalten wächst. Sie blüht weiß bis gelb und nur, nachdem sie den ersten Seitenzweig ausgetrieben hat. Sie gehört zu den »everlastings«, deren Blüten jahrelang halten. Die verhältnismäßig seltene Pflanze gedeiht an mehreren Stellen entlang der Welwitschia-Route (Reiseziel 59).

Hoodia gordonii: Das sukkulente, zu den Seidenpflanzen gehörende Gewächs der Halbwüste und Wüstenränder ist vor allem als Durst- und Appetitzügler bekannt und beliebt. Entdeckt wurde die hunger- und durststillende Wirkung von den genügsamen San-Jägern, die in wasserloser wüstenhafter Savanne jagten und ihre Beute zurück zur Stammesgruppe bringen mussten. Bei Einheimischen europäischer Abstammung ist die *Hoodia* als Aasblume bekannt, weil die hübschen Blüten wie verwesendes Fleisch riechen. Südafrikanische Wissenschaftler isolierten bereits 1996 einen Wirkstoffextrakt, der dem Gehirn tatsächlich einen ausreichenden Blutzuckerspiegel vorgaukelt. Die im südlichen Afrika unter Naturschutz stehende Pflanze war bei den San auch als Heilmittel gegen Erkältungskrankheiten und als Aphrodisiakum beliebt.

Lithops-Arten sind bekannt als »Lebende Steine«.

Mittagsblume, sukkulent und kurzlebig.

Das Bärenohr blüht nach leichtem Regen.

Buschmannkerze, mit Wachsmantel als Verdunstungsschutz.

Massonia depressa besitzt normalerweise 2 gelappte, am Boden haftende Blätter, unter denen sich nachts Wassertropfen bilden.

Die Fensterpflanze blüht nur selten.

LAND-ROVER

Vor der Reise

Informationen

Jährlich unternehmen rund 50 Mio. Bundesbürger eine Auslandsreise, die im statistischen Durchschnitt zu einem Aufenthalt von mehr als 10 Tagen außerhalb Deutschlands führt. Darunter sind an die 100 000 Namibiabesucher. Das bedeutet auch, dass den Namibiafreunden ein viel größeres Spielfeld bleibt als den Besuchern anderer Breiten. Dazu verfügen gute namibische Safari- und Reiseunternehmer meist über hervorragende Kenntnisse ihres Landes. Deshalb wurde versucht, die Besten unter ihnen aufzulisten (s. S. 219–226).
Zudem ist das Angebot europäischer Unternehmen, die Pauschalreisen direkt oder über Reisebüros anbieten, groß. Für umfangreiche allgemeine Information lassen sich der jährliche Beherbergungsführer sowie eine Straßenkarte kostenlos von Namibias staatlichen Touristenzentren anfordern. Bei der Planung unbedingt die Ferienzeiten in Namibia und im südlichen Afrika beachten. Hauptferien sind im Dezember und Januar und zwischen Juli und September. Möglichst lange im Voraus buchen.

Namibia Tourism Board in Deutschland
Schillerstraße 42-44, 60313 Frankfurt
Tel.: 069-1337360, Fax: 069-133736-15
E-Mail: info@namibia-tourism.com
www.namibia-tourism.com
Besucherzeit und telefonische Beratung
Mo–Fr 9–12 und 14–16 Uhr

Namibia Tourism Board (NTB)
1st Floor, Channel Life Towers
39 Post Street Mall
Private Bag 13244, Windhoek
Tel.: 061-2906000, Fax: 061-254848
E-Mail: info@namibiatourism.com.na
www.namibiatourism.com.na

Info-Namibia
Tel.: 061-220563, Mobiltelefon: 081-3719180
E-Mail: contact@info-namibia.com
www.info-namibia.com
Freies Internet-Reiseportal zum Thema Namibia, spezialisiert auf Unterkünfte, Aktivitäten und Sehenswürdigkeiten in Namibia; für Individualreisende und Selbstfahrer wichtiges Internet-Werkzeug, um einen interessanten und abwechslungsreichen Namibia Urlaub zu planen. Info-Namibia unterstützt die Ziele der Living Culture Foundation Namibia (Adresse s. S. 227).

Namib Info Bureau
Box 829, Swakopmund
Tel./Fax: 064-404827/403129
E-Mail: namibi@iway.na
www.natron.net/tour/swakop/infoe.htm
Ziel ist Förderung des Tourismus in Namibia, durch kostenlose Informationen und Beratung, ermöglicht durch Beiträge der Bürger.

Botschaften und Konsulate in Europa

Deutschland
Botschaft der Republik Namibia
Reichsstr. 17, 14052 Berlin
Tel.: 030-2540950, Fax: 030-25409555
E-Mail: konsular@namibia-botschaft.de
www.namibia-botschaft.de
Die Konsularabteilung ist von Mo–Fr in der Zeit von 9–13 Uhr erreichbar.

Österreich
Botschaft der Republik Namibia
Zuckerkandlgasse 2, 1190 Wien
Tel.: 01-4029371/2/3, Fax: 01-4029370
E-Mail: nam.emb.vienna@speed.at

Abenteuer am Marienfluss. Nach kurzem, episodischem Regenfall schmückt sich die trostlose Einöde mit sanftem Grün.

www.embnamibia.at
Öffnungszeiten: Mo–Fr 9–17 Uhr
E-Mail Konsulat: nam.emb.visa@speed.at
Das Konsulat ist Mo, Di, Do, Fr von 9–13 Uhr geöffnet.

Einreise

Der Reisepass muss bei der Einreise mindestens 6 Monate gültig sein. Besucher aus Deutschland, Österreich und der Schweiz erhalten zurzeit bei der Ankunft kostenlos ein 3 Monate gültiges Visum. Verlängerung bis zu 3 Monaten möglich.
Auskünfte: **Ministry of Home Affairs and Immigration**
Private Bag 13200, Windhoek
Tel.: 061-2922111, Fax: 061-2922185
General Services
E-Mail: lvalombola@mha.gov.na
www.mha.gov.na

Botschaften und Konsulate in Namibia

Über 50 Länder sind mit Konsulaten oder Botschaften in Windhoek vertreten.
Auskunft beim Auswärtigen Amt in Windhoek, Tel.: 061-2829111
Ministry of Foreign Affairs, www.mfa.gov.na

Botschaft der Bundesrepublik Deutschland
Sanlam Centre, 6. Etage
154 Independence Avenue, Windhoek
Tel.: 061-273100, 273133, Fax: 061-222981
E-Mail: info@windhuk.auswaertiges-amt.de
www.german-embassy-windhoek.org
Mo–Do 7.30–16.45, Fr 7.30–13.30 Uhr
In Notfällen Mobiltelefon: 081-1243572

Österreichisches Honorarkonsulat
Box 11848, Schäferstr. 5, Klein Windhoek, Windhoek
Tel./Fax: 061-222159
E-Mail: hgk.windhoek@gmail.com
www.austrian-consulate.com

Schweizer Generalkonsulat
Independance Avenue 175
Gathemann Building, Windhoek
Tel./Fax: 061-223853
E-Mail: windhoek@honrep.ch
www.eda.admin.ch/capetown
Korrespondenz ist ausschließlich über das Generalkonsulat in Kapstadt zu führen.

Botschaft der Europäischen Union
Box 24443, Sanlam Centre, 4. Etage
154 Independence Avenue
(Ecke Fidel Castro Street), Windhoek
Tel.: 061-2026000, Fax: 061-2026224
E-Mail: delnam@cec.eu.int
www.delnam.cec.eu.int

Devisen, Zoll, Mehrwertsteuer

Der Namibia-Dollar (1 N$ = 100 Cent) ist 1:1 an den südafrikanischen Rand gekoppelt und im Land frei konvertierbar. Alle Devisen müssen bei der Einreise deklariert werden. Ein Rücktausch der übrigen N$ ist bei Verlassen des Landes ratsam. Geld- und Reiseschecks werden am günstigsten bei den Banken gewechselt. Öffnungszeiten: Mo–Fr 9–15.30 Uhr, Sa 8.30–11 Uhr
Kreditkarten weit verbreitet. An Tankstellen wird eine besondere »Petrol Card« benötigt.
Zollfrei ist die Einfuhr von 2 l Wein, 1 l Alkohol, 400 Zigaretten oder 50 Zigarren, 50 ml Parfüm. Keine Handfeuerwaffen, aber 1 Jagdgewehr.
General Sales Tax (GST) beträgt 8 % für alle Güter und 11 % für Dienstleistungen. Ausländische Käufer luxuriöser Gegenständen sind von Verbrauchssteuern befreit. Bitte beim Kauf entsprechende Quittungen verlangen.

Gesundheit

Schutzimpfungen sind bei der Einreise von Europa nicht verpflichtend. Reisende sollten sich über deren Notwendigkeit gegen Polio, Tetanus, Diphtherie, Hepatitis A und B, Typhus, Tollwut informieren. AIDS ist durch die hohe, wachsende HIV-Rate ein großes Problem! Vorkehrungen gegen typische Reisekrankheiten wie Diarrhöe und Vermeiden suspekter Speisen und Getränke sind in jedem Fall ratsam.

Hygiene / Medizinisches

Gesundheitsdienst in allen größeren Zentren sehr gut. Rettungsflüge bei Notfällen rund um die Uhr durch:

- Aeromed, Box 80274, Windhoek
  Tel.: 061-231236, Fax: 061-231254
  Notruf: 061-249777
  Cell Phone (Handy): 081-124444
  gebührenfrei 0800-91111
- Medrescue Namibia
  Box 31220, Windhoek
  Tel.: 061-230505, Fax: 061-248113
  Cell Phone (Handy): 081-1240012

Eine private Zusatzversicherung mit Rücktransport ist zu empfehlen, da deutsche Krankenversicherungen in Namibia nicht gelten.

Malaria in Namibia

Morbidität und Mortalität durch Malaria gehen weltweit erstmals seit vielen Jahrzehnten leicht zurück. Dieser Erfolg wurde erreicht, weil viel in die Überwachung und Prävention der Malaria investiert worden ist. Die weltweite Abnahme hat auch dazu geführt, dass die Zahl der Malariafälle in Deutschland in den letzten 10 Jahren kontinuierlich zurückgegangen ist. Trotzdem gibt es weiterhin zu viele Malariaerkrankungs- und Todesfälle. Dies unterstreicht die anhaltende Bedeutung dieser Krankheit für deutsche und ausländische Touristen.

Vorbeugung

Das Risiko einer Malaria hängt von vielen Faktoren ab, vor allem von der Häufigkeit Malaria übertragender Anophelesmücken, Jahreszeit, Aufenthaltsdauer und Reiseart. Vorsorgliche Empfehlungen, die für alle Reisenden gelten, sind daher nur bedingt möglich. Auch konsequentes Beachten von Gefahrenhinweisen bietet keinen sicheren Schutz vor einer Malaria, kann jedoch das Infektions- und Erkrankungsrisiko erheblich senken.

Um das Risiko einer Malaria und mögliche Komplikationen einer Infektion so niedrig wie möglich zu halten, müssen Reisende in Malariagebiete auf die Möglichkeit der Malariaübertragung deutlich hingewiesen werden. Der Reisende sollte wissen, dass eine Malaria tropica bedrohlich und tödlich verlaufen kann. Selbst Monate nach der Rückkehr sollte bei Fieber oder anderen unklaren Krankheitssymptomen umgehend ärztlicher Rat gesucht werden.

Außer Einnahme von Malaria-Medikamenten (medikamentöse Prophylaxe) kann auch die Vermeidung von Insektenstichen das Risiko von durch Mücken übertragener Malaria erheblich verringern. Dazu gehören u. a. die Anwendung von Moskitonetzen und ihre Imprägnierung (z. B. mit Nobite-Verdünner), das Einreiben unbedeckter Hautstellen mit mückenabweisenden Mitteln mit den Wirkstoffen DEET (z. B. Nobite® Haut) oder Icaridin (z. B. Autan®).

Schützen kann auch das Tragen von hautbedeckender, heller Kleidung, Aufenthalt in mückensicheren Räumen (Klimaanlage, Fliegengitter), medikamentöse Vorbeugung (Chemoprophylaxe). Die medikamentöse Vorbeugung (Chemoprophylaxe) der Malaria ist erschwert durch die Verbreitung von Resistenzen, die bereits gegen jedes der zur Verfügung stehenden Antimalariamittel möglich sein können. *Plasmodium falciparum*, der Erreger der Malaria tropica, ist in den meisten Regionen der Welt resistent

Die Deutsche Gesellschaft für Tropenmedizin bezeichnet einen größeren Teil Namibias als malariagefährdet. Ganzjährig gefährdet sind das Cubango-Tal und Kunene-Tal sowie der Caprivi-Streifen. Hohes Risiko besteht zwischen November und Juni in den übrigen nördlichen und nordöstlichen Regionen (Oshana, Oshikoto, Omusati, Omaheke, Ohangwena und Otjozondjupa) einschließlich der Etosha-Pfanne. Empfohlene Chemoprophylaxe für beide Gebiete sind Mefloquin (Lariam) oder Atovaquon/Proguanil (Malarone) oder Doxycyclin*
(*für diese Indikation in Deutschland nicht zugelassen.)
Gefährdung im nördlichen Drittel des Landes einschließlich der Etosha-Pfanne, Otjozondjupa und Omaheke besteht zwischen Juli und Oktober. Zur Notfalltherapie wird Atovaquon/Proguanil (Malarone) empfohlen. Städte, Küste und Süd-Namibia bleiben weiterhin malariafrei.

gegen Chloroquin. Resistenzen gegen Doxycyclin, Mefloquin und Atovaquon sind weltweit noch selten.
Eine regelmäßige Chemoprophylaxe ist bei Reisen in Malariagebiete mit hohem Übertragungspotential grundsätzlich empfehlenswert und kann das Risiko wesentlich reduzieren. Wenn in Gebieten mit niedrigem oder mittlerem Malariarisiko keine regelmäßige Chemoprophylaxe durchgeführt wird, sollte die therapeutische Dosis eines Mittels mitgeführt werden, das bei malariaverdächtigen Symptomen und nicht erreichbarer ärztlicher Hilfe eingenommen wird. Dies sollte jedoch nur eine Notfallmaßnahme bis zum Erreichen ärztlicher Hilfe darstellen. Die konkrete Entscheidung über die Art der Malariaprophylaxe muss anhand des Reisezieles sowie der Reisezeit, der Reisedauer und des Reisestils vom Arzt individuell getroffen werden, unter Berücksichtigung von Vorerkrankungen, Unverträglichkeiten, Medikamenteneinnahme u. a. m.

TIPP: Wenden Sie sich bitte vor Beginn ihrer Reise an ihren Arzt oder an die Deutsche Gesellschaft für Tropenmedizin und Internationale Gesundheit (DTG) e.V. Infoservice, Georgenstr. 5, 80799 München.

Bilharziose ist in der Cavango-Caprivi-Region immer noch verbreitet. Reisende sollten besonders stehende Gewässer vermeiden!
Leitungswasser in den größeren Zentren ist gereinigt und trinkbar. Mineralwasser überall erhältlich.

Klima / Reisezeit

In der Hauptreisezeit Juni bis September meist mild und warm, mit kühlen bis kalten Nächten. Etosha und Sossus Vlei sind zwischen Juni und September meist überfüllt, deshalb sind Reservierungen lange im Voraus anzuraten. In der Regenzeit zwischen Oktober und April ist es warm bis sehr heiß, im Norden schwül. Niederschläge meist als starke Gewitter. Für Vogelliebhaber ist das die beste Jahreszeit. Die Küste ist das ganze Jahr hindurch mild bis kühl, bis auf gelegentliche heiße Fallwinde aus östlicher Richtung. Die Ferienplätze an der Küste um Swakopmund sind in den Weihnachtsferien überbelegt.

Zeit

Winterzeit vom ersten Sonntag im April bis zum ersten Sonntag im September ist zeitgleich mit der Mitteleuropäischen Zeit (MEZ). Die Sommerzeit vom ersten Septembersonntag bis zum ersten Sonntag im April 1 Std. vor MEZ, zeitgleich mit zentralafrikanischer Zeit.

Anreise

Direktflüge Air Namibia. Lufthansa fliegt augenblicklich nur Südafrika an. Flugzeit Frankfurt – Windhoek etwa 10 Std.
Direktflüge von Frankfurt nach Windhoek sind mit Air Namibia möglich. Lufthansa fliegt derzeit nur von Frankfurt/München nach Johannesburg. Anschlüsse mit SAA oder Air Namibia nach und von Windhoek. Air Namibia fliegt auch zwischen Windhoek und Johannesburg sowie zwischen Kapstadt und Victoria Falls.

Fluglinien

Air Namibia
Ticketing & Reservation Services – Windhoek
Shop No. 22
Ground Floor Sanlam Building
Corner of Fidel Castro & Carl List streets
Windhoek
Tel.: 061-2996333, Fax: 061-2996146
central.reservations@airnamibia.aero
www.airnamibia.com
Ankunft in Namibia nach 9½ stündigem Nonstop-Nachtflug ohne Jetlag. Der Internationale Airport Hosea Kutako liegt 45 km östlich von Windhoek 1719 m hoch. Mit Bus oder Taxi ist die Stadt in ca. 45 Min. zu erreichen. Zahlreiche Autovermieter sind am Flughafen vertreten.

Air Namibia Deutschland
Kaiserstraße 77, 60329 Frankfurt am Main
Tel.: 01805-40858564
Fax: 069-770673-028
E-Mail: info@airnamibia.de
www.airnamibia.de

TIPP: Planen Besucher mit dem Auto durch den Caprivi-Zipfel zum Chobe-Nationalpark in Botswana und zu den Victoria Falls in Simbabwe zu fahren und von der Hauptstadt Harare zurück nach Deutschland zu fliegen, kehren sie von Harare mit SAA nach Johannesburg zurück und treten von dort den Heimflug an. Urlauber könnten zum Abschluss ihrer Namibiasafari nach Kapstadt reisen und mit einem vorher gebuchten Ticket zurück in die Heimat fliegen. Gründe für Zwischenaufenthalte auf dem Weg nach Kapstadt gibt es genug. In der Fast-Wüste Namaqualand blühen im August/September oft Blumen auf riesigen, sonst unfruchtbaren Feldern. Weiter südlich folgen die wilden Cederberge und die Langustenregion um die Saldana-Bucht.
TIPP: Wer es vorzieht, von Europa zuerst nach Johannesburg zu fliegen, könnte von hier aus auf eine große Löwensafari gehen. Sie führt z. B. über den Löwenpark bei Johannesburg zum Krügerreservat und weiter zum Kgalagadi Transfrontier Park. Danach geht es weiter durch ein Stück der grünen Kalahari über Windhoek zum Etosha-Nationalpark, immer noch das Glanzstück des südlichen Afrikas. Eilige könnten eine Teilstrecke des Transkalahari Highway wählen. Das letzte Stück der modernen Fernstraße führt teilweise entlang der ehemals abenteuerlichen Route der Viehtreiber von Botswanas Hauptstadt Gaborone quer durch die Kalahari nach Windhoek.

Reisen und Safaris im Land

Autofahrten

Internationaler Führerschein erforderlich, auch für Automietung. Wie in allen Ländern des südlichen Afrikas wird links gefahren; Höchstgeschwindigkeit 120 km, auf Schotterstraßen 80 km. Vorsicht bei Fahrten durch wildreiche Bezirke, besonders bei Nacht. Es besteht Gurtpflicht. Verkehrsschilder international. Warnungen vor wilden Tieren wie Kudu, Elefant oder Flusspferd unbedingt ernst nehmen, ebenso die Geschwindigkeitsbeschränkungen in Reservaten.

Ungeteerte Fernstraßen sind in der Regel in besserem Zustand als die oft schmalen kürzeren Verbindungs- und Farmwege. Es empfiehlt sich, vor der Reise Erkundigungen einzuholen.

Geländewagen

Namibia ist mit seinen endlosen, oft noch unberührten Landschaften ein Dorado für Naturliebhaber. Obwohl die Hauptverkehrsstraßen geteert sind, erfordert das Fahrverhalten grundsätzlich einige Anpassungen, da viele Verkehrswege nur aus Sand- und Schotterstraßen sowie unbefestigten Pisten bestehen. Geländefahrzeuge mit Allradantrieb sind für alle Straßen Namibias geeignet, besonders natürlich für mehr oder weniger schwieriges Terrain. Durch größeren Radstand, größere Reifen und höhere Bodenfreiheit gegenüber einem normalen Pkw sind nicht nur Bodenhaftung und Manövrierfähigkeit wesentlich größer, auch die Tierbeobachtung wird wesentlich erleichtert. Autoverleiher helfen gern mit Tipps und Ratschlägen.

TIPP: Auf sandiger Piste ist es angebracht, den Reifendruck zu verringern. Empfohlen werden zunächst etwa 80 % des Normaldrucks. Fährt sich das Fahrzeug immer noch schwer, eventuell auf 50 % reduzieren. Mit verringertem Reifendruck nicht zu schnell fahren und sofort wieder aufpumpen, sobald eine stabilisierte Schotterstraße erreicht ist!

Auto mieten

Es stehen Fahrzeuge aller Preisklassen zur Auswahl, vom Kleinwagen bis zum Minibus und vierradangetriebenen Geländewagen. Eine Reiseapotheke gehört bei den meisten Leihwagen jedoch nicht zur Ausrüstung. Sie kann aber gemietet werden, wie auch die einfachste bis umfangreichste Campingausrüstung. Die Preise sind hoch bis sehr hoch für Autos und Ausrüstung.

Savanna Car Hire
Box 5180, Triftstreet 80 (Snyman Circle)
Windhoek
Tel.: 061-229272, Fax: 061-223292
Mobiltelefon: 081-1299978
E-Mail: namcars@carrental-namibia.com
www.savannacarhire.com.na
2 Ersatzreifen gehören zur Standardausrüstung. Für Notfälle 24 Std. erreichbar. Informationsblatt mit über 86 Vertragswerkstätten und Notdienstnummern (z. B. von Ambulanzen, Polizei usw.).

Camping Carhire
Box 5526, 36 Joule Street
südliches Industriegebiet, Windhoek
Tel.: 061-237756, Fax: 061-237757
Mobiltelefon: 081-1272020
E-Mail: carhire@mweb.com.na
www.camping-carhire.de
Der Betrieb wird von der Inhaberin Angelika Rechter geleitet. Alle 80 Fahrzeuge, vom Pkw bis zum Geländewagen, werden selbst gewartet und komplette Campingausrüstungen reisefertig verpackt. Eine Druckschrift im Handschuhfach informiert über das Autofahren in Namibia.

Tochter Angela Rechter leitet »Exklusive Safaris & Tours« und organisiert komplette Urlaubspakete sowie individuell geplante Safaris und Touren in Namibia und dem übrigen südlichen Afrika.
E-Mail: angela@camping-carhire.com
www.exclusive-safaritours.de

Caprivi Car Hire
Box 1837, 135 Sam Nujoma Drive
Windhoek
Tel.: 061-256323, Fax: 061-256333
24-Std.-Notfallnr.: 081-1293355
E-Mail: info@caprivicarhire.com
www.caprivicarhire.com
Die Fahrzeugflotte dieses Unternehmens besteht aus Geländewagen und Kleinbussen. Komplette Campingausrüstungen können ebenfalls gemietet werden. 24-Std.-Pannendienst. Alle Fahrzeuge sind ausgestattet mit Klimaanlage und auf Wunsch 2 Ersatzreifen. Auch Dachzelt und Kindersitz können gemietet werden.
Vermittlung von landeskundigen Fahrern für Kunden, die auch Urlaub vom Fahren machen möchten.

Windhoek Car Hire
Box 1038, Ecke von Eckenbrecher St. u. Ossmann St. Klein Windhoek, Windhoek
Tel.: 061-237935, Fax: 061-258972
Mobiltelefon: 081-1242854, 081-1242855
E-Mail: info@windhoek-carhire.com
www.windhoek-carhire.com
Eigene Werkstatt, 24-Std.-Pannenservice, 24 Std. über Handy erreichbar. Neuwertige Leihwagen vom ökonomischen Pkw über den immer noch beliebten VW-Bus bis zum Gelandewagen. Kostenloser Transport vom und zum Internationalen Flughafen Hosea Kutako. Persönliche Einweisung mit Tipps und Tricks im Umgang mit Allradfahrzeugen und der zugehörigen Ausrüstung.

Automobilclub

Automobile Association of Namibia
AA Namibia
Box 61, Shop 17, 78 Sam Nuyoma Drive
Bougain Villas, Klein Windhoek, Windhoek
Tel.: 061-224201, Fax: 061-222446
E-Mail: aanamibia@iway.na
www.aa-namibia-com

Flugzeug

Es bestehen regelmäßige Flugverbindungen zwischen Windhoek und Gaborone, Harare, Johannesburg, Kapstadt, Katima Mulilo, Luanda, Lüderitzbucht, Lusaka, Maun, Odangwa, Onjiwa, Oranjemund, Rundu, Victoria Falls, Walvis Bay sowie von Walvis Bay nach Kapstadt und Johannesburg.

Bahn / Bus

Die Bahn ist schlecht und langsam und deshalb nicht empfehlenswert. Einzige Ausnahme ist der teure, luxuriöse **Desert Express.** Im Angebot ist eine 1-tägige Sonderfahrten inklusive Frühstück und Abendessen. Abfahrten von Windhoek oder Swakopmund. Die Tour wird für Besuche einer Ranch (mit Löwenfütterung), Exkursionen zur Spitzkoppe und zum Besuch des Mondtals im Swakop River unterbrochen. Im Aussichtswagen mit gläsernem Dach ist nachts der funkelnde Sternenhimmel zu sehen. Außerdem stehen Wochenendfahrten von Windhoek zur Atlantikküste oder eine längere Exkursion durch die fantastischen wildreichen Landschaften des Landes im Programm. Der Zug wurde in Namibia konstruiert und mit modernster Technologie ausgestattet.
Info und Buchung: Transnamib,
Bahnhof St., Private Bag 13204,
Windhoek
Tel.: 061-2982600, Fax: 061-2982601
E-Mail: dx@transnamib.com.na
www.transnamib.com.na/desert-express

Überlandbusse verbinden mit Kapstadt, Johannesburg, den Viktoriafällen und dem Ovamboland.
Buchungen über:
Intercape Mainliner
Box 9204, 2 Galilei St., Eros, Windhoek
Tel.: 061-227847, Fax: 061-228285
E-Mail: whbook@intercape.co.za
www.intercape.co.za

Karten

Übersichtskarte kostenlos von Namibia Tourism. Brauchbare Straßenkarte Namibia und Kaokoland an den meisten Tankstellen und bei Swakopmunder Buchhandlung
Box 500, 22 Sam Nujoma Avenue
Swakopmund
Tel.: 061-402613, Fax: 061-404183
E-Mail: swabuch@iway.na

Sicherheit

Die namibische Polizei ist recht tüchtig. Schwere Vergehen nehmen zu, doch sind Besucher hauptsächlich leichtem Diebstahl ausgesetzt, gegen den sie sich leicht schützen können. Fahrzeug in den Städten auf bewachten Plätzen parken; keine Gegenstände auf den Sitzen liegen lassen, Pkw und Zimmer immer abschließen; keine Wertsachen zur Schau stellen, sondern Kameras usw. in soliden Taschen tragen; verbale Auseinandersetzungen vermeiden und nicht von Gruppen Jugendlicher bedrängen lassen. Jeden Zwischenfall möglichst umgehend bei der nächsten Polizeistation melden.

Notrufe

Nationaler Polizeiruf 10111, Rufnummern für Unfall- und Krankenwagen unterschiedlich (s. Anfang der Telefonverzeichnisse für größere Orte).

Zeitvertreib

Dem Feriengast stehen eine ganze Reihe von Möglichkeiten sich sportlich zu betätigen zur Verfügung. Das Klettern und Wandern ist z. B. im Waterberg und am Fischfluss und Orange River möglich. Am unteren Orange, bei Ruacana und am Kunene sind Wassersport und sogar Wildwasserfahren möglich. Golfplätze gibt es bei Windhoek und einigen anderen größeren Orten. Reiten und Springreiten sind bei Teilen der Bevölkerung sehr beliebt. Bei den Segelfliegern hat sich das Land längst einen Namen gemacht. Weit verbreitete Hobbys unter der lokalen Bevölkerung sind u. a. Rugby, Leichtathletik, Radsport, Boxen, Hockey und Faustball und vor allem Fußball.

Schlemmen in der Stadt und auf Safari

Namibia vereint in seinen weiten Landschaften viele Kulturen, deren Sprachen Englisch, Ovambo, Deutsch, Herero, Afrikaans und Nama sind. Diese Vielfalt spiegelt sich auch in der Küche wieder. Sie hat weit mehr zu bieten als Maisbrot oder Hirse- und Maisbrei. Gegrilltes Rind- und Lammfleisch, deftige Gerichte, Wild wie Kudu, Spießbock, Springbock oder Strauß stehen ebenso auf der Speisekarte wie Kuchen oder Wurst, Bier gebraut nach deutschem Reinheitsgebot und gegrillte Bratwurst zum Oktoberfest in Windhoek. Grüner Spargel kommt aus Swakopmund, und in der Kalahari-Wüste werden Trüffel gesammelt. An der Küste gibt es frische Austern, Hummer oder gegrillte Spezialitäten vom Hai und original namibische Schwarzwälder Kirschtorte auch im Inland.

Safaris, Touren, Wildlife Resorts

African Extravaganza
Sam Nujoma Avenue 316-318
Box 22028, Windhoek
E-Mail: afex@afex.com.na
www.african-extravaganza.com
Safaris in Kleinbussen mit wöchentlichen Abfahrten, Selbstfahrer-Safaris, Charter- und Gruppenreisen, Flugsafaris, Reisen für spezielle Interessensgruppen, Hochzeiten in Namibia, Vermittlung von Mietfahrzeugen. Einmalig ist der tägliche Pendelverkehr zwischen Windhoek–Swakopmund und dem Sossus Vlei. Eingeschlossen sind Ausflug zum Sossus Vlei und 2 Übernachtungen in der Namib Naukluft Lodge.

Atlantic Aviation
Namib Centre, Box 537, Swakopmund
Tel.: 064-404749, Fax: 064-405832
Mobiltelefon: 081-1281313
E-Mail: info@flyinnamibia.com
www.flyinnamibia.com
Das Charterunternehmen ist seit 1994 auf ökofreundliche Besichtigungsflüge, Rundflüge, bis zu mehrtägigen Flugsafaris im Inland und im benachbarten Ausland spezialisiert. Erfahrene Piloten führen die zweimotorigen Maschinen. Darunter sind Cessnas 210 und ein Hochdecker, der selbst auf abgelegenen Flugfeldern sicher landen kann. Eine vorläufige Buchung sollte möglichst frühzeitig erfolgen, da der Charterpreis bei 5 Teilnehmern am günstigsten wird.

Charly's Desert Tours
11 Sam Nujoma Avenue, Box 1400
Swakopmund
Tel.: 064-404341, Fax: 064-404821
E-Mail: info@charlysdeserttours.com
www.charlysdeserttours.com

Coastways Tours
Lewis Druker, Jenny Meyer
Box 77, Lüderitz
Tel.: 063-202002, Fax: 063-202003
Mobiltelefon: 081-1229336
E-Mail: lewiscwt@iway.na
www.coastways.com.na
Informationen und Reservierung auch durch Elena Travel Services & Car Hire
Box 3127, Windhoek
Fax: 061-244558
E-Mail: info@namibweb.com

Conservancy Safaris Namibia
Box 8255, Swakopmund
Tel.: 064-406136, Fax: 064-406135
Mobiltelefon: 081-1490399
E-Mail: info@kcs-namibia.com.na
www.kcs-namibia.com.na
Conservancy Safaris –
Vertretung in Deutschland:
Dr. Claudia Behlert, Kamili Safaris
Tel.: 0221-9712079
E-Mail: claudia@kamilisafaris.com
www.kamilisafaris.com

Eco Marine Kayak Tours
Box 225, Walvis Bay
Tel. und Fax: 064-203144
Mobiltelefon: 0811-293144
E-Mail: emkayak@iway.na
www.emkayak.iway.na
Die erfahrene Eigentümerin Jeanne Meintjes führt alle Touren. Die Exkursion zum Pelikanpunkt beginnt frühmorgens. Ziel ist die Robbenkolonie. Unterwegs können Kormorane, Pelikane, Flamingoschwärme und andere Seevogelarten beobachtet werden. Robben und Delfine begleiten die Kajakfahrer regelmäßig. Besonders spannend, wenn ein Heaviside-Delfin *Cephalorhynchus heavisidii* neben dem Kajak auftaucht und gute Fotos vom sehr seltenen Zahnwal möglich werden. Er kommt

nur an der namibischen und südafrikanischen Küste vor.

Etosha Fly-In Safaris
Box 1830, 447 Fifth Avenue, Tsumeb
Tel.: 067-220574, Fax: 0886-20309
E-Mail: info@etosha.com
www.etosha.com
Erfahrene Piloten und kenntnisreiche Reiseführer sollen erfolgreiche Safaris gewährleisten, gleich ob Sie Ornithologe, Katzenspezialist, Botaniker oder Naturliebhaber sind. Verschiedene Flugsafaris sind im Angebot, Start und Ende jeweils in Windhoek. Hier ein paar Vorschläge:

- 5 Tage Flug-Safari, einschließlich Sossus Vlei, Kunene, Skeleton Coast, Etosha
- 8 Tage Namibia-Perspektiven-Fly-In-Safari einschließlich Etosha, Damaraland, Swakopmund, NamibRand, mit Schwerpunkt auf Wild und Natur
- 8 Tage Luxus-Fly-In-Safari, einschließlich Kalahari, Sossus Vlei, Swakopmund, Etosha
- 10 Tage Luxus-Fly-In-Safari, einschließlich Kalahari, Sossus Vlei, Swakopmund, Etosha, Kavango-Caprivi

Landsafaris können ebenfalls organisiert werden oder auch kombinierte Trips. Unterkunft immer in erstklassigen Lodges oder komfortablen Camps.

Farm-Tours GmbH
Hülsebrockstr. 2, 48165 Münster
Tel.: 02501-985230, Fax: 02501-985232
E-Mail: info@farm-tours.de
www.farm-tours.de
Seit über 30 Jahren organisiert der Spezialveranstalter für Agrar-, Kultur- und Gruppenreisen »Bestseller-Reisen« nach Namibia. Die Teilnehmer beeindrucken nicht nur endlose Wüstenlandschaften, Wildreichtum und Landwirtschaft unter extremen Bedingungen. Vor allem nehmen sie vielfältige Eindrücke über die landestypische Landwirtschaft mit. Sie erfahren, dass am Rande der Wüste neben der Rinderzucht auch Weinbau betrieben wird und dass die namibischen Oliven im Vergleich mit den spanischen bestehen können. Ein weiteres Highlight der Reise ist der Aufenthalt als Gast bei deutschstämmigen Farmern.

Gondwana Collection Namibia
Gondwana Travel Centre
Box 80205, 42 Nelson Mandela Avenue
Windhoek
Tel.: 061-230066, Fax: 061-251863
E-Mail: info@gondwana-collection.com
www.gondwana-collection.com

Haifischinsel Lüderitz
Namibia Wildlife Resorts
E-Mail: nwr@nwrnamibia.com
www.nwrnamibia.com/shark-island.htm
Die Haifischinsel (Shark Island) ist zu einem Besucherzentrum von relativ guter Qualität ausgebaut worden. Der Blick von der Insel über Bucht, Hafen und Stadt mit ihren historischen Gebäuden ist ausgezeichnet. Übernachtungen sind auf dem Campingplatz (20 Stellplätze) möglich, im umgebauten Leuchtturm (4 Betten) oder in den 3 neuen Chalets. Auf der Haifischinsel gibt es auch ein Restaurant, ein Freibad und ein Hallenbad. Letzteres bleibt auch beim oft sehr starken Wind eine willkommene Abwechslung.

Kaokohimba Safaris
Box 11580, Windhoek
Tel./Fax: 061-222378
Reservations u. Information Agent:
Elena Travel Services & Car Hire
Box 3127, Windhoek
Fax: 061-244558
E-Mail: info@namibweb.com

Tel.: Epupa: 065-695106
Tel.: Marienfluss und Camp Syncro: 065-685021
E-Mail: logufa@mweb.com.na
koos.cunene@iway.na
kaokohimba@natron.net
www.kaoko-namibia.com
Koos Verwey führt seit 1990 von seiner Operationsbasis Camp Syncro am Marienfluss abenteuerliche Safaris durch das einzigartige Tal im abgelegenen Kaokoland. Zu erreichen über Van Zyls Pass oder die Red Drum Piste. Außerdem leitet er einen malerisch an den Epupa Falls gelegenen Campingplatz. Anfragen und Kontakte über verschiedene Außenstellen!

Living Desert Adventures
Christopher Nel, Box 1953, Swakopmund
Tel./Fax: 064-405070
Mobiltelefon: 081-1275070
E-Mail: nature@iafrica.com.na
www.livingdesertnamibia.com
Exkursionen unter professioneller Leitung in 4- bis 8-sitzigen Landrovern. Im Angebot: 2 halbtägige Touren von etwa 4–5 Std., 1 Tour von 8–9 Std.

- Living Desert Tour, halbtägig durch Sanddünen und Schotterwüste
- Exkursion zur Welwitschia-Mondlandschaft durch die Felsenwüste
- Wüsten-Extravaganz, kombiniert Sand- und Felsenwüste, ganztags, etwa 8–9 Std. dauernd

Nicht-alkoholische Getränke und Mittagessen eingeschlossen. Safaris werden auch nach Kundenwünschen arrangiert. Die Preise sind angemessen.

Lüderitz Safaris & Tours
Marion Schelkle
Box 76, Bismarck Street, Lüderitz
Tel.: 063-202719, 063-202622
Fax: 063-202863
Mobiltelefon: 0129-7236
E-Mail: ludsaf@africaonline.com.na

Magic Bus Safaris
Box 23658, 5 Grieg Street, Windhoek
Tel.: 061-259485, Fax: 061-259812
E-Mail: magicbus@iafrica.com.na
www.africa-adventure.org/m/magicbus/deutsch
Die Firma begann mit einfachen Touren. Heute werden auch luxuriöse Reisen in klimatisierten Geländewagen angeboten. Das Angebot umfasst typische mehrtägige Safaris wie Etosha-Wildtier-Erlebnis, Sossus Vlei – die höchsten Dünen der Welt, Sossus Vlei und Swakopmund, Sossus Vlei, Etosha und Swakopmund. Damit will man vorwiegend abenteuerlustige Gruppen von maximal 8 Personen ansprechen.

Mola Mola Marine Cruise
Box 980, Walvis Bay
Tel.: 064-205511, Fax: 064-207593
Mobiltelefon: 082-1272522
E-Mail: mmsaf@mweb.co.na
www.mola-namibia.com
9 moderne, regelmäßig gewartete Katamarane verschiedener Größe bringen ihre Passagiere zu den Naturschätzen des von der Wüste umschlossenen Küstengebiets.

Namib Enviro Tours
Raini Becker
Box 674, Werftstr. 12, Swakopmund
Tel.: 064-402551, Fax: 064-402667
E-Mail: raini@namibenvirotours.com
www.namibenvirotours.com
Eigentümer Raini Becker ist gleichzeitig Reiseleiter. »Mein Beruf macht mir Spaß, das werden Sie merken«, ist sein Motto. Deshalb konzentriert er sich ganz nach Wunsch auf persönliche Reiseleitung, bietet einzigartige Namibia-Safaris, bürgt für den Namibia-Traumurlaub, geplant nach in-

dividuellen Wünschen. Im Angebot sind Camping-Safaris und Touren mit Übernachtungen in Unterkünften wie Lodges, Hotels oder Gästefarmen oder Kombinationen von Camping und Luxus in Lodges oder auch Übernachtung in Feldbetten unter grandiosem Sternenhimmel. Raini Becker kocht gern selbst in seiner Feldküche (Lagerfeuer oder Gas), erwartet aber bei der Vorbereitung und beim Lagerleben Unterstützung der Teilnehmer. Namib-Kenner Becker ist in den Fächern Geologie, Geografie, Geschichte, Astronomie, Zoologie, Botanik und Archäologie von der »Namibia Academy for Tourism and Hospitality (NATH)« geprüft worden.

Namib Sky Balloon Safaris
Box 5197, Windhoek
Tel.: 063-683188, Fax: 063-683189
Mobiltelefon: 081-3042205
E-Mail: info@namibsky.com
www.balloon-safaris.com

Namibia Executive Tours & Fishing Safaris
Jan Jonker Road 174
Ausspannplatz, Windhoek
Tel.: 061-227679, Fax: 061-227746
E-Mail infonetfs@iway.na
www.namibiaexecutivetours.com/german
Sowohl geführte Touren als auch Selbstfahr- und Fly-in-Safaris in ganz Namibia, Botswana und zu den Victoria-Fällen werden angeboten. Ebenso stehen Angelsafaris an die Küsten Namibias und Angolas sowie

Die neuen Afrika-Entdecker: Junge Überlandfahrer im Sossus Vlei.

auf dem imposanten Sambesi und dem Okavango auf dem Programm. Touren werden auf Wunsch maßgeschneidert.

Namibia Tracks & Trails
Box 339, 14a Sam Nujoma Avenue
(ehemals Kaiser-Wilhelm-Straße)
Swakopmund
Tel.: 064-416820
Mobiltelefon: 081-2697271
Fax: 064-404664
E-Mail: sales@namibia-tracks-and-trails.com
www.namibia-tracks-and-trails.com/german
Eine Auswahl aus dem vielseitigen Angebot: geführte Lodge- und Campingsafaris, organisierte Selbstfahrer- und Rundreisen, exklusive Flugsafaris, Quadbiking, Sandboarding, Fallschirmspringen im Tandem, Bootsfahrten, Ausflüge in die Namib-Wüste, Cape-Cross-Touren, Fahrten zum Sandwich Harbour, Vogelbeobachtung, Aktivitäten und Ausflüge in und um Swakopmund.

Alle Buchungen und Nachfragen staatliche Reservate betreffend sollen über eine der drei nachstehenden Adressen erfolgen:

Namibia Wildlife Resorts
Central Reservations Office
Private Bag 13378, Windhoek
Tel.: 061-2857200, Fax: 061-224900
E-Mail: reservations@nwr.com.na
www.nwr.com.na
Reservierungen in Nationalparks: Unterkünfte, auch Zelt-, Wohnmobil- und Wohnwagen-Stellplätze im Voraus in Windhoek buchen. Tagesbesucher zahlen Eintritt an den Reservatseingängen.

Namibia Wildlife Resorts
Swakopmund Office, Ritterburg
Private Bag 5018, Swakopmund
Tel.: 064-402172, Fax: 064-402796
E-Mail: sw.bookings@nwr.com.na
www.nwr.com.na

Namibia Wildlife Resorts
Cape Town Office
Pinnacle Building, Ground Floor
Burg Street, Cape Town, Südafrika
Tel.: 021-4223761, Fax: 021-4225148
E-Mail: ct.bookings@nwr.com.na
www.nwr.com.na

Namibia Wildlife Resorts
Terrace Bay Fishing Resort
Private Bag 13378, Windhoek
Tel.: 061-2857200, Fax 061-224900
E-Mail: reservations@nwr.com.na
www.nwr.com.na

Namibia Wildlife Resorts
Torra Bay
Private Bag 13378, Windhoek
Tel.: 061-2857200, Fax 061-224900
E-Mail: reservations@nwr.com.na
www.nwr.com.na

NamibRand Safaris (Pty) Ltd.
Box 5048, Windhoek
Tel.: 061-230616, Fax: 061-220102
E-Mail: info@wolwedans.com
reservations@wolwedans.com
www.wolwedans.com

Outdoor Adventure
Box 24405, Windhoek
Tel.: 062-581663, Fax: 062-581664
Mobiltelefon: 081-4757957
E-Mail:
outdoor-adventure@mweb.com.na
www.outdoor-adventure-namibia.de
Das Reisebüro ist auf dem Kuzikus-Wildlife-

Reservat (s. S. 57 u. 231) ansässig, das für sein Engagement für Umwelt- und Artenschutz bekannt ist. Safaris werden mit Geländefahrzeugen für maximal 10 Teilnehmer/innen ausgelegt. Mit einem stets gut gelaunten, deutschsprachigen Naturburschen als Reisebegleiter soll man Land und Leute, die Tier- und Pflanzenwelt und die Wüsten und Berge Namibias intensiv kennenlernen. Abenteuerliche Zeltcamps oder komfortable Lodges stehen für Übernachtungen zur Wahl. Auch Familiensafaris werden angeboten. Solche kleineren Gruppen werden von geschulten deutschsprachigen, kinderfreundlichen Safariführern begleitet und besonders Kinder erhalten verwendbare Informationen aus erster Hand über Land und Leute, Natur, Tierwelt und Kultur.

Pelican Tours
14 Main Rd., Walvis Bay
Tel./Fax: 064-207644
E-Mail: pelican@iway.na
www.pelican-tours.com
Das Unternehmen bietet vor allem abenteuerliche Kreuzfahrten mit modernem Motorboot zur Beobachtung von Robben und Walen sowie des reichen Seevogellebens in der Walfischbucht und anschließendem Küstengebiet. Fahrten zum Sandwich Harbour und Kurzsafaris zum Dünengebiet vor der Hafenstadt Walfish Bay stehen ebenfalls auf dem Programm.

Pleasure Flights & Safaris
Box 537, Swakopmund
Tel.: 064-404500, Fax: 064-405284
E-Mail: redbaron@iafrica.com.na
www.pleasureflights.com.na/german
Das Programm umfasst tägliche Rundflüge und längere Flugsafaris in Namibia, auch individuell geplant, außerdem Kombinationen von Flug und Autofahrt. Auch Hubschrauber-Safaris sind neuerdings im Angebot. Hier ein paar Auszüge aus dem umfangreichen Programm:

- Der Ovahimba-Tagesausflug (1110 km) führt bis nach Opuwo, Hauptstadt vom Kaokoland. Ein Besuch der Himbadörfer gehört dazu.
- Der Tagesausflug zur Skelettküste (780 km) schließt den nördlichen Küstenstreifen ein, mit seiner reichen Vogelwelt, Schiffwracks und wahrscheinlich der größten Kolonie von Südafrikanischen Pelzrobben weltweit. Zurück nach Swakopmund geht es über das zerklüftete Damaraland, vorbei am massiven Brandberg und der malerischen Spitzkoppe. Variante auch mit Mittagspause und Pirschfahrt im Damaraland.
- Ein kürzerer Flug (360 km) gibt auch dem Besucher unter Zeitdruck die Möglichkeit, die bizarre Skelettküste von oben kennenzulernen. Es geht über die Mondlandschaft des Swakoptals, dem Kuiseb-Flussbett folgend, vorbei an fabelhaften Dünenformationen nach »Conception Bay« durchs Diamanten-Sperrgebiet. Schiffswracks, Robbenkolonien und Flamingos und eventuell auch eine verlassene Diamantenmine können von oben beobachtet werden.
- Beliebt ist auch der Tagesausflug zum Sossus Vlei (630 km) mit einer Landung bei Sesriem und einer Geländefahrt bis ins Sossus Vlei. Es bleibt genug Zeit, auch das Tote Vlei zu fotografieren und nach dem Mittagessen im Schatten eines Kameldornbaumes zu rasten.
- Wer den Süden Namibias aus der Luft studieren möchte, kann den großen Südrundflug (1510 km) wählen. Es geht am Sossus Vlei vorbei zum gewaltigen Fish River Canyon, ein großer Kontrast zu den welthöchsten Dünen um Sossus. Ein Zwischenaufenthalt in Lüderitz erlaubt

den Geisterort Kolmannskuppe zu besichtigen, heute eine Geisterstadt, damals Herberge für Diamantschürfer und -spekulanten. Nach einer leichten Mahlzeit und willkommenen Rast in Lüderitz folgt ein Flug an der Küste entlang zurück nach Swakopmund.

Sandwich Harbour 4x4
Naude u. Katja Dreyer
Box 419, Walvis Bay
Tel.: 064-207663, Fax: 064-207593
Mobiltelefon: 081-1473933
E-Mail: info@sandwich-harbour.com
www.sandwich-harbour.com

Skeleton Coast Safaris
Box 2195, Shop 15b, 2nd Floor
North Wing, Maerua Park Windhoek
Tel.: 061-224248, Fax: 061-225713
E-Mail: info@skeletoncoastsafaris.com
www.skeletoncoastsafaris.com
Die fantastischen Flugsafaris – bezeichnet als sanfte Abenteuer-Safaris für kleine Gruppen zwischen 2 und 10 Personen – führen über die verlassene Skelettküste mit Überblick auf das Hartmanntal bis zum Kunene River. Weiter geht's im Geländewagen zu dumpf dröhnenden Dünen, den Ugab-Felsformationen. Dazu ein Besuch bei den nomadisierenden Himba, Erläuterungen bei Buschmannzeichnungen und Welwitschias. Übernachtet wird in luxuriösen, dauerhaften, privaten Wüstencamps in wechselnder Skelettküstenlandschaft, zuerst am unteren Huab River in der Erongo-Region, dann unter Kameldornbäumen und Makalani-Palmen im Hoarusib-Tal und zuletzt an der Nordwestgrenze Namibias mit Blick auf den Kunene River. Die 4–6 Tage dauernden Safaris kosten derzeit etwa € 5000 – € 10 000, plus jährliche Preiserhöhungen. Für Kinder gelten die gleichen Tarife.

Southern Cross Safaris & Expedition
Box 941, Windhoek
Tel.: 061-251553, Fax: 061-251883
E-Mail: southerncross@mweb.com.na
www.southern-cross-safaris.com
Southern Cross Safaris & Expedition hat sich auf die älteste und ursprünglichste Art der Safari-Reisen, mit Routen abseits der geteerten Straßen und Übernachtungen in Zelten, spezialisiert. Ziel ist Afrika individuell zu entdecken.

Sunrise Tours & Safaris
Box 442, Swakopmund
Tel.: 064-404561, Fax: 064-404923
Mobiltelefon: 081-2474825
E-Mail sunrisetours@iafrica.com.na
sunrisetours@orusovo.com
www.sunrisetours.com.na/contact-de
Außer auf die typischen Reise- und Safaritouren konzentriert sich dieses namibische Touristikunternehmen besonders auf individuelle Touren und abenteuerliche Campingsafaris in die entlegensten Teile von Damara- und Kaokoland, das Buschmannland und zu den Victoria-Fällen. Diese mit Geländewagen und erstklassiger Campingausrüstung durchgeführten Safaris sind hauptsächlich für kleinere Gruppen von 4 bis maximal 12 Personen ausgelegt. Auch Selbstfahrertouren, auf Wunsch kombiniert mit Flugsafaris, stehen auf dem Programm. Eine Zugnummer ist zweifellos eine 14-tägige begleitete Selbstfahrersafari von Windhoek bis zum äußersten Nordwestzipfel des Landes, von den Ruacana- und Epupa-Fällen über Van Zyls Pass zum Marienfluss. Die bequemste Art Namibia zu bereisen ist vielleicht die angebotene Flugsafari im Kleinflugzeug. Sie dauert 10 Tage und führt über Sossus Vlei, Swakopmund, Ongava Zeltcamp, Epupa-Fälle und Impalila Island zurück nach Windhoek.

SWA Safaris Namibia
Box 20373, Independence Avenue 43
Windhoek
Tel.: 061-221193, Fax: 061-225387
E-Mail: swasaf@swasafaris.com.na
www.swasafaris.de
Das traditionsreichste Reise-Unternehmen Namibias ist seit 1954 zuverlässiger Partner für Gruppen- und Einzelreisende. Touren werden durch Namibia, Botswana und zu den Victoria-Fällen unternommen. Dazu stehen an die Straßenverhältnisse angepasste Busse bereit. Angeboten werden aber auch geführte und Selbstfahrer-Touren, Camping- und Flug-Safaris. Besondere Ausflüge oder Camping-Safaris können ebenfalls arrangiert werden, selbst für Interessengruppen wie Biologen, Botaniker, Mineralogen oder Ornithologen. Beliebt ist seit Langem die vorzügliche Betreuung durch deutschsprechende Reiseleiter, die gleichzeitig als Fahrer tätig sind. Da in Namibia vorwiegend auf Staub-, Sand- und Schotterstraßen gefahren wird, sind Luxusbusse ungeeignet, da ihr Bodenabstand zu gering und die Luftfederung untauglich ist. Auch WCs sind auf hiesigen Straßen nicht angebracht. Alle Busse von SWA Safaris haben deshalb eine LKW-Chassis, die erheblich höher liegt und Bodenwellen, tiefen Sand oder Schotter besser bewältigt. Die Innenausstattung entspricht ohne Einschränkung der eines Luxusbusses.

Time Out Ladies Travel
Box 1676, Swakopmund
Tel.: 064-404687
Fax: 081-2083501
www.africa-adventure.org/t/timeout/deutsch.htm
Die Nr. 1 für Frauenreisen in Namibia bietet Safarirouten für abenteuerlustige Frauen, die ihre Leidenschaft für unabhängiges Reisen entdeckt haben und auf eigene Faust die Welt erobern möchten, oder einen Teil davon. Die Routen werden individuell ausgearbeitet von kenntnisreichen Damen (die auch als Reiseleiterinnen fungieren) für Mütter, Töchter, Freundinnen, Kolleginnen. Begegnungen mit namibischen Frauen verschiedener Kulturgruppen stehen ebenso auf dem Programm wie Besuche in Schulen und Kindergärten sowie in Werkstätten und bei Frauen-Projekten. Erwartet wird Teamgeist und die Bereitschaft, beim Aufbau des Camps und gemeinsamen Kochen Hilfe zu leisten.

Galerie, Museen, Botanischer Garten, Bücherei, kulturelle Einrichtungen

Kristallgalerie
Box 358, Tobias Hainyeko/Theo-Ben Gurirab Avenue, Swakopmund
Tel.: 064-406080, Fax: 064-406084
E-Mail: gems@kristallgalerie.com
www.kristallgalerie.com
Der größte Quarzkristall-Cluster, der je ausgestellt wurde, ist mit seinen 3 m Höhe und Breite sowie 14 100 kg Gewicht die größte Attraktion der Swakopmunder Kristallgalerie. Er wurde im August 1985 im Karibib-Distrikt entdeckt und in 5 Jahren freigelegt. In der Galerie sind außerdem viele andere Kristalle und Edelsteine des Landes ausgestellt und zum Verkauf angeboten.
Die Galerie ist Mo – Sa von 9 – 17 Uhr geöffnet.

Lüderitz Museum
Diazstraße, Lüderitz
keine Telefonnummer
geöffnet Mo – Fr 8.30 – 11.00 Uhr und 16.30 – 18.00 Uhr,
im Winter 15.30 – 17.00 Uhr, Sa 9 – 11 Uhr

Museum Swakopmund
Box 361, Swakopmund
Tel.: 064-402046, Fax: 064–400763
E-Mail: office@swakopmund-museum.de
www.swakopmund-museum.de
Namibias größtes Privatmuseum hat eine ausgezeichnete Mineraliensammlung mit erlesenen Stücken aus dem Tsumeb-Kupferbergwerk und der Namib, einen Meteoriten sowie aus dem ganzen Land stammende Fossilien. In Dioramen wird der Kontrast zwischen Namib und Meer dargestellt. Lebensgroße Ausstellungsstücke von nachtaktiven Tieren wie Erdferkel und Stachelschwein, der seltene goldene Maulwurf, Insekten, Schmetterlinge und die größte Vogeleiersammlung Namibias sind weitere Anziehungspunkte. Fundstücke und Artefakte aus der Ur- und Frühgeschichte werden in der archäologischen Abteilung präsentiert. Nebenan stehen ein Ochsenwagen, der zwischen Grootfontein und Angola verkehrte und das Modell einer Zwillingslokomotive aus der Pionierzeit. Einzigartig ist die Ausstellung »Menschen in Namibia«. Sie zeigt die Entstehung einer Nation vor dem traditionellen Hintergrund der verschiedenen ethnischen Gruppen des Landes.
Auch der Abbau von Uranerz und der Prozess der Urangewinnung werden dargestellt.
Die Rössing-Uranmine, angeblich größter Urantagebau der Welt (50 km nordöstlich von Swakopmund), kann besichtigt werden. Exkursionen können an der Museumskasse gebucht werden.

Nationaler Botanischer Garten
8 Orban Street, Windhoek
Tel.: 061-2022011, 061-2029111
E-Mail: nbri@nbri.org.na
geöffnet Mo–Fr 8–17 Uhr, Eintritt frei
Zu erreichen vom National Botanical Research Institute, das für die Entwicklung des Gartens zuständig ist. Hier gibt es auch eine illustrierte Karte und eine Liste mit allen im Garten vorkommenden Arten.

Sam Cohen Library
Box 361, Ecke Sam Nujoma Avenue und Windhoeker Straße, Swakopmund
Tel.: 064-402695, Fax: 064-400763
E-Mail: office@swakopmund-museum.de
www.swakopmund-museum.de/d-bibliothek.htm
Die Bibliothek enthält etwa 10 000 Bücher einschließlich der bekannten Africana-Sammlung von Ferdinand Stich. Alle stehen im Zusammenhang mit Namibia und besonders mit seiner Naturgeschichte. Dazu gibt es ein Archiv mit einer umfangreichen Sammlung historischer und Landschaftsfotos, Landkarten, Schriftstücke aus allen Wissensgebieten und eine ausführliche Datenbank.

The Living Culture Foundation Namibia (LCFN)
Pienaar Street 34, Pionierspark
Box 30627, Windhoek
Tel.: 061-220563
E-Mail: contact@lcfn.info
www.lcfn.info
Die LCFN ist eine gemeinnützige deutsch-namibische Organisation, die sich für kulturelle Entwicklung in Namibia einsetzt. Sie hilft armen Namibiern, sogenannte Lebende Museen aufzubauen. Diese sind eine interessante und authentische Darstellungsform von traditioneller Kultur. Ein Lebendes Museum ist gleichzeitig eine Schule für Kultur und ein kommunales Unternehmen innerhalb des namibischen Tourismus. Touristen und Reisende in Namibia können die Lebenden Museen besuchen und so zum Erhalt der Kultur und zur Armutsbekämpfung in Namibia aktiv beitragen.

Das Lebende Museum der Damara
www.lcfn.info/damara/damara-home

Auch wissenswert

Kleidung

Im Südwinter zwischen Mai und September ist neben leichter Sommerkleidung warmes Winterzeug angemessen. Von Oktober bis April leichte Kleidung und warme Sachen für den Abend sowie Regenschutz. Die Kleiderordnung ist eher locker. Nur in den teureren Hotels und in manchen Landhotels legt man noch Wert auf konservative bis »smart casual«-Kleidung. Auf Safaris sind festes Schuhzeug, reißfeste Hosen und Kopfbedeckung unerlässlich.

Telefon

Internationale Vorwahlen: Namibia 00264, Deutschland 0049, Österreich 0043, Schweiz 0041, Botswana 00267, Simbabwe 00263, Sambia 00260, Südafrika 0027
Telefon- und Faxverbindungen in alle Welt.

Ob Kapkobra oder andere Tiere – erste Schutzmaßnahme bei unverhoffter Begegnung: Abstand halten und ruhig bleiben!

Telefonieren aus öffentlichen Telefonzellen fast nur noch mit Telefonkarten: in Beträgen zu N$ 10, 20 oder 50 in den meisten Geschäften und bei den Postämtern erhältlich. Das Cell-Phone-Netz (Handy) befindet sich im Ausbau.

Elektrische Spannung

220 V Wechselstrom. Zwischenstecker sind in allen Kaufhäusern und Elektroläden zu bekommen.

Gifttiere

Sehr selten trifft der Besucher in der Wildnis auf **Giftschlangen**, Begegnungen sind aber nicht auszuschließen. Die meisten Schlangen fliehen bei Annäherung von Menschen sofort. Zudem ist beim Abwehrverhalten die Giftmenge meist geringer als bei einem Jagdbiss. Es ist wichtig, das Opfer zu beruhigen und so schnell wie möglich fachkundige Hilfe zu erreichen, die über weitere Behandlung oder Antiserum entscheiden kann. Es ist unzweckmäßig, selbst Gegenmittel mitzunehmen, da die Anwendung meistens zu riskant ist und Schockreaktionen auslösen kann. Die Seren für verschiedene Giftarten müssen bei einer Temperatur von 2–8 °C aufbewahrt werden. Auch andere Selbsthilfe, wie Glieder abbinden oder Aussaugen, schadet eher, als dass sie nützt. Wichtig ist es, den Patienten kühl zu halten und die Bisswunde zu verbinden. Gesunder Respekt, festes Schuhwerk und knöchelschützende Hosenbeine sind die beste Vorbeugung. Steigen Sie nicht blind über Baumstämme oder Steine.
Für **Skorpione** gilt die Faustregel: Je dicker der Schwanz und je dünner die Scheren, desto giftiger – und desto schneller ist medizinische Behandlung erforderlich. Der Stich dünnschwänziger Skorpione ist oft sehr schmerzhaft, klingt aber nach 1 Tag

meist wieder ab. Zum Glück jagen die Tiere nur nachts und sind nicht aggressiv.
Es gibt nur 3 **Spinnenarten** mit gefährlichem Gift im südlichen Afrika. Sie treten in Namibia kaum in Erscheinung.

Artenschutz

Namibia ist Signatar des CITES-Abkommens (Convention on International Trade in Endangered Species), das den Handel mit gefährdeten Arten regelt. Elfenbein, Felle, seltene Vögel und andere Arten, die durch das Washingtoner Artenschutzabkommen geschützt werden, dürfen weder ein- noch ausgeführt werden!

Ministry of Environment and Tourism (MET)
Private Bag 13306, 1st Floor
Troskie Building, Uhland Street
Windhoek
Tel.: 061-2842111, Fax: 061-2842216
www.met.gov.na
Directorate of Tourism (MET)
Tel.: 061-2842178
Fax: 061-221930
E-Mail: sts@met.na
www.met.gov.na
Das Ministerium für Umwelt und Tourismus (MET) ist verantwortlich für die größten geschützten Gebiete Afrikas von insgesamt 135 906 km². Die Website informiert über alle Nationalparks und weitere Naturschutzgebiete. Broschüren, Profile und Infoblätter können jederzeit heruntergeladen und weitere spezielle Information eingeholt werden.

Vierradantrieb

Geländefahrer sehen Namibia als das Land der unbegrenzten Möglichkeiten. Teile der Region sind auch für normale Fahrzeuge zugänglich. Besucher sollten deshalb prüfen, ob sich die weit höheren Ausgaben für ein vierradangetriebenes Fahrzeug (4x4) für sie lohnen. Reparaturen im Busch können zeitraubend und teuer werden. Deshalb sollte unbedingt auf Alter und Fahrtauglichkeit des Leihwagens geachtet werden! Reifenpannen und Schäden an den verhältnismäßig schweren Fahrzeugen sind draußen nicht immer leicht zu beheben. In Wild- und Naturreservaten ist das Fahren abseits der meist tadellosen Fahrwege nicht erlaubt. Wildes Querfeldeinfahren vermeiden. Reifenspuren bleiben in den ariden Lebensräumen sehr lange erhalten. Wildes Fahren vergrämt scheue Tiere. Nachtfahrten vermeiden.

Unterkunft 🛏

Angebote reichen von einfachen Pensionen bis zu Gästefarmen und exklusiven Lodges (Ferienhotels). Besonders beliebt sind immer noch die in den staatlichen Reservaten oft reizvoll gelegenen, einst sehr preisgünstigen Bungalows und Hütten. Diese Unterkünfte für Selbstversorger besitzen Kühlschrank, Kochgelegenheit, Duschen, Bettzeug und Handtücher. Sogenannte »Luxuszimmer« sind mit Bädern ausgestattet. Geschirr und Besteck sind mitzubringen.
Außerhalb der staatlichen Reservate gibt es ein umfangreiches Angebot von privaten Herbergen aller Art, von jugendherbergsähnlichen Backpacker Inns über deutsche Privatpensionen, Ferienwohnungen und Gästefarmen bis zu einfachen, gutbürgerlichen und luxuriösen Hotels. Die Preise bewegen sich zwischen etwa 500–1500 N$ und bei einigen Game Lodges weit darüber hinaus. Einzelne Preisangaben sind kaum möglich, da mit ständigen Preisänderungen zu rechnen ist.

Camping ⛺

Staatliche Reservate bieten Camping- und Wohnwagenplätze mit kalten und heißen

Bädern/Duschen, Kochgelegenheiten und Kühlschrank an. Zugelassen per Standplatz sind bis zu 8 Personen, 2 Fahrzeuge, Wohnwagen und Zelt.
Auch die meisten größeren Orte besitzen Wohnwagen- und Campingplätze. Selbst in abgelegenen Gegenden mit Sehenswürdigkeiten haben sich Campingplätze durchgesetzt. Oft sind sie auch an Ferienwohnungen und Gästefarmen angeschlossen. Standplatzpreise bewegen sich zurzeit zwischen 50 und 250 N$. Manchmal werden zusätzlich Standgebühren für ein Fahrzeug oder Preise pro Person verlangt. Einfach bis sehr gut sind auch die Plätze, die von der lokalen Bevölkerung eingerichtet und unterhalten werden.

»Camping. In den letzten Jahren in Amerika aufgekommener Brauch, in den Ferien oder zum Wochenende in den Wald zu ziehen und sich von Jagd und Fischfang zu ernähren« (Brockhaus Real-Enzyklopädie, 15. Auflage, 1929). Diese Randbemerkung ist über 80 Jahre alt, und heute ziehen Camper nicht nur in den Wald, sondern durch die ganze Welt. Namibia gehört zu den besonders erlebnisreichen Zielen.

BITTE BEACHTEN: Nicht ohne Erlaubnis auf Farmland zelten! Wildes Campen ist grundsätzlich nicht zu empfehlen. Bei Camping an einsamen Plätzen, z. B. an Flussläufen im Kaokoland, bitte folgende Regeln beachten: Nie dicht an Wasserstellen oder in Trockenflussbetten campen!
Bringen Sie bitte möglichst ihr eigenes Brennmaterial mit und benutzen Sie die vorhandenen Feuerstellen. Achten Sie darauf, dass die Umgebung kein Feuer fangen kann. Bitte keine Feuer unter Bäumen und zwischen Baumwurzeln. Im sonnigen Namibia lässt sich im Notfall trockenes Gras für ein Feuer mit einem kurzbrennweitigen Objektiv oder Fernglas entzünden. Abfälle, die nicht verbrennbar sind, unbedingt wieder mitnehmen, da sie von Hyänen und Schakalen ausgegraben werden. Benutzen Sie so viel wie möglich biologisch abbaubares Konsumgut.

Campingplätze, Lodges und andere Unterkünfte

Anmerkung: Es wurden überwiegend Campingplätze auf dem Gelände von Gästefarmen und Lodges aufgenommen. Alle sind durchs Web zu erreichen.

Windhoek und Region

Elisenheim Ferienfarm
Brakwater, Box 3016, Windhoek
Tel./Fax: 061-264429
Mobiltelefon: 081-3380743
E-Mail: awerner@mweb.com.na
www.natron.net/tour/elisenheim

Etusis Lodge
Farm Etusis No 75, Box 5, Karibib
Tel.: 064-550826
Hotline: Tel.: 061-224712
Fax: 064-88648893
E-Mail: info@etusis.com
www.etusis.de
Die Lodge liegt in einem 21 km² großen privaten Wildschutzgebiet, mitten zwischen Windhoek und Swakopmund, jeweils 220 km entfernt, 19 km südwestlich von Karibib. Unterbringung in Grasdachbungalows, Luxuszelten oder separat gelegenem Farmhaus mit 4 Schlafzimmern. Campingplatz mit 5 Stellplätzen, beschattet von Bäumen und Büschen, 20 km von der Lodge entfernt, sanitäre Anlagen, Grillplätze, Lodge nicht zugänglich für Camper. Preise recht hoch.

Gästefarm Düsternbrook 🛏 ⛺
Johann Vaatz, Box 870, Windhoek
Tel.: 061-232572, Fax: 061-257112
E-Mail: info@duesternbrook.net
www.duesternbrook.net
Die älteste Gästefarm Namibias besitzt einen kleinen, schattigen Campingplatz, mit Gemeinschaftsduschen, WCs und einem Schwimmbad. Der Preis für die Camping-Übernachtung ist guter Durchschnitt. Es gibt auch einen wesentlich höheren Pauschalpreis, der 3-Gänge-Abendessen und Frühstücksbüffet einschließt. Schwimmbad, gut beschilderte Wanderwege und Rundfahrten durchs eigene Wildgehege sind ebenfalls im Angebot.

GocheGanas Natur- und Wellness-Reservat 🛏 ⛺
Box 40770, Windhoek
Tel.: 061-224909, Fax: 061-224924
E-Mail: reservations@gocheganas.com
info@gocheganas.com
www.gocheganas.com

Kuzikus Wildlife Reserve und Lodge 🛏
Familie Dr. F. G. Reinhard
Private Bag 13112, Windhoek
Tel.: 061-253076, Fax: 061-255508
E-Mail: info@kuzikus-namibia.de
www.kuzikus-namibia.de
Die Lodge verfügt über 6 Gästezimmer mit En-suite-Bädern, jeweils mit eigener Veranda, großen Moskitonetzen, großzügigen Badezimmern, Heizöfen/Wärmflaschen für die kalten Jahreszeiten Juni–August, WLAN-Internetverbindung, jedoch keine Tageszeitung und kein kommerzielles Fernsehen. Stromanschluss: 220 V und 36 V.

Namibwüste Zelt- und Rastlager ⛺
Box 85, Usakos
Tel.: 064-530283, Fax: 064-530283
E-Mail: docwag@iway.na

Gute Gästefarmen bieten nicht selten engen Kontakt zur Tierwelt.

Sicherer Zelt- und Wohnwagenplatz an der B 2 zwischen Windhoek und Swakopmund. Gut für Zwischenstopp auch auf der Fahrt ins Erongo-Gebiet. Leichtes Essen, kalte Getränke, Schwimmbad.

Ondekaremba 🛏 ⛺
Caroline Rust
Box 1609, Otjiwarongo
Tel.: 062-540424, Mobilfax: 0-88635249
E-Mail: info@ondekaremba.com
www.ondekaremba.com
Ondekaremba ist 40 km von Windhoek und 7 km vom internationalen Flughafen entfernt. Standardzimmer, Luxusapartments und eine Familiensuite. Campingplatz, mit Strom, Wasser, und Feuerstelle für jeden Stellplatz, WC und Duschen, liegt inmitten der Natur und doch dicht am Farmhaus. Hier können auch Camper an typischen Mahlzeiten aus der Farmküche teilnehmen. Ondekaremba, Platz der guten Weide, ist hervorragend geeignet, eine Safari in typischer Natur zu beginnen und ausklingen zu lassen. Bei Bedarf können eigener Wagen und Lkws für längere Zeit in Großgaragen

untergestellt werden. Das wild- und vogelreiche Gebiet kann auf Rundfahrten und Wanderungen erkundet werden.

Rooiklip Gästefarm
Hannelore Neuffer u. Frans van Biljon
Box 40522, Windhoek
Tel.: 061-681031, Fax: 061-681032
E-Mail: rooiklip@iway.na
www.rooiklip.iway.na
3 Stellplätze auf einer Anhöhe mit herrlicher Aussicht, von Felsüberhängen beschattet und windgeschützt. Geeignet für Camper mit Zelten, Dachzelten und Wohmobile. Warme und kalte Dusch, Grillplatz, Mountainbiking, Farmrundfahrten mit möglichen Begegnungen von Bergzebra, Kudu, Spießbock, Warzenschwein, Springbock, Steinbock, Klippspringer, Leopard, Gepard, Schabrackenschakal. Am Fuß des Gamsbergs, 190 km nach Windhoek oder über den Kuiseb-Pass nach Walvis Bay oder Swakopmund (210 km).

Etosha-Region

Etosha Aoba Lodge
Onguma Private Game Reserve
Etosha National Park
Tel.: 067-229100, Fax: 067-229101
E-Mail: info@etosha-aoba-lodge.com
www.etosha-aoba-lodge.com

Etosha Safari Camp and Campsite
Gondwana Collection
Box 80205, Windhoek
Tel.: 061-230066, Fax: 061-251863
Mobiltelefon: 081-1292424 (after hours)
E-Mail: info@gondwana-collection.com
www.gondwana-collection.com
Der Etosha-Safari-Campingplatz liegt 10 km (C 38) vor dem Andersson-Tor nach Okaukuejo. Er bietet schattige mit Rasen bewachsene Standplätze. Neben Duschen, Toiletten und Spülecken gibt es ausreichend Steckdosen und mobile Grills. Das Schwimmbad im anschließenden Etosha Safari Camp darf benutzt werden, ebenso das »Okambashu«-Restaurant.

Gästefarm Dinosaur's Tracks
Adele u. Reinhold Strobel, Box 5, Kalkfeld
Tel.: 067-290153
E-Mail: dinotracks@mweb.com.na
service-team-dino@web.de
www.dinosaurstracks.com
Gästefarm und Camp liegen im zentralen Hochland. Campingplatz mit 5 Stellplätzen unter schattigen Akazienbäumen bei den Dinosaurierspuren (Nationales Monument), jeder mit Trinkwasseranschlüssen und Feuerstelle, Duschen mit heißem Wasser, Spültoiletten. Gerichte, auch für Diabetiker und Vegetarier, werden auf Bestellung zubereitet.

Kavita Lion Lodge
Tammy u. Uwe Hoth
Box 118, Kamanjab
Tel.: 067-687107, Fax: 067-687108
E-Mail: kavita@iway.na
www.kavitalion.com
www.afrileo-foundation.org
Übernachten in riedgedeckten Chalets oder familiengerechten Landhäusern, großes Schwimmbad im Garten. Organisierte Buschfahrten und -wanderungen, Vogelbeobachtung, auch vom hausnahen Ansitz. Preise im mittleren Segment.

Khorab Lodge
Box 186, Otavi
Tel.: 067-234352, Fax: 067-234520
Mobiltelefon: 081-1492670
E-Mail: reservations@khorablodge.com
www.khorablodge.com
Zur Lodge gehört ein schöner Campingplatz, alle Stellplätze mit eigenem Grillplatz und Sitzgelegenheiten unter einem Stroh-

dach, saubere Duschen mit Warmwasser und eigener Toilette. Restaurant, Bar und Schwimmbad stehen dem Camper ebenfalls zur Verfügung.

Kupferquelle Resort

Box 184, Tsumeb
Tel.: 067-220139, Fax: 067-220149
E-Mail: contact@kupferquelle.com
www.kupferquelle.com

Campingplatz mit 27 modernen Stellplätzen (in der höheren Preisklasse), 50-m-Olympia-Schwimmbad, Steakhaus, Internet-Café. Gut gelegen im Zentrum von Tsumeb, idealer Stopover für Safaris nach Etosha oder durch die Caprivi-Region.

Meteorite Camping

Klaas u. Madelein Malan
Tel./Fax: 067-242094
Mobiltelefon: 081-2425456
E-Mail: malanjn@iway.na
www.natron.net/meteorite-camping

Der Campingplatz auf der Farm Venus im Distrikt Grootfontein ist 4 km vom größten Meteoriten der Welt entfernt. Es gibt 6 viel Platz bietende Standplätze mit Elektrizität, heißem und kalten Wasser, Bäder und Toiletten, Schwimmbad.

Mondjila Adventures

Johan Swanepoel
Box 4516, Vineta, Swakopmund
Tel.: 064-406395, Fax: 064-401048
E-Mail: info@mondjila.com
www.mondjila.com

Das Safari-Camp ist über Outjo zu erreichen und nur 32 km vom Andersson-Tor des Etosha-Nationalparks entfernt. Es bietet erschwingliche Unterkunft in unberührter Natur. Auf dem Campingplatz sind je Stellplatz bis zu 8 Personen zugelassen. »Mondjila« bedeutet in OshiWambo etwa »auf dem Weg nach irgendwo«.

Naturreservat Waterberg Wilderness

Joachim u. Caroline Rust
Box 767, Otjiwarongo
Tel.: 067-687018, Fax: 067-687020
E-Mail: info@waterberg-wilderness.com
www.waterberg-wilderness.com

Eine landschaftlich und klimatisch attraktiv gelegene Ferienanlage auf und am Waterberg-Plateau bietet außer gut geführten Lodges mit Aussicht über die endlose Kalahari auch 2 gut ausgestattete komfortable Campingplätze unter schattigen Bäumen. Die Preise liegen leicht über dem Durchschnitt. Dafür sind Feuerholz und ein

Frühaufsteher im Vorteil: Streifengnuherde im Morgenlicht.

separater, überdachter Parkplatz im Obolus eingeschlossen. Zur Abkühlung stehen ein Schwimmbecken mit weichem Quellwasser und eine überdachte Getränkebar bereit. Hier wird auch preiswertes Grillfleisch guter Qualität angeboten.

Ohange Lodge 🛏 ⛺
Justus u. Karla Brits
Box 10, Otavi
Tel./Fax: 067-234031
Mobiltelefon: 081-2616738
E-Mail: ohangejk@iway.na
www.ohange.com
Ein alter deutscher Stall wurde zum Backpackers Inn und seine Umgebung zu einem friedvollen Campingplatz mit privaten Duschen, Toiletten, Schwimmbad und Grillplätzen im Schatten alter Marula- und Tambuti-Bäume. Die Lodge liegt in den Otavi-Bergen, 30 km nördlich von Otavi. Der Name Ohange geht auf das Herero-Wort für Frieden zurück.

Rustig Toko Lodge & Safaris 🛏 ⛺
Box 25, Kamanjab
Tel.: 067-687095, Fax: 067-687094
www.tokolodge.com
Campingplatz Omumborombonga, benannt nach dem heiligen Ahnenbaum der Herero, verfügt über 3 Stellplätze mit Wasseranschluss. Feuerholz für einen abendlichen Grill (Braai) ist jederzeit erhältlich. Camper können auch in der Lodge essen. Die Farm gilt als idealer Ausgangspunkt für Safaris durch den Etosha-Nationalpark, zu den Epupa-Fällen und nordwärts zu den Himba. Auf einer Nachtfahrt durch das Farmgelände hat man die Chance, nachtaktiven Tieren zu begegnen, vor allem den schüchternen Fünf: Erdwolf, Erdferkel, Stachelschwein, Afrikanische Wildkatze und Löffelhund.

Toshari Lodge 🛏 ⛺
Box 164, Outjo
Tel.: 067-333440, Fax: 067-333444
Reservations: 081-3822655
E-Mail: toshari@iway.na
www.etoshagateway-toshari.com
Der Campingplatz mit 3 Stellplätzen ist unter stattlichen Mopane-Bäumen und auf grünem Rasen, jeder mit eigenen sanitären Anlagen, Elektrizität und Grillplatz. Brennholz wird geliefert. Das Ferienhotel liegt 25 km vor dem Andersson-Eingang nach Etosha zwischen Outjo (C 38) und Okaukuejo.

Treesleeper Camp ⛺
Box 1174, Tsumeb
Tel./Fax: 067-221752
E-Mail: info@treesleeper.org
www.treesleeper.org
Campingplatz, mehrere Stellplätze mit baumbeschatteter Aussichtsterrasse. Private Grillplätze, Wasser, Picknick-Tisch und Stühle, Beleuchtung und Warmwasser durch Solarenergie. Leicht zu erreichen von Namutoni oder von Tsumeb auf der D 3006 nach Tsintsabis (ca. 60 km). Der Zugang zum Camp ist beschildert. Das von der Dorfgemeinschaft Tsintsabis unterhaltene nachhaltige Tourismusprojekt will den Besuchern vor allem traditionelle Kultur und Lebensweise ihrer San-Vorfahren veranschaulichen.

!Uris Safari Lodge 🛏 ⛺
Box 1321, Tsumeb
Tel.: 067-220248 oder -221818
Fax: 067-220242
E-Mail:
manager@uris-safari-lodge-namibia.com
www.uris-safari-lodge-namibia.com
Der Campingplatz mit erhöhten Plattformen auf den 4 Stellplätzen ist 5 km von der Lodge entfernt. Jeder besitzt Feuerstelle,

Frischwasser und Einrichtungen zum Geschirrspülen. Es bestehen zwei Heißwasserduschen und Toiletten. In der Lodge gibt es ein Wellness-Studio. Durch die Lage dicht am Etosha-Nationalpark und bei den berühmten tiefen Seen Otjikoto und Guineas ist der Aufenthalt ideal, sich Vögeln und zahlreichen Baumarten zu widmen (auch mit Führung). Dafür bleibt in Etosha meist nicht viel Zeit. Das Gebiet ist bekannt als Habitat der Elenantilope.

Waterberg Guest Farm 🛏
Harry Schneider-Waterberg
Private Bag 2208, Otjiwarongo
Tel.: 067-302223, Fax: 981-687120
Mobiltelefon: 081-1246688
E-Mail: info@waterbergnamibia.com
www.waterbergnamibia.com

Zum Potjie Restcamp 🛏
Box 202, Otavi
Tel.: 067-234300, Fax: 067-221964
E-Mail: info@zumpotjie.com
www.zumpotjie.com

Die kleine Farm an der B1 zwischen Otavi und Tsumeb zeichnet sich durch die betont ländliche Atmosphäre aus, die durch das Angebot an deftiger burischer Küche verstärkt wird. Hier werden in dreibeinigen, gusseisernen, traditionellen Töpfen typische Eintöpfe zubereitet, die auch den Campern angeboten werden. Zum Abendessen stehen Schaffleisch, Truthahn, Ente und Hähnchen auf dem Speisezettel sowie »Bobotie«, ein Hackfleischgericht aus Südafrika, ursprünglich aus Malaysia.

Kalahari

Tsumkwe Country Lodge 🛏 ⛺
Box 6597, Windhoek
Reservations:
Tel.: 061-374750, Fax: 061-256598
Lodge und Camping direkt:
Tel.: 067-244028, Fax: 067-244073
E-Mail: reservations@ncl.com.na
tsumkwe@ncl.com.na
www.namibialodges.com

Herero mit ihrer Rinderherde auf dem Weg zur nächsten Kalahari-Wasserstelle in der Nähe von Tsumkwe.

21 Doppelzimmer, 5 Stellplätze für Camper, Wasser und Elektrizität durch Generator (bis 22 Uhr), sanitäre Anlagen mit heißem und kaltem Wasser, Grill, Schwimmbad, Restaurant und Bar; Shop und Tankstelle im Ort. Mit normalem Auto erreichbar. Grundstück ist elefantensicher.

Caprivi-Kavango mit Chobe und Victoria-Fällen

Camp Kwando
Box 8016, Kongola
Tel.: 066-686021, Fax: 066-686023
reservations@campkwando.com
www.kwandocamp.com
Aktivitäten bestehen aus den hier üblichen Bootsfahrten, Angeltouren, Pirschfahrten und Besuch bei den Einheimischen in ihren Dörfern.

Caprivi River Lodge & Hakuna Matata Adventures
Keith u. Mary Rooken-Smith
Box 2029, Ngewze, Katima Mulilo
Tel.: 066-252288, Fax: 066-253158
Mobiltelefon: 081-2418182
E-Mail: hakumata@iway.na
www.capriviriverlodge.com
Die Lodge liegt 5 km östlich von Katima Mulilo am Zambezi River. Im Angebot sind Kajakfahrten, Fischfang und Trips mit dem Motorboot Hakuna Matata (Swahili: keine Sorgen), Schwimmbad, Restaurant und Bar. Übernachtungen in Chalets und Hütten. Besuche von Flusspferden, Krokodilen, Nilwaranen und Grünen Meerkatzen sind nicht ausgeschlossen.

Chobe Game Lodge
Box 32, Kasane, Botswana
Tel.: 00267-6250340
Info und Buchung (auch deutsch) am besten durch:
Desert & Delta Safaris, Private Bag 310 Maun, Botswana, Tel.: 00267-6861243 Fax: 00267-6861791, E-Mail: info@desert-delta.com, www.desertdelta.com

Chobe Safari Lodge
Box 10, Kasane, Botswana
am Chope-Nationalpark
Tel.: 00267-6250336, Fax: 00267-6250437
E-Mail: reservations@chobesafarilodge.com
www.chobesafarilodge.com
Der Campingplatz besitzt elektrische Anschlüsse und moderne sanitäre Anlagen. Die individuellen Stellplätze sind durchdacht im Uferwald des Chobe River verteilt. Mit den hauseigenen Booten Fish Eagle und Kingfisher lässt sich unter Sternen dinieren, derweilen Elefanten und Büffelherden am Ufer betriebsam sind, Flusspferde in der Nähe grunzen und Nilkrokodile auf Beute lauern. Auch 3-stündige Trips ins Parkinnere können gebucht werden.
Die Übernachtungsmöglichkeiten der Lodge sind sehr komfortabel bis luxuriös, mit Klimaanlage und nicht unerschwinglich. Eine Bar mit Blick auf Fluss und Überschwemmungsebene, Internet-Café, Massage und Schönheitssalon sowie Aktivitätszentrum sind im weiteren Angebot.

Ichingo Chobe River Lodge
Impalila Island, Chobe River
Eastern Caprivi/Namibia
Buchung und Information:
Tel.: (0027) 079-8717603
Fax: (0027) 086-6185220
E-Mail: info@ichobezi.co.za
www.ichobezi.co.za
Aktivitäten: Wild- und Vogelbeobachtung, auf Wunsch mit dem Motorboot unter sachkundiger Begleitung, Einbaum-Trips, Angeln am Ufer und auf dem Chobe und Zambezi River, Spaziergänge zur »Island Village«. Angeschlossen ist Ichingo, eine luxuriöse Lodge im Zeltstil. Alle Zelte mit Blick auf

den Fluss, während die hauptsächliche Ferienanlage direkt über den Fluss gebaut ist.

Ichobezi Safari Boat 🛏
Impalila Island, Chobe River
Eastern Caprivi/Namibia
Buchung und Information:
Tel.: (0027) 079-8717603
Fax: (0027) 086-6185220
E-Mail: info@ichobezi.co.za
www.ichobezi.co.za
Das Boot ist eine neuere Attraktion auf dem Chobe und Zambezi River. 4 luxuriöse, komfortable Doppelkabinen stehen für angenehme Übernachtungen bereit. Mehrtägige, unbeschreiblich spannende Wildbeobachtungen vom Boot aus sind einmalig. Vor allem die zu Afrikas größten zählenden Elefantenherden, die meist gegen Sonnenuntergang das Flussufer erreichen, lassen sich aus nächster Nähe beobachten. Anwesend sind zumeist auch stattliche Antilopenarten und die zu den Großen Fünf zählenden Löwen, Büffel und Leoparden. Vogelbeobachtung steht ebenfalls das Jahr hindurch auf dem Programm. Naturexperten sind immer zu Auskünften und Beratung bereit, besonders auf den Safaritrips. Sportangeln gehört auch zum Angebot. Besonders aufregend ist die »Jagd« auf den legendären »Tigerfisch«, Afrikas kämpferischen und attraktivsten Raubfisch. Fahrten mit einem Makoro (Einbaum) und Landausflüge geben tiefere Einsicht in das noch weitgehend unberührte Gebiet am Vierländereck.

Ihaha Campsite ⛺
Chobe National Park
Booking & Reservations:
Box 131, Gaborone, Botswana
Tel.: 00267-3180774, Fax: 00267-3180775
E-Mail: dwnp.parrogabs@gov.bw
www.mewt.gov.bw/DWNP

Büffelbulle ruht nach kühlendem Schlammbad.

Impalila Island Lodge 🛏
Tel.: (0027) 011-7811661
Fax: (0027) 011-7817129
E-Mail: sales@anthology.co.za
www.islandsinafrica.com
Herrliche Lage auf einer Insel am Zusammenfluss von Zambezi und Chobe River. Aktivitäten: Bootsfahrten, auch zum Sonnenuntergang, Ausritt auf behäbigen Elefanten, Wildbeobachtung auf dem Chobe River im Chobe-Nationalpark, geführte Ausflüge zum Nachbardorf, zum 2000 Jahre alten Affenbrotbaum und zu weiteren botanischen Sehenswürdigkeiten. Dazu die obligatorische Bootsfahrt in den Sonnenuntergang.

Kalizo Lodge 🛏 ⛺
Kalimbeza Road, Katima Mulilo
Tel.: 066-686802, Fax: 066-252802
E-Mail: info@kalizolodge.com
www.kalizolodge.com
Am Sambesi gelegen, 40 km flussabwärts von Katima Mulilo. Bequeme Vogelbeobachtung und ein oft herrlicher Sonnenuntergang über dem Sambesi sind ideal, um ein paar Tage nach den großen Safaris auszuruhen und dem Durcheinander von Katima Mulilo zu entkommen. Schwimmbad, Restaurant und Bar, außerdem 7 rus-

tikale 2-Bett-Chalets, 5 Schlafräume mit 4 – 6 Betten (Selbstversorger), Campingplatz mit 18 Stellplätzen.

Lianshulu Lodge
Mudumu-Nationalpark, Caprivi
E-Mail: reservations@caprivicollection.com
www.caprivicollection.com

Namushasha River Lodge
24 km südlich von Kongola an der D 3517
Info und Reservierung:
Gondwana Collection
Box 80205, Windhoek
Tel.: 061-230066, Fax: 061-251863
info@gondwana-collection.com
www.gondwana-collection.com
Die eher exklusive »Buschlodge« liegt 24 km südlich von Kongola im Ost-Caprivi am Ufer des Kwando, mit herrlichem Blick auf eine beliebte Badestelle der Flusspferde – ein einmaliges Erlebnis im subtropischen Teil Namibias. Rundu und Victoria-Fälle sind nur eine Tagesetappe entfernt. Camping auf guten Grasplätzen ist möglich.

Ngepi Camp
Box 5140, Divundu
Tel.: 066-259903, Fax: 066-259906
E-Mail: ngepi@getalifeplanet.com
www.ngepicamp.com
Das Camp ist 15 km von Divundu entfernt und wird als Lebensgemeinschaft von Tieren, Pflanzen und Menschen geführt. Besucher können in romantischen Baumhäusern mit kühlenden Rieddächern übernachten oder unter herrlichem Baumbestand zelten. Ein abgesonderter Bereich steht Overlandern zur Verfügung. Einmalig ist das im Okavango dümpelnde Schwimmbad. Eine weitere Besonderheit sind Safaris im Makoro. Das ist ein aus einem Baumstamm ausgehöhltes Kanu, das mit langer Stange fortbewegt wird.

N//gaobaca-Camp
Info-Tel.: 066-252739
E-Mail: tutwa@mweb.com.na
Im Voraus buchen ist nicht möglich. Ökologischer Campingplatz in zauberhafter Lage am anderen Ufer, gegenüber dem Popa-Falls-Naturpark. Nach 4 km Fahrt vom Naturpark in Richtung Katima Mulilo weist eine beschilderte Abzweigung nach rechts. Nach weiteren 2,7 km folgt das N//gaobaca-Camp am Ostufer des Okavango. Es wird von der »West Caprivi Community Conservation and Eco-Tourism« unterhalten, zu der auch eine San-Gruppe gehört, von der die Bezeichnung N//gaobaca (»Brodelndes Wasser«) für die Popa-Fälle stammt. Jeder Zeltplatz liegt versteckt am Okavango zwischen Büschen und Bäumen mit eigenem Spülklo, Kaltwasserdusche und überdachter Feuerstelle mit Sitzecke. Von der Aussichtsplattform lässt sich die vielfältige Vogelwelt des Caprivistreifens beobachten. Zumindest nachts sind die Flusspferde fast regelmäßig zu hören. Tagsüber bleiben sie meist auf Distanz. Führungen durch San-Personal möglich. Feuerholz wird auf Wunsch geliefert. Alles zu erschwinglichen Preisen. Am frühen Morgen oder späten Nachmittag lohnt ein Abstecher auf der Buffalo Road in den nahen Bwabwata-Nationalpark, auf Wunsch mit fachkundiger Führung.

Sarasungu River Lodge
Box 414, Rundu
Tel.: 067-255161, Fax: 067-256238
Mobiltelefon: 081-3679141
E-Mail: sarasung@mweb.com.na
www.sarasunguriverlodge.com
Am Flussufer, mit einmaligem afrikanischen Ambiente. Neben exzellenten Speisen und Weinen werden auch Kanuvermietung und Fahrten auf dem Okavango in den Sonnenuntergang angeboten.

Vorsicht auf einsamen Straßen! Esel wissen nichts von Vorfahrt!

Suclabo Lodge
Box 894, Rundu
Tel./Fax: 067-255796
Schattige Stellplätze am Fluss, direkt hinter dem Popa Falls Resort. Pool, Restaurant und Bar vorhanden. Okavango-Bootsfahrt möglich.

Zambezi Camp
Victoria Falls
Tel.: 0263-1340509/11
Mobiltelefon: 0263-712405791
E-Mail: reservations@restcamp.co.zw
www.vicfallsaccommodation.com

Zambezi Lodge, Ost-Caprivi
Box 198, Katima Mulilo
Tel.: 066-253149/253560/253667
Fax: 066-253631
E-Mail: katima@africa.com.na

Ovamboland und Kunene

Hippo Pools Campsite
Region Omusati
Tel.: 065-270120
Buchen und informieren durch:
Elena Travel Services & Car Hire
Box 3127, Windhoek
Fax: 061-244558
E-Mail: info@namibweb.com
10 Stellplätze unter herrlichen Akazien- und Mopanebäumen am Kunene-Ufer in der Nähe der Rucana-Fälle. Jeder Platz mit eigener Feuerstelle, außerdem gibt es gemeinsame heiße Solarduschen und umweltfreundliche Toiletten. Petroleumlampen gibt es leihweise, Feuerholz ist zu bezahlen. Die lokale Gemeinschaft unterhält den preiswerten Platz in gutem Zustand.

Kunene River Lodge
Box 373, Opuwo
Tel.: 065-274300
Tel. (Satellit): 065-685016
Fax: 065-274301

E-Mail: info@kuneneriverlodge.com
www.kuneneriverlodge.com
Campingplatz mit 12 Stellplätzen am Kunene River, zwischen subtropischem Pflanzenwuchs unter Jackalberry- und Ahnenbäumen. Elektrizität stundenweise durch Generatoren, gute sanitäre Anlagen, kalte und warme Duschen.

Nakambale Museum and Campsite 🛏 ⛺
Box 2018, Ondangwa
Tel.: 065-245668
Es gibt einen Campingplatz mit Duschen, Toiletten und Küche sowie ein historisches Missionars-Cottage und traditionelle Hütten, alles zu sehr erschwinglichen Preisen. Auf Wunsch werden traditionelle Mittag- und Abendessen serviert, begleitet von traditioneller Musik. Vorherige Buchung ist zwingend.

Ombalantu Baobab Tree Heritage Centre ⛺
Box 15, Outapi
Tel./Fax: 065-251005
Mobiltelefon: 081-2923955
Kaffee und andere Getränke werden im »Koffeehuys« (Café) serviert. Ein Kiosk dient mit Bratrost und Holz für ein deftiges Barbecue. 4 Zeltplätze stehen müden Safari-Reisenden zu günstigen Preisen zur Verfügung.

Ruacana Eha Lodge 🛏 ⛺
Springbok Avenue, Box 62, Ruacana
Tel.: 065-271500, Fax: 065-270095
E-Mail: info@ruacanaehalodge.com.na
www.ruacanaehalodge.com.na
Die Lodge ist eine Oase in einem abgeschiedenen, nicht unbedingt lieblichen Landesteil, gut geeignet für eine Verschnaufpause vor und nach einer Safari zu den Kaoko- und Damaraland- oder Etosha-Nationalpark-Wundern. Außer Restaurant, Bar und Gesellschaftsraum locken Schwimmbad, Squash- und Volleyball-Plätze und ein Fitnessstudio, um den Reisestaub abzuschütteln. Ruacana Falls und traditionelle Himba-Dörfer sind in etwa 2–2½ Std. zu erreichen.

Kaokoland und Damaraland

Aba-Huab Campsite 🛏 ⛺
liegt an der Schotterstraße D 3214,
nur 6 km von Twyfelfontein entfernt.
Box 131, Twyfelfontein
Tel.: 067-331104
Das Camp im malerischen Tal des nahen Aba-Huab River ist mit Pkw erreichbar. Vorsicht ist in der Regenzeit geboten, wenn der Trockenfluss Wasser führen kann. Einfache, der Umwelt angepasste Zeltplätze im unteren Budgetbereich reihen sich am Flussufer, mit Feuerstellen, Tischen, Bänken, fließendem Wasser und ausreichend, guten sanitären Anlagen. Für anspruchsvollere Gäste stehen Unterkünfte unter strohgedeckten Steildächern (A-Frames), Toiletten und Duschen mit heißem und kaltem Wasser bereit. Zelte, Matratzen und Schlafsäcke sind zu mieten. Fahrten mit einer Eselskutsche sind recht beliebt. Restaurant und Bar sind vorhanden. Mahlzeiten vom Frühstück bis zum Abendessen möglichst im Voraus buchen. Auch traditionelle Damara-Gerichte werden auf Wunsch serviert. Bei Bedarf werden traditioneller Gesang und Tanz organisiert. Teilnahme ist erlaubt.

Cheetah Park Otjitotongwe 🛏 ⛺
Tollie u. Roeleen Nel
Box 60, Kamanjab
Tel.: 067-687056, Fax: 067-687057
E-Mail: cheetahs@iway.na
www.cheetahparknamibia.com
Auf der Farm leben zahme und wilde Geparden, die bei der Fütterung und in freier Wildbahn beobachtet und fotografiert werden können. Buschfahrten mit Gelän-

dewagen zu den wilden Geparden oder Wanderungen sind möglich. Neben seltener einheimischer Flora, darunter Python Vines (*Fokea multiflora*), sind fossile Stromatoliten zu bewundern, 600–700 Mio. Jahre alte Fossilalgen. Sie wuchsen in einem seichten warmen See, der den nördlichen Teil Namibias bedeckte. Hinzu kommt noch eine vielfältige Vogelwelt. Übernachtungen in 5 Zweibettbungalows mit WC und Dusche. Die Preise sind dem kleinen Familienbetrieb angemessen. Ein Campingplatz zu günstigen Preisen und ein Aussichtsturm sind ebenfalls vorhanden.

Damara Mopane Lodge
Gondwana Collection 🛏
Box 80205, Windhoek
Tel.: 061-230066, Fax: 061-251863
www.gondwana-collection.com

Das Lebende Museum der Damara
bei Twyfelfontein
Tel.: 061-220563
E-Mail: contact@lcfn.info
www.lcfn.info/damara/damara-home
Weitere Informationen: The Living Culture Foundation Namibia (LCFN) (s. S. 227).

Epupa Falls Lodge & Campsite 🛏 ⛺
an den Epupa-Fällen, Kunene River
Tel.: 065-685053, Fax: 065-685055
Mobiltelefon: 081-3664003
E-Mail: manager@epupa.com.na
reservations@epupa.com.na
www.epupa.com.na
Ein exklusiver Campingplatz mit 5 Stellplätzen unter großen, Schatten spendenden Anabäumen und Makalani-Palmen liegt an einem ruhigen Platz direkt am Kunene River. Der Platz ist ausgestattet mit sanitären Anlagen, Duschen mit warmem und kaltem Wasser, WCs, Feuerstellen für Grillpartys, Hängematten und Laternen für Ambiente. Mahlzeiten sollten im Voraus gebucht werden.
Für höhere Ansprüche stehen 9 luxuriöse Safarizelte auf Steinplattform bereit, jedes mit 2 Einzelbetten und Badezimmer, elektrischem Licht, Moskitonetzen und einem schattigen Balkon mit Aussicht auf den Fluss. Ein kleines Schwimmbad dient zur Abkühlung während der sommerlichen Mittagshitze. Die Preise sind hoch, jedoch sind alle Aktivitäten eingeschlossen. Nur Bootsfahrten sind extra zu bezahlen.

Fort Sesfontein Lodge & Safaris 🛏 ⛺
Box 3676, Swakopmund
Tel.: 065-685034/32, Fax: 065-685033
Mobiltelefon: 081-1292377
E-Mail: info@fort-sesfontein.com
www.fort-sesfontein.com
Die komfortable Lodge wurde in landesüblicher Lehmbauweise errichtet, mit Natursteinböden und Holzunterdecken. Damit wurde versucht, die ursprüngliche Atmosphäre der Schutztruppen-Festung zu erhalten. Dagegen genügen die Badezimmer heutigen Komfortansprüchen: Warmwasseraufbereitung über Solarkollektoren, Ausstattung der Betten mit Moskitonetzen, Deckenventilatoren. Der sandige Campingplatz neben der Lodge ist hingegen sehr einfach gehalten.

Hoada Campsite ⛺
Die Campsite liegt 25 km östlich der Grootberg Lodge, die Anfang 2012 die Betreuung von Hoada übernommen hat.
Grootberg Lodge, Kamanjab
Box 97448, Windhoek
Tel.: 067-333212, Fax: 0886-25903
E-Mail: reservations@grootberg.com
www.grootberg.com
Der Platz ist einer der preiswertesten in Namibia und einer der bemerkenswertesten. Er liegt in der »Ecke des Elefanten«,

dem kommunalen Hegegebiet Khoadi//hôas, das von den ansässigen Damara verwaltet und bewirtschaftet wird. Jeder der 3 Stellplätze hat eine Toilette, Dusche mit Heißwasser, Abwasch unterm Schattendach und Grillplatz. Rund um das großartige Grootberg-Plateau lebt noch eine eindrucksvolle Vielfalt wilder Tiere, darunter der sogenannte Wüstenelefant, aber auch Zebras, Löwen, Leoparden und Antilopen.

Huab Lodge 🛏
Box 103, Kamanjab
Tel.: 067-312070, Fax: 088-628432
E-Mail: info@huab.com
www.huab.com
Wi-Fi und Internet in allen Bungalows und Public Areas.

Khowarib Lodge und Rest Camp 🛏
Box 1648, Swakopmund
Tel./Fax: 064-402779 (tagsüber)
Mobiltelefon: 081-4965450, 081-1295265 (nach Büroschluss)
E-Mail: reservations@khowarib.com
www.khowarib.com
Das Camp liegt in der Khowarib-Schlucht, 1 km von der Siedlung Khowarib entfernt, unweit der D 3706 Palmwag – Sesfontein. Der Campingplatz, mit 8 schattigen Stellplätzen, besitzt Toiletten, »Buschduschen«, Feuerstellen und Elektrizität. Stromversorgung und Beschaulichkeit werden garantiert. Für zeltlose Gäste stehen 14 luxuriöse Zelte mit Bad auf Stelzen bereit. Riesige Mopane-Bäume spenden Schatten. Die Ausblicke auf Schlucht und Felsen sollen grandios sein.

Ongongo Campsite ⛺
Buchung und Information durch:
Elena Travel Services & Car Hire
Box 3127, Windhoek
Fax: 061-244558
E-Mail: info@namibweb.com
Die Stellplätze sind sehr privat, zum Teil mit Sonnenschutz. Zelte können auch gemietet werden. Toiletten, Warmwasserduschen und Feuerstellen sind vorhanden. Elektrizität durch einen Generator. Besucher schwärmen von einem der »schönsten und erfrischendsten Campingplätze in Namibia«, der bis jetzt noch eher als Geheimtipp gehandelt wird.

Palmwag Lodge 🛏 ⛺
Reservierungen durch:
Elena Travel Services & Car Hire
Box 3127, Windhoek
Fax: 061-244558, (kein Telefon)
E-Mail: info@namibweb.com
www.namibweb.com/terms.html
Die Palmwag Lodge liegt mit hohen Palmen und romantischen Sonnenuntergängen in einer atemberaubenden Umgebung, in der Begegnungen mit den berühmten Wüstenelefanten, den seltenen Spitzmaulnashörnern und anderem Wild noch häufiger vorkommen. Sie zeichnen eines der beliebtesten Natur- und Urlaubsziele der Region aus. Gleichzeitig ist es eine ideale Umgebung, sich von der doch anstrengenden Pirsch auf die wilden Tiere am Schwimmbad unter Schatten spendenden Palmen oder auf einem der angelegten Wanderwege zu entspannen. Pirschfahrten und selbst Campingsafaris auf dem eigenen Konzessionsgebiet werden bei Bedarf täglich arrangiert. Auch der Besuch der Himba in den umliegenden Dörfern steht auf dem Programm. Der Weg durch den Hoanib River nach Sesfontein ist mit normalem Pkw schlecht befahrbar. Auch für die Fahrt auf der Distriktstraße DR 3706 durch die über 20 km lange, enge, wunderschöne Khowarib-Schlucht ist ein Fahrzeug mit Vierradantrieb erforderlich. Die kleine Streusiedlung Kho-

Luxuriöse Unterkünfte wie die Vingerklip-Lodge werden immer beliebter, allerdings auch immer teurer.

warib hat eine betriebsame Mischbevölkerung aus Nama und Herero.

Twyfelfontein Country Lodge 🛏

Buchung: Box 6597, Windhoek
Tel.: 061-374750, Fax: 061-256598
E-Mail: twyfelfontein@ncl.com.na
Die Lodge liegt ungefähr 100 km westlich des kleinen Ortes Khorixas und ist von der Distriktstraße C39 aus zugänglich. Das Resort bietet 56 Zweibettzimmer mit Bad zu angemessenen Preisen, dazu Restaurant, Bar und Schwimmbad. Es liegt inmitten eines Naturschutzgebiets.

Vingerklip Lodge 🛏

Box 11550, Windhoek
Tel.: 067-290319, 067-687158
Fax: 067-687157
Buchungsbüro Windhoek:
Tel./Fax: 061-255344
E-Mail: vingerkl@mweb.com.na
www.vingerklip.com.na
Übernachtung in strohgedeckten Bungalows mit 2 Schwimmbädern und einem Whirlpool (Jacuzzi) nahbei. 8 Wohneinheiten sind besonders für Gäste mit Kindern eingerichtet. Im Eagles Nest Restaurant mit herrlichem Ausblick, hoch über der Lodge auf den Ugab-Terrassen gelegen, kann statt des üblichen Abendessens in der Lodge ein typisches namibisches Diner serviert werden.

Xaragu Camp 🛏 ⛺

Box 4223, Vineta, Swakopmund
Buchen: Tel.: 064-406242 (8–17 Uhr)
nach Büroschluss:
Mobiltelefon: 081-4070826
Fax: 064-406252
E-Mail: xaragu@africaonline.com.na
www.xaragu.com
Der Campingplatz besteht aus 10 geräumigen Standplätzen mit genügend Schatten für Zelte und Fahrzeuge. Komfortable Safarizelte mit kompletter Ausrüstung können

gemietet werden. Dazu Grillplätze für jeden, gemeinsame sanitäre Anlagen, Restaurant, Bar und kleines Schwimmbad in der Nähe. Keine Telefonverbindung, keine Elektrizität, doch bei Einbruch der Nacht tragen 180 Petroleumlampen zum Ambiente der Wildnis bei.
Das von vielen Gästen als hochromantisch beschriebene Camp und seine Umgebung erschließen sich besonders bei einem morgendlichen Ausritt. Pferde stehen zur Verfügung. Xaragu ist 2 km von der Kreuzung C 39 – D 2612 entfernt und liegt 20 km nördlich von Twyfelfontein. Zufahrt mit normalem Pkw durch ein Stück felsiges Flusstal ist möglich, aber mit Vorsicht anzugehen. Generell empfiehlt sich für eine Erkundungsfahrt durch die Region ein geländegängiges Fahrzeug.
Eine Besonderheit dieses speziell bei jüngeren Safari-Enthusiasten sehr beliebten Camps, entworfen nach ökologischen Gesichtspunkten, ist auch die Pflege verletzter Wildtiere, darunter Erdmännchen, Warane, Antilopen und Katzenkinder aus dem Busch. Sie werden, wenn möglich, nach intensiver Pflege der Wildnis zurückgegeben.

Erongo-Gebirge

Ameib Gästehaus
Box 266, Usakos
Tel.: 064-530803, Fax: 064-530904
E-Mail: ameib@natron.net
www.natron.net/tour/ameib
Über die D 1935 und D 1937 von Usakos zu erreichen (40 km). Übernachtung in einem 2-Bett-Cottage mit Frühstück. Auch der Campingplatz, mit großzügig durch Büsche und Bäume getrennten Stellplätzen mit festen Fundamenten, ist erstklassig ausgestattet mit Duschen, WC, Feuerstelle und Schwimmbad. Wer nicht selbst brät oder kocht, kann Frühstück, Diner oder Büffet im Restaurant einnehmen. Es steht auch Tagesbesuchern offen, ebenso der schattige Picknickplatz.

Brandberg Rest Camp
Box 35, Uis
Tel.: 064-504038, Fax: 064-504037
E-Mail: brandberg@africaonline.com.na
www.brandbergrestcamp.com
Das Ferienresort in der Ortsmitte von Uis bietet preiswerte Familienunterkünfte, einen Camping- und Wohnwagenplatz mit Duschen und Bädern, Restaurant, Bar, 25-m-Schwimmbad, Tennis- und Golfplatz.

Brandberg White Lady Lodge und Camping
Die White Lady Lodge liegt an der nördlichen Seite des Brandbergs.
Tel.: 064-684004, Fax: 064-684006
Mobiltelefon: 081-2684250
E-Mail: ugab@iway.na
www.brandbergwllodge.com
Der Campingplatz im Flusstal erhielt 3 Jahre hintereinander die Bewertung als bester natürlicher Campingplatz. Dazu gehören Elektrizität, Toiletten, Heißwasserduschen, eigener Wasseranschluss und Feuerstelle. Weiterhin bietet das Resort 8 Chalets und 15 Räume in Bungalows an, alle mit Badezimmer, Restaurant und Bar. Auch große, luxuriöse Zelte sind zu mieten. Alle Unterkünfte, wie auch der Campingplatz, sind verteilt zwischen Schatten spendenden großen Bäumen im Tal des Ugab River.

Hohenstein Lodge
Box 33733, Swakopmund
Tel.: 064-530900, Fax: 064-530931
E-Mail: info@hohensteinlodge.com
www.hohensteinlodge.com
10 geräumige Bungalows mit 2 Betten und Dusche, WC. Restaurant, Camelthorn Bar

und Schwimmbad. Zu erreichen aus Richtung Windhoek über Karibib oder direkt von Swakopmund. In Usakos von der B2 in die ungeteerte D1935 einbiegen und etwa 25 km in nördliche Richtung bis zum Eingangstor fahren.

Omandumba Farm 🛏 ⛺

Harald u. Deike Rust, Box 129, Omaruru
Tel.: 064-571086
Mobiltelefon: 081-2453713, 081-2170879
E-Mail: omandumba@iway.na
www.omandumba.de

Die Ferienfarm liegt am nordwestlichen Rand des Erongo-Gebirges, 50 km westlich von Omaruru und ist über die ungeteerte Landstraße C36 zu erreichen, von Swakopmund–Usakos–Okombahe über die Nebenwege D1935 und D2306. Es gibt 4 für einen »namibischen Bauernhof« typische Gästezimmer mit 2 außen liegenden Duschen und Toiletten. Dazu Zeltplätze mit heißem und kaltem Wasser, mit Ried verkleidete Buschtoiletten, Grillplätze und eine mit dem Nötigsten ausgestattete »Buschküche« zur Benutzung für alle Gäste. Wildfleisch, Grillpakete und Feuerholz liefert die Farm. Wilde Zeltplätze inmitten der Erongo-Wildnis, sogar an einer Wasserstelle, die regelmäßig vom Wild aufgesucht wird. Sie stehen auch Eltern zur Verfügung, die gern ein paar Tage in unberührter Natur verbringen möchten. Frau Rust übernimmt solange gern die Betreuung der Kinder. Auch ihre eigenen 3 Kinder freuen sich auf Spielkameraden. Familien mit Kindern sind immer herzlich willkommen. Bitte beachten: Die Farm ist nicht an das Stromnetz angeschlossen. Verbindungen mit dem Mobiltelefonnetz sind teilweise möglich.

Segelfahrt im heißen Wüstensand bei Walfischbucht

Swakopmund und Walvis Bay

Cape Cross Lodge 🛏

Box 259, Henties Bay
Tel.: 064-694012/17/64, Fax: 064-694013
Buchungen direkt:
Tel.: 064-461677, Fax: 064-461488
E-Mail: bookings@capecross.org
E-Mail: info@capecross.org
www.capecross.org

Das relativ neue und exklusive Ferienhotel liegt unweit der Robbenkolonie, doch außerhalb des durchdringenden Robbengeruchs, wenige Meter vom Skelettküstenstrand entfernt. Anreiz besonders auch für Besucher der Skelettküste, die sich draußen im Zelt nicht dem ewigen, kühlen Seewind aussetzen wollen. Von Swakopmund aus sind es 120 km auf der mit Sand und Salz befestigten Straße. 20 luxuriöse Doppelzimmer sind ausgestattet mit riesigen

Aussichtsfenstern, Bad und privatem Balkon mit Meeresblick. Alles zu einem akzeptablen Preis.

Lagoon Chalets & Caravan Park 🛏 ⛺
8th Road West, Meersig
Tel.: 064-217900, Fax: 064-207469
Ferienbungalows, voll möbliert, Kühlschrank, Küche, Fernseher, Garage. Campingplatz in ruhiger, ungestörter Lage, 24 Stellplätze, sanitäre Anlagen, Grillplätze. Sportanlagen für Golf, Tennis, Squash, Bowling, Softball nahebei. Preise leicht über Durchschnitt.

Meile 4 Wohnwagenpark und Camping 🛏 ⛺
Box 3452, Vineta, Swakopmund
Tel.: 064-461781, Fax: 064-462901
E-Mail: m4swakop@mweb.com.na
www.mile4swkp.com
Meile 4 ist nur wenige Hundert Meter vom Nordrand Swakopmunds entfernt. Außer 160 Standplätzen für Camper und Caravaner stehen auch 14 Bungalows und Zimmer für Backpacker bereit. Wer mehr Privatsphäre liebt, für den stehen 8 abgesonderte Stellplätze mit jeweils eigenem, abschließbarem Badezimmer zur Verfügung.

Namibia Wildlife Resorts
4 Campingplätze an der Skelettküste ⛺
Jakkalsputz, Mile 72, Cape Cross
und Mile 108 Campsite
Tel.: 064-402172, Fax: 064-403023
E-Mail: reservations@nwr.com.na
(Siehe S. 223.)

Sophia Dale Base Camp 🛏 ⛺
Familie Lütz, Box 2248, Swakopmund
Tel./Fax: 064-403264
Mobiltelefon: 081-4130504

Willkommene Abwechslung für Teilnehmer an einer anstrengenden Kanufahrt.

E-Mail: sophia@mweb.com.na
www.sophiadale.de
Das Ferienresort liegt 12 km vor Swakopmund an der B 2. Es wird wie eine gute deutsche Pension geführt. In jedem Rondavel befinden sich 2 Schlafzimmer mit je 2 Betten und Badezimmer. Die Küche ist ausgerüstet mit Kühlschrank, 2-Platten-Herd, Wasserkocher, Radio, Kaffeemaschine sowie Koch- und Essgeschirr. Der Campingplatz besitzt außer normalen schattigen Stellplätzen mit besonderen Sonnendächern, Platz für Wohnwagen, Wohnmobile und besonderen Sonnenschutz für die immer beliebter werdenden Fahrzeuge mit Dachzelten. Jeder Platz ist von Büschen und Bäumen umgeben. Alle Plätze haben eine Feuerstelle. Die meisten sind mit Strom und Licht ausgestattet. Duschen werden mit Solarenergie betrieben. Die Preise sind angemessen.

Lüderitz bis Orange River

Amanzi Trails

Box 13, Noordoewer
Tel./Fax: 063-297255
E-Mail: info@amanzitrails.co.za
www.amanzitrails.co.za
Kanufahrten auf dem Orange River für jedermann werden arrangiert. Die gesamte benötigte Ausrüstung, einschließlich Kanus und Schwimmwesten, wird gestellt. Das Basiscamp ist 700 km von Kapstadt, 800 km von Windhoek und 1340 km von Johannesburg entfernt. Es liegt unter schattigen Bäumen und bietet heiße Duschen, WCs und herrliche Aussicht auf Fluss und Berge für Camper und Caravan-Fans.

Brukkaros-Krater-Campsites

9 km von Berseba entfernt. Sie werden von der Dorfgemeinschaft unterhalten.
Information und Reservierung:
Box 3127, Windhoek
Fax: 061-244558
E-Mail: info@namibweb.com
www.namibweb.com/bruckaros
Ein Camp für 2 Zelte liegt am Fuß des Kraters. Weiter oben ist ein besser eingerichteter, einfacher Campingplatz mit Platz für 3 Zelte, Freiluftduschen, Plumpsklos und Grillplätzen, aber ohne Strom. Holz und Wasser sollte man mitbringen. Und feste Schuhe auch.
Zu erreichen: Bei Tses von der B1 in die D 3901 nach Berseba (38 km) abbiegen.

Hammerstein Lodge und Camp

Familie Porteus, Box 250, Maltahöhe
Tel.: 063-693111, Fax: 063-693112
E-Mail: hammerst@hammerstein.com.na
www.hammerstein.com.na
Lodge und Campingplatz liegen in der Nähe von Sesriem (ca. 60 km), zwischen Nubi- und Tsaris-Bergen und beschreiben sich als eine Zwischenstation auf der Fahrt in den Süden Namibias. Die Campingmöglichkeiten sind ohne Elektrizität, aber in gehobener Preisklasse. Frühstück und Abendessen können in der nahen Lodge eingenommen werden, wenn man sich nicht günstig selbst verpflegen möchte.
Anfahrt: auf der C 19, 60 km südlich von Sesriem. Selbstfahrer mit Geländewagen (4x4) können auf einer interessanten Farmroute ihr Können testen. Buschmann-Malereien werden auf einem mehrere Kilometer langen Wanderweg erreicht. Hier stehen auch die großen Granitfelsen, die an einen Spielplatz für Giganten erinnern und der Lodge ihren Namen gaben.

Hardap-Erholungsort und -Wildreservat

12 km nördlich von Mariental gelegen. Die Zufahrt von der B 1 ist gut beschildert. Der ausgedehnte Touristenpark liegt kurz hinter der Staumauer. Außer Bungalows stehen Camping- und Wohnwagen-

plätze, Schwimmbad, Restaurant und Tankstelle zur Verfügung.
Buchungen und Informationen durch:
Namibia Wildlife Resorts
Central Reservations Office
Private Bag 13378, Windhoek
Tel.: 061-2857200, Fax: 061-224900
E-Mail: reservations@nwr.com.na
www.nwr.com.na
TIPP: Bitte vorher rechtzeitig feststellen, ob die umfangreichen Bauarbeiten, die bei Drucklegung noch im Gange waren, inzwischen abgeschlossen sind.

Hobas Fischfluss-Canyon-Camp ⛺
Namibia Wildlife Resorts
Central Reservations Office
Private Bag 13378, Windhoek
Tel.: 061-2857200, Fax: 061-224900
E-Mail: reservations@nwr.com.na
www.nwr.com.na
10 km vom Hauptaussichtspunkt und Einstieg zur Fischfluss-Wanderung entfernt. 14 schattige Zeltplätze unter Dornenbäumen und Ebenholz, Wasseranschluss, sanitäre Anlagen. Elektrizität durch Generator wird um 22 Uhr abgeschaltet. Dazu Schwimmbad, Grillplätze und ein kleiner Laden.

Mesosaurus Fossil Site & Quiver Tree Dolerite Park 🛏 ⛺
Box 270, Keetmanshoop
Tel.: 063-222990, 063-225050
E-Mail: info@mesosaurus.com
www.mesosaurus.com
Buchung und Information:
Elena Travel Services & Car Hire
Box 3127, Windhoek
Fax: 061-244558
E-Mail: info@namibweb.com
Übernachtungen in Chalets und auf Campingplatz möglich.

Norotshama River Resort 🛏 ⛺ H
Box 703, Aussenkehr
Tel.: 063-297215, Fax: 063-297217

Belohnung für Beharrlichkeit: Wild lebende Namibpferde im letzten Licht.

E-Mail: norotshama@africaonline.com.na
www.norotshamaresort.com
Am malerischen unteren Orange River gelegen, leicht zu erreichen (50 km) vom namibischen Grenzort Noordoewer (Tankstelle und Läden). Übernachtungen in riedgedeckten Chalets oder in auf dem Fluss dümpelnden Bungalows. Campingplatz am Flussufer mit Stromanschluss, sanitären Anlagen und Grillplätzen. Restaurant oder Selbstversorgung stehen zur Wahl.

Quiver Tree Forest Rest Camp 🛏 ⛺
Coenie u. Ingrid Nolte
Box 262, Keetmanshoop
Tel.: 063-683421, Tel./Fax: 063-683422
E-Mail: quiver@africaonline.com.na
www.quivertreeforest.com
2 Gästehäuser mit Küche, Wohnzimmer mit Minibar, Schlafräumen mit Einzel- und Doppelbetten; jedes Zimmer mit Dusche, WC. 8 Rundhütten, 3 davon mit Doppel- und Einzelbett, 5 mit je 3 Einzelbetten, jede Hütte ausgestattet mit Küche, Minibar, Dusche, WC, Klimaanlage. Außerdem gibt es einen geräumigen Campingplatz mit Heißwasserduschen, WC, Elektrizität und Grillplätzen.

Vogelstrausskluft Lodge 🛏 ⛺
Box 1959, Keetmanshoop
Tel.: 063-683086, Fax: 063-683087
E-Mail: info@vogelstrausskluft.com
www.vogelstrausskluft.com
Die exklusive Lodge bietet bis zu 50 Gästen Unterkunft. Das Campinggelände ist auf 3 Seiten durch Felsen und eine rote Sanddüne geschützt und direkt von der Hauptzugangsstraße zu erreichen. Jeder der 4 Zeltplätze verfügt über einen Grillplatz, Wasser- und Elektrizitätsanschluss und bietet Platz für bis zu 10 Zelte um eine zentrale Feuerstelle. 8 Heißwasserduschen, 6 Toiletten, 1 riedgedeckte Bar und Möglichkeiten zum Wäschewaschen und Geschirrspülen sind ebenfalls vorhanden. Frühstück, Mittag- und Abendessen können auch im Restaurant der nahen Lodge eingenommen werden.

Namib-Naukluft-Sossus-Vlei-Region

BüllsPort Gästefarm 🛏 ⛺
Johanna u. Ernst Sauber
Tel.: 063-693371, Fax: 063-693372
E-Mail: info@buellsport.com
www.buellsport.com
6 geräumige Luxuszimmer stehen für Übernachtungen bereit, ausgestattet mit Kaffee-/Tee-Stationen, Solar-Heißwasser, Moskitonetzen an Fenstern und Türen, Wi-Fi-Computer-Anschlüssen, Badezimmern mit Duschen, Gasheizungen für kalte Winternächte, außerdem kristallklares Schwimmbad, Bibliothek, Selbstbedienungs-Bar, großer Garten mit Schatten spendenden Palmen und Bäumen, sichere, schattige Parkplätze. 2 Campingplätze zur Auswahl: Der BüllsPort-Campingplatz in der Naukluft-Wildnis, 3 km vom Haus entfernt, ist ausschließlich für Gruppen vorgesehen. Toiletten und Duschen, Grillplätze, überdachte Veranda und Spülküche. Heißes Wasser über holzbefeuerten Durchlauferhitzer. Holz im Farmladen erhältlich. Mahlzeiten und Aktivitäten können auf der Gästefarm gebucht werden. Ein 2. Campingplatz mit Einzel-Stellplätzen liegt 4 km vom Haus entfernt in den Bergen mit den gleichen Einrichtungen. Die Naukluft-Berge bieten einmalige Wander- und Reitmöglichkeiten. BüllsPort liegt 236 km südwestlich von Windhoek. Entfernungen: Solitaire 53 km, Sesriem 113 km.

Desert Camp 🛏
Box 6900, Ausspannplatz, Windhoek
Tel.: 063-683205, Fax: 063-683206
Notfall und Wochenende:
Mobiltelefon: 0027-78-8021560

E-Mail: info@desertcamp.com
reservations@desertcamp.com
www.desertcamp.com
Desert Camp, Sossusvlei Lodge und Sossus Oasis Camp Site gehören zum gleichen Unternehmen. Die Lodge liegt 5 km entfernt an der D 826. Der Eingang zum Camp ist ebenfalls an der D 826, etwa 8 km von der Einmündung zur C 27 entfernt.

Duwisib Gästefarm
Familie Frank-Schultz, Box 21, Maltahöhe
Tel./Fax: 063-293344
E-Mail: info@farmduwisib.com
www.farmduwisib.com
Bungalow, Zimmer und Wohnung mit Schlossblick. Selbstversorgung möglich. Dazu kleines Café mit Laden. Neu angelegter Campingplatz mit modernen Sanitäranlagen. Alles zu erschwinglichen Tarifen.

Duwisib Schloss
Namibia Wildlife Resorts
Central Reservations Office
Private Bag 13378
Tel.: 061-2857200, Fax: 061-224900
E-Mail: reservations@nwr.com.na
www.nwr.com.na/duwisib_castle.html
Das »Schloss« liegt etwa 80 km von Maltahöhe entfernt und ist über die D 826 zu erreichen. Die Kosten für den von Namibia Wildlife Resorts betriebenen kleinen Campingplatz ohne Stromanschluss liegen leicht über dem Durchschnitt.

Klein-Aus Vista
Box 25, Aus
Tel.: 063-258116/258021
Fax: 086623302, 063-258021
E-Mail: info@klein-aus-vista.com
www.klein-aus-vista.com
4 Unterkünfte: Desert Horse Inn, Eagle's Nest Chalets, ›Geisterschlucht‹ Cabin, Desert Horse Campsite

Rostock Ritz Desert Lodge
Box 536, Swakopmund
Tel.: 061-257467, Fax: 061-257469
E-Mail: rostock.iway.na
www.rostock-ritzdesert-lodge.com
Originelle Bungalows in afrikanischem Stil, mit 18 Standard- und 2 Luxuszimmern. Alle mit elektrischem Licht, Ventilatoren. Kristallklares Leitungswasser wird aus 30 m tiefen Bohrlöchern gewonnen. Ein Campingplatz am Namibrand mit 4 individuellen Stellplätzen steht ebenfalls zur Verfügung, ausgestattet mit fließendem Wasser und überdachtem Grillplatz. Dazu Küche, elektrisches Licht, getrennte Badehäuschen, Waschbecken, Duschen (Warmwasser am Nachmittag) und WCs. Bis zu 25 Personen können sich auf der überdachten Terrasse mit Feuerstelle und Panoramablick zum Sundowner einfinden. Die Zufahrt zum abseits der Lodge liegenden Campingplatz ist beschildert. Schwimmbad mit schöner Wüstenaussicht.

Sesriem Campsite
Namibia Wildlife Resorts
Central Reservations Office
Private Bag 13378, Windhoek
Tel.: 061-2857200, Fax: 061-224900
E-Mail: reservations@nwr.com.na
www.nwr.com.na/sesriem_campsite.html
24 Standplätze, die meisten unter Schatten spendenden riesigen Kameldornbäumen, ausgestattet mit Elektrizität, Grillplätzen, Schwimmbad, Restaurant, Garage und Büro von NWR. Der Boden ist sehr sandig und an manchen Stellen nicht leicht zu befahren. Wie die meisten anderen NWR-Sanitäranlagen sind auch diese nicht erstklassig. Campingpreise sind recht annehmbar und etwas niedriger, wenn man im Voraus bucht.

Sossus Dune Lodge
Namibia Wildlife Resorts
Central Reservations Office
Private Bag 13378, Windhoek
Tel.: 061-2857200, Fax: 061-224900
E-Mail: reservations@nwr.com.na
www.nwr.com.na/sossus_dune_lodge.html
entstand 2007 als erstes Ferienresort im Namib-Naukluft-Nationalpark. Durch die vorwiegende Verwendung von Holz, Segeltuch und Ried soll der einem typischen afrikanischen Dorf abgeschaute ökologische Stil verwirklicht werden. Angeboten werden außer der obligatorischen Fahrt mit Führung zum Vlei auch professionelle Tag- und Nachttouren, die den Teilnehmern Schönheit und biologische Vielfalt der Wüste näherbringen sollen. Zur Verfügung stehen Schwimmbad, Andenkenladen, Bar und Restaurant. Letzteres genügt den oft kritisierten kulinarischen Leistungen dieses staatlichen Unternehmens. Die Pauschalpreise sind fast 20-mal so hoch wie die eines Sesriem-Campingplatzes.

Sossusvlei Lodge
Box 6900, Ausspannplatz, Windhoek
Tel.: 063-293636, Fax: 063-293645
Notfall und Wochenende:
Mobiltelefon: 0027-78-8021560
E-Mail: info@sossusvleilodge.com
reservations@sossusvleilodge.com
www.sossusvleilodge.com
45 En-suite-Zimmer mit Duschen, jedes mit elektronischem Safe, Schwimmbad, Bar, Boutique. Anrufe via Satellit möglich. Mobiltelefondeckung im gesamten Sesriem-Sossus-Vlei-Gebiet. Preise der Exklusivität entsprechend.

Sossus Oasis Camp Site
Box 6900, Ausspannplatz, Windhoek
Tel.: 063-293632, Fax: 063-293633
E-Mail: info@sossus-oasis.com
E-Mail: reservations@sossus-oasis.com
www.sossus-oasis.com
Der Campingplatz ist 500 m von der Sossusvlei Lodge und 5 km vom Desert Camp entfernt, dicht am Eingangstor des Namib-Naukluft-Nationalparks. Ausgestattet mit 12 Stellplätzen, jeder mit eigenem WC, Waschgelegenheit, heißer und kalter Dusche, Küche, Elektrizität und Grillplatz; Schwimmbad. Ladengeschäft, Internet, Tankstelle und Reifenreparatur. Restaurant bei der Sossusvlei Lodge.

Tiras-Naturpark

Gunsbewys
3 km südlich der D 707; 2 Gästezimmer mit Küche und Veranda im Gebäude des Informationszentrums; Campingplatz (mit Grillplatz) für zwei Gruppen. Ein Platz ist nur mit Vierradantrieb erreichbar. Verpflegung nur nach Voranmeldung. Farmtouren nach Weissenborn und Excelsior möglich.

Excelsior
Die Farm liegt ebenfalls an der D 707 und hat wie Gunsbewys Zugang zur Ebene der roten Dünen. Keine Unterkunft. Nach Absprache mit den Farmern kann man bei den Dünen zelten oder sein Lager in den Bergen aufschlagen.

Landsberg und **Weissenborn** bieten keine Unterkünfte mehr. Information und Buchung von Wanderungen und Geländefahrten durch Koiimasis möglich. Landsberg und Weissenborn werden von Koiimasis (s. S. 252) betreut.

Numis
Wilde Campingplätze in einsamer Natur unter großen Kameldornbäumen. Die Farm gehört zu Weissenborn.

Tiras
Gästehaus (bis zu 6 Personen) bei der Farm, kleine Chalets beim Campingplatz. Am Familientisch sind die Gäste des luxuriösen Bungalows stets willkommen. Verpflegung nach Voranmeldung.

Information und Buchung
E-Mail: info@tirasberge.de
contact@tirasberge.de
office@kidogo-safaris.com
www.tirasberge.de

Koiimasis
Mehrere Chalets (bis 4 Personen), Restaurant mit Skybar und Pool auf einem großen Felsen gelegen. Ein zusätzliches abgelegenes Gästehaus kann für mehrere Tage gebucht werden. Campingplätze zwischen roten Granitfelsen in der Nähe.
Information und Buchung auch direkt:
Ranch Koiimasis, Wulff u. Anke Izko
Box 14, Helmeringhausen
Tel.: 063-683052, Fax: 063-683396
E-Mail: info.koiimasis@gmail.com
koiimasis@yahoo.com
www.namibia-farm-lodge.com

Weltevrede Farm 🛏 ⛺
Willi u. Zane Swarts
Box 4119, Walfish Bay
Tel.: 063-683073, Fax: 063-683074
E-Mail: aswarts@mweb.com.na
www.weltevredeguestfarm.com
Unterkunft in 5 geräumigen Zweibettzimmern, Bad, Dusche, kleine Terrasse. Auf Wunsch namibische Hausmannskost und Wildfleischgerichte. Campingplatz mit 4 Stellplätzen und Blick auf die Namibwüste. Jeder Platz mit privater Toilette, Dusche. Schwimmbad, gute Farmküche und persönliche Betreuung. Auf der Farm wird seit Jahren Tierschutz praktiziert. Neben Begegnungen mit Gepard, Leopard, Schabrackenschakal, gibt es auch über 1000 Springböcke. Recht häufig zu beobachten sind außerdem Bergzebra, Kudu, Spießbock, Kap-Borstenhörnchen, Strauß und zahlreiche an die Trockenzone angepasste Vogelarten. Dafür wurde eine 4x4-Route auf der Farm angelegt. Sie liegt an der C 19-Schotterstraße, etwa 50 km nördliche von Sesriem.

Urlaub unter Sternen – Astro-Gästefarmen

Hakos Gästefarm 🛏 ⛺
Johann Walter Straube
Box 5056, Windhoek
Tel./Fax: 062-572111
E-Mail: info@hakos-astrofarm.com
www.hakos-astrofarm.com
Der Campingplatz hat 4 Stellplätze, alle mit Schatten, Windschutz und wunderbarer Aussicht auf den Gamsberg (2347 m), Duschen mit kaltem und warmem Wasser, ein Hallenschwimmbad sowie 3 Amateursternwarten. Laien wird auf Wunsch gern der südliche Sternhimmel mit dem Kreuz des Südens erklärt.

Kiripotib Gästefarm 🛏 ⛺
Hans Georg u. Claudia von Hase
Private Bag 13036, Windhoek
Tel./Fax: 062-581419
E-Mail: hans@kiripotib.com
www.kiripotib.com
Die Gästefarm liegt südöstlich von Namibias Landeshauptstadt am Rande der Kalahari und der Auas-Berge, ideal für Amateur-Astronomen. Eine gut durchdachte Astro-Infrastruktur ist vorhanden. Darüber hinaus können Gäste am Tagesablauf einer namibischen Farm teilnehmen oder Zebra, Springbock, Spießbock, Riesentrappe und anderes Wild beobachten. Segelflieger können sich hier ihren Traum in der end-

losen afrikanischen Weite erfüllen. Segelflugsaison ist vom 20. Oktober – 25. Januar.

Niedersachsen Gästefarm 🛏 ⛺
Kristin u. Volker Ahlert
Box 3636, Windhoek
Tel.: 062-572200, Fax: 062-572201
Mobiltelefon: 081-2445958
E-Mail: sachsen@iway.na
www.guide.com.na/niedersachsen
Übernachtung mit Halbpension in 5 Gästezimmern. Von den 2 Zeltplätzen liegt einer in der Nähe des Farmhauses, der zweite 11 km entfernt in den Bergen. Erreichbar ist er nur mit einem geländegängigen Fahrzeug. Beide Plätze verfügen über Schattendächer, Dusche und WC. Astrobeobachtungen möglich.

Tivoli Southern Sky Guest Farm 🛏 ⛺
Reinhold u. Kirsten Schreiber
Box 11854, Windhoek
Tel.: 062-581405
E-Mail: tivoli@iway.na
www.tivoli-astrofarm.de
Die Gästefarm liegt 180 km südöstlich der Hauptstadt Windhoek im wogenden gelben Gras und roten Sand der Kalahari, unter dem Wendekreis des Steinbocks, in 1345 m Höhe. Sternfreunden wird eine gut entwickelte Infrastruktur angeboten. Instrumente von 80 – 500 mm stehen auf kompletten Sternwarten zu Verfügung; darunter neuerdings eine Astrotel-Robotic-Sternwarte. Bitte rechtzeitig anfragen. Abwechslung bieten tagsüber Karakulfarm, Weberei sowie ein Bestand an Gnus, Zebras, Springböcken, Blessböcken, Kudus und Warzenschweinen.

Safariurlaub zu Pferd

Cañon Lodge 🛏 ⛺
Box 80205, Windhoek
Tel.: 061-230066, Fax: 061-251863
E-Mail: nature.i@mweb.com.na
Reitstunden für Anfänger bis zu längeren geführten Ausritten für erfahrene Reiter durch den Gondwana Cañon Park stehen auf dem umfangreichen Programm der Lodge am Rand des Fischfluss-Canyons. Buchungen nur vor Ort.

Desert Homestead & Horsetrails 🛏
Box 97448, Maerua Park, Windhoek
Lodge: Tel./Fax: 063-683103
Reservierung:
Tel.: 061-246788, Fax: 061-243079
E-Mail: homestead@africaonline.com.na
sosses@iafrica.com.na
www.deserthomestead-namibia.com.na
Das preislich in der oberen Mittelklasse angesiedelte Etablissement liegt etwa 3 km nordwestlich der Straßenkreuzung der C 19 und D 854. Sesriem liegt ca. 32 km südwestlich. Der Ausflug zum nahen Sossus Vlei steht natürlich an der Spitze der großen Vielfalt der angebotenen Touren durch die an die Namibwüste grenzende Umgebung. Von besonderem Interesse ist auch die Auswahl von kurzen bis zu mehrere Tage dauernden Reittouren mit »luxuriösem Campieren in der Wüste«, das heißt in komfortablen Zelten, mit warmen Duschen, gekühltem Wein und exzellenter Küche.

Gästefarm Gross-Okandjou 🛏
bei Omaruru an der D 2344
Tel.: 064-570925, -571150
E-Mail: immo.vogel@gross-okandjou.com
alina.vogel@gross-okandjou.com
www.gross-okandjou.de
Deutsche Anschrift für Nachfragen und Buchung: Immo Vogel
Selbacher Weg 53, 76593 Gernsbach
Tel.: 07224-656599
E-Mail: immo.vogel@gross-okandjou.de

Namibia Horse Safari Company 🛏 ⛺

Box 11778, Klein Windhoek
E-Mail: info@namibiahorsesafari.com
www.namibiahorsesafari.com
(klick »Reservation Enquiry« für weitere Einzelheiten)
In Notfällen: Tel.: 081-4703384

Okakambe Trails 🛏 ⛺

Box 1668, Swakopmund
Tel.: 064-402799, Fax: 064-405258
E-Mail: okakambe@iway.na
www.okakambe.iway.na

Mit Sonnenuntergang erhält auch der Köcherbaumwald belebende Kühle.

Literatur

ALEXANDER, JAMES EDWARD (2005): Entdeckungsreise in das Innere Südwestafrikas. Schreibstube Probeer, Windhoek.

AUGUSTINUS, PAUL (1997): Desert Adventure. In Search of Wilderness in Namibia and Botswana. Acorn Book, Randburg (RSA).

BARNARD, PHOEBE (1998): Biological diversity in Namibia. Namibian National Biodiversity Task Force, Ministry of Environment & Tourism, Government of the Republic of Namibia, Windhoek.

BECKER, KLAUS; HESS, KLAUS A. (Hrsg.) (2002): Vom Schutzgebiet bis Namibia. Klaus Hess Verlag, Göttingen.

BOURDON, BARBARA (2001): Namibia. Genussreise und Rezepte. Walter Hädecke Verlag, Weil der Stadt. Bildband und Kochbuch zugleich vom Potjie am Lagerfeuer bis zum großen Grillfest in der Savanne.

BRANCH, BILL; STUART, CHRIS; STUART, TILDE; TARBOTON, WARWICK (2007): Traveler's Wildlife Guide Southern Africa introduces 500 of Southern Africa's most common amphibians, reptiles, birds, and mammals. Double Storey Books, Cape Town.

BURGER, POMPIE (2008): Birds of Namibia. A photographic journey. Softcover. Venture Publications, Windhoek.

CILLIÉ, BURGER; OBERPRIELER, ULRICH (2009): Ein Taschenführer für Vögel im südlichen Afrika. Sunbird Publishers, Kapstadt.

ELOFF, FRITZ (2010): Giants of the Desert. The elephants of the Namib and the world they live in. Protea Boekhuis, Pretoria.

EMMLER, CLEMENS (Fotos); KÖTHE, FRIEDRICH; SCHETAR-KÖTHE, DANIELA (Text) (2001): Naturraum und Kolonialzeit in Südwestafrika. Bruckmanns Länderporträts. Bruckmann Verlag, München.

EMMLER, CLEMENS; SCHETAR-KÖTHE, DANIELA; KÖTHE, FRIEDRICH H. (2012): Namibia – Wildnis im Westen Afrikas. Bruckmann, München.

FISCHER, ADOLF (4. Aufl. 1936): Menschen und Tiere in Südwestafrika. Safari-Verlag, Berlin.

FREI, ROLF; MAYERLE, OLIVER; PASSLICK, TONIO (2001): Eine Reise zur Urbevölkerung Namibias. Klaus Hess Verlag, Göttingen. (Die Autoren durchstreiften mit dem San-Experten Reinhard Friedrich Lebensräume der San in der Kalahari und im Norden Namibias.)

GASSER, HANS (2010): Namibia Panorama. Edition Panorama GmbH, Mannheim.

GRÜNERT, NICOLE (6. Aufl. 2008): Namibias faszinierende Geologie – Ein Reisehandbuch. Klaus Hess Verlag, Göttingen.

HALLER, PETER und HELGA (3. Aufl. 2003): Südwester Kochbuch. Eine Sammlung original südwestafrikanischer Kochrezepte. Verlag Peter's Antiques, Swakopmund.

HERVE, FLORENCE (Hrsg.) (1993): Namibia. Frauen mischen sich ein. Orlanda Frauenverlag, Berlin.

HINZ, MANFRED O.; RUPPEL, OLIVER C. (2008): Biodiversity and the Ancestors.

Namibia Scientific Society, Windhoek.

HORNHUES, KARL-HEINZ (2008): Namibia Episoden, politisch – anekdotisch. Klaus Hess Verlag, Göttingen.

HÜSER, KLAUS; BESLER, HELGA; BLÜMEL, WOLF DIETER; HEINE, KLAUS; LESER, HARTMUT; RUST, UWE (2001): Namibia. Eine Landschaftskunde in Bildern. Klaus Hess Verlag, Göttingen.

JACOBSOHN, MARGARET (1992): Himba: Nomads of Namibia. Struik Publishers, Kapstadt.

JACOBSOHN, MARGARET (1998): Himba. Die Nomaden Namibias. Klaus Hess Verlag, Göttingen.

JOUVE MARCEL; JOUVE, LILY (2009): Secret Namibia. Random House Struik, Kapstadt.

JOYCE, PETER (2011): Dies ist Namibia, Softcover. Random House Struik, Kapstadt.

KOENEN, EBERHARD VON (3. Aufl. 2007): Heil-, Gift- und essbare Pflanzen in Namibia. Klaus Hess Verlag, Göttingen.

KORNMAYER, EVERT (2007): Klassische und moderne Rezepte aus Namibia. Über 200 Rezepte aus den Küchen der Restaurants und den Lagerfeuern im Südwesten Afrikas. Verlag Gebrüder Kornmayer, Dreieich.

KREUTZKAMP, DIETER (6. Aufl. 2010): Spurensuche in Namibia. Piper Verlag, München.

KREUTZKAMP, DIETER (2008): Wildnis Namibia – Land der Himba und Herero: Diamant im Südwesten Afrikas. Bucher, München.

KUNTH, WOLFGANG (Hrsg.) (2012): Faszination Erde – Namibia. Kunth Verlag, München.

LE ROUX, PIET; MÜLLER, MIKE; bearbeitet von MANNHEIMER, COLEEN; CURTIS, BARBARA (2009): Le Roux and Müller's Field Guide to the Trees and Shrubs of Namibia. MacMillan Education, Windhoek.

LILIENTHAL, ADELHEID (1997): Art in Namibia. Hrsg. National Art Gallery of Namibia, Windhoek.

LORBER, FRANZ J. (3. Aufl. 2007): Abenteuersuche in Namibia. Tagebuchnotizen einer Reise zu Dritt. LIS Reinisch OG, Steinbach. (Abenteuerliche Fahrt mit Geländewagen durch unzugängliche Gebiete Namibias.)

MARAIS, CHRISTINE; SWART, ROGER (2009): The Geomorphology of Namibia. Macmillan Publishers, Windhoek.

MARTIN, HENNO (9. Aufl. 2011): Wenn es Krieg gibt, gehen wir in die Wüste. Two Books, Hamburg.

MENDELSOHN, JOHN; JARVIS, ALICE; ROBERTS, CAROLE; ROBERTSON, TONY (3. Ed. 2010): Atlas of Namibia. A portrait of the land and its people. Sunbird Publishers, Cape Town.

MILSE, THORSTEN (2011): Skeleton Coast – Africa's Last Wilderness. Random House Struik, Kapstadt.

NAPIERALA, NILS (2010): Namibia zu Zeiten des Kolonialismus und der Mandatsherrschaft. GRIN Verlag für akademische Texte, München.

PAGER, HARALD (1989–2006): The Rock

Paintings of the Upper Brandberg, Bd. I – VI, 1989 – 2006. Heinrich Barth Institut, Köln.

POSER, FABIAN VON (2010): Reportage Namibia: Durch die Augen des Geparden. Picus Verlag, Wien.

POSER, FABIAN VON; FISCHER, ROBERT (2012): Namibia. DuMont Reiseverlag, Ostfildern.

RICHTER, ROLAND (2003): Namibia – Naturraum und Kolonialzeit in Südwestafrika. (Bildband). Tecklenborg Verlag, Steinfurt.

ROHRBACH, CARMEN (4. Aufl. 2010): Namibia – Abenteuerliche Begegnungen mit Menschen, Landschaften und Tieren. Piper Verlag, München.

SCHMIDT, SIGRID (Hrsg.) (1997): Märchen aus Namibia. Volkserzählungen der Nama und Dama. Rowohlt Taschenbuch, Reinbek.

SCHMITT, WILFRIED G. (2008): Kinderbuch Namibia. Kinder aus Namibia schreiben Geschichten für Kinder aus Deutschland. Books on Demand, Norderstedt.

SEELY, MARY (2. deutsche Aufl., 2008): Die Namib. Naturgeschichte einer uralten Wüste. Das Ökosystem Namib und dessen Bedeutung für Namibia. Desert Research Foundation of Namibia, Windhoek.

SEELY, MARY; PALLET, JOHN (2008): Namib. Secrets of a desert uncovered. About the secret life of plants, rivers, animals and the shifting of dunes in the Namib Desert. Venture Publications, Windhoek.

VAN DYK, RITA (2006): The 4x4 Safari Cookbook. Struik Publishers, Cape Town. A collection of delicious recipes for the 4x4 enthusiast.

VOIGTS, JOACHIM (1987): Aus der Kinderstube Südwester Tiere. Gamsberg, Windhoek. (Eines der schönsten Bilderbücher aus Namibia, sehr beliebter Klassiker.)

Karten und DVDs

LACKINGER, EGON (2010): Naturschauspiel Namibia. (Doku/DVD). Informiert.TV GmbH & Co. KG, Plattling. www.informiert.tv.

LENZ, HERBERT; WAGNER, KATHRIN (2009): Namibia. Weites Land im Südwesten Afrikas. (Film). Komplett Media, Grünwald. (Blue-ray).

MAPSTUDIO (2009): Namibia Road Atlas, Straßenkarte Namibia 1:1 500 000. Kapstadt. (Alle 4x4-Routen, Hinweise auf Sehenswürdigkeiten, Kontaktdaten, Tankstellen, Grenzübergänge, umfangreicher Ortsnamen-Index mit Planquadratkoordinaten und Entfernungsangaben zwischen Orten und Kreuzungen, bezeichnete GPS-Wegpunkte für wichtige Kreuzungen und Orte.)

MARCO POLO Südafrika, Namibia, Botswana Kontinental-/Länderkarte 1:1,2 Mio. (2010). Mit landschaftlich schönen Strecken und Sehenswürdigkeiten. Übersichtskarte zum Ausklappen. Entfernungstabelle. Ortsregister. MairDumont, Ostfildern.

Namibia 1:1 200 000 – Autokarte mit Reiseinformationen, Ortsregister, Stadtplänen. (2011). Verlag Freytag-Berndt und Artaria KG, Wien. www.freytagberndt.com

SCHÜTZE, SABINE u. MARTIN (Hrsg.) (2004), Herbes Paradies Namibia. (DVD, 90 Minuten). Eigenproduktion, Hannover.

Wörterbuch

Deutsch / Englisch / Wissenschaftlich

Säugetiere

Afrikanischer Büffel / African Buffalo / *Syncerus caffer*
Afrikanischer Elefant / African Elephant / *Loxodonta africana*
Afrikanischer Wildhund s. Hyänenhund

Bärenpavian / Chacma Baboon / *Papio cynocephalus ursinus*
Bleichböckchen / Oribi / *Ourebia ourebi*
Braune Hyäne / Brown Hyaena / *Hyaena brunnea*
Breitmaulnashorn (Breitlippennashorn) / White rhinoceros / *Ceratotherium simum*
Brukkaros-Zwergfelsenmaus / Brukkaros Pygmy Rock Mouse / *Petromyscus monticularis*
Buschhase / Scrub Hare / *Lepus saxatilis*

Elenantilope / Eland / *Taurotragus oryx*
Erdwolf / Aardwolf / *Proteles cristatus*

Falbkatze (Afrikanische Wildkatze) / African Wild Cat / *Felis libyca*
Fleckenhalsotter / Spotted-necked Otter / *Lutra maculicollis*

Gepard / Cheetah / *Acinonyx jubatus*
Giraffe / Giraffe / *Giraffa camelopardalis*
Goldmull / Grant's Golden Mole / *Eremitalpa granti*
Großflusspferd / Hippopotamus / *Hippopotamus amphibius*
Großkudu / Greater Kudu / *Tragelaphus strepsiceros*
Grüne Meerkatze / Vervet Monkey / *Chlorocebus aethiops*

Hartmann-Bergzebra / Hartmann's Mountain Zebra / *Equus zebra hartmannae*
Hyänenhund (Afrikanischer Wildhund) / Wild Dog / *Lycaon pictus*

Kaokoveld-Borstenhörnchen / Kaokoveld Ground Squirrel / *Xerus princeps*
Kap-Borstenhörnchen / Cape Ground Squirrel / *Xerus inauris*
Kap-Fingerotter / Cape Clawless Otter / *Aonyx capensis*
Kapfuchs / Cape Fox / *Vulpes chama*
Kaphase / Cape Hare / *Lepus capensis*
Kirk-Dikdik / Damara Dikdik / *Madoqua kirkii*
Klipp- oder Wüstenschliefer / Rock Dassie / *Procavia capensis*
Klippspringer / Klipspringer / *Oreotragus oreotragus*
Kuhantilope / Red Hartebeest / *Alcelaphus buselaphus*

Leierantilope / Sassaby / *Damaliscus lunatus*
Leopard / Leopard / *Panthera pardus*
Löffelhund / Bat-eared Fox / *Otocycon megalotis*
Löwe / Lion / *Panthera leo*

Moorantilope / Lechwe / *Kobus leche*

Pferdeantilope / Roan Antelope / *Hippotragus equinus*
Puku-, Grasantilope / Puku / *Cobus vardonii*

Rappenantilope / Sable Antelope / *Hippotragus niger*

Schabrackenschakal / Black-backed Jackal / *Canis mesomelas*
Schirrantilope / Bushbuck / *Tragelaphus scriptus*
Schwarzfersenantilope / Impala / *Aepyceros melampus*
Schwarznasenantilope / Blackfaced Impala / *Aepyceros petersi*
Sitatunga s. Sumpfantilope
Smith-Rothase / Smith's Red Hare / *Pronolagus rupestris*
Spießbock / Gemsbok / *Oryx gazella*
Spitzmaulnashorn (Spitzlippennashorn) / Black Rhinoceros / *Diceros bicornis*
Springbock / Springbok / *Antidorcas marsupialis*
Springhase / Spring Hare / *Pedetes capensis*
Steinböckchen / Steenbok / *Raphicerus campestris*
Steppenschuppentier / Cape Pangolin / *Manis temmincki*
Steppenzebra / Burchell's Zebra / *Equus burchelli*
Streifengnu / Blue Wildebeest / *Connochaetes taurinus*
Streifeniltis / Striped Polecat / *Ictonyx striata*
Streifenschakal / Sidestriped Jackal / *Canis adustus*
Südafrika-Stachelschwein / Porcupine / *Hystrix africaeaustralis*
Südafrikanische Pelzrobbe / South African Fur Seal / *Arctocephalus pusillus*
Sumpfantilope (Sitatunga) / Sitatunga / *Tragelaphus spekii*

Tüpfelhyäne / Spotted Hyena / *Crocuta crocuta*

Warzenschwein / Warthog / *Phacochoerus aethiopicus*
Wasserbock / Waterbuck / *Kobus ellipsiprymnus*
Wüstenluchs / Caracal / *Caracal caracal*

Zebramanguste / Banded Mongoose / *Mungos mungo*

Vögel

Abdimsstorch / Abdim's Stork / *Ciconia abdimii*
Afrikanische Bekassine / Ethiopian Snipe / *Gallinago nigripennis*
Afrikanische Zwergohreule / Scops Owl / *Otus senegalensis*
Afrikanischer Baumfalke / African Hobby Falcon / *Falco cuvierii*
Afrikanischer Löffler / African Spoonbill / *Platalea alba*
Afrika-Sattelstorch / Saddlebilled Stork / *Ephippiorhynchus senegalensis*
Alpensegler / Alpine Swift / *Apus melba*
Amethyst-Glanzköpfchen / Black Sunbird / *Nectarinia amethystina*
Angola-Mönchskuckuck / Coppery-tailed Coucal / *Centropus cupreicandus*
Angola-Schmetterlingsfink / Blue Waxbill / *Uraeginthus angolensis*
Augurbussard / Augur Buzzard / *Buteo augur*

Bandschlangenadler / Western Banded Snake Eagle / *Circaetus cinerascens*

Baumfalke / Hobby Falcon / *Falco subbuteo*
Baumklapperlerche / Flappet Lark / *Mirafra rufocinnamomea*
Benettspecht / Benett's Woodpecker / *Campethera benettii*
Bergammer / Rock Bunting / *Emberiza tahapisi*
Bergschmätzer / Mountain Chat / *Oenanthe monticola*
Bergstar / Palewinged Starling / *Onychognathus nabouroup*
Bindenfischeule (Fischeule) / Pel's Fishing Owl / *Scotopelia peli*
Bindennektarvogel / Marico Sunbird / *Nectarinia mariquensis*
Blaubäckchen (Granatastrild) / Violeteared Waxbill / *Uraeginthus granatinus*
Blauracke / European Roller / *Coracias garrulus*
Blaustirn-Blatthühnchen / African Jacana / *Actophilornis africanus*
Blauwangenspint / Bluecheeked Bee-eater / *Merops persicus*
Blutschnabelweber / Redbilled Quelea / *Quelea quelea*
Bradfieldtoko / Bradfield's Hornbill / *Tockus bradfieldi*
Brandseeschwalbe / Sandwich Tern / *Sterna sandyicensis*
Braunkopfliest / Brownhooded Kingfisher / *Halcyon albiventris*
Braunmantel-Scherenschnabel / African Skimmer / *Rhynchops flavirostris*
Brillenpinguin / Jackass Penguin / *Speniscus demersus*
Brillenweber / Spectacled Weaver / *Ploceus ocularis*
Brillenwürger / White Helmetshrike / *Prionops plumatus*
Bronzeflügel-Rennvogel / Bronze-winged Courser / *Rhinoptilus chalcopterus*
Bruchwasserläufer / Wood Sandpiper / *Tringa glareola*
Büffelweber / Redbilled Buffalo Weaver / *Bubalornis niger*
Büscheleule / Whitefaced Owl / *Otus leucotis*
Buntastrild / Melba Finch / *Pytilia melba*

Cabanisweber / Lesser Masked Weaver / *Ploceus intermedius*
Cinderella-Schönbürzel / Cinderella Waxbill / *Estrilda thomensis*
Coquifrankolin / Coqui Frankolin / *Francolinus coqui*

Damara-Baumhopf / Violet Woodhoopoe / *Phoeniculus damarensis*
Damara-Seeschwalbe / Damara Tern / *Sterna balaenarum*
Dominikanermöwe / Kelp Gull / *Larus dominicanus*
Doppelband-Rennvogel / Doublebanded Courser / *Rhinoptilus africanus*
Dreiband-Regenpfeifer / Threebanded Plover / *Charadrius tricollaris*
Drosselwürger / Whitetailed Shrike / *Lanioturdus torquatus*
Dünenlerche / Dune Lark / *Mirafra erythrochlamys*

Eilseeschwalbe / Swift Tern / *Sterna bergii*
Einfarb-Schlangenadler (Brauner Schlangenadler) / Brown Snake Eagle / *Circaetus cinereus*
Elfenastrild / Blackcheeked Waxbill / *Estrilda erythronotos*
Elsterdrossling / Pied Babbler / *Turdoides bicolor*
Elsterwürger / Longtailed Shrike / *Corvinella melanoleuca*
Europäischer Bienenfresser / European Bee-eater / *Merops apiaster*

Fahlregenpfeifer / Chestnutbanded Plover / *Charadrius pallidus*
Fahlschnäpper / Pallid Flycatcher / *Melaenornis pallidus*
Felsenadler / Black Eagle / *Aquila verreauxii*
Felsenbussard / Jackal Buzzard / *Buteo rufofuscus*
Fischadler / Osprey / *Pandion haliaetus*
Fiskalwürger / Fiscal Shrike / *Lanius collaris*
Fleckenflughuhn / Burchell's Sandgrouse / *Pterocles burchelli*
Fledermausaar / Bat Hawk / *Macheiramphus alcinus*
Flussseeschwalbe / Common Tern / *Sterna hirundo*
Flussuferläufer / Common Sandpiper / *Actitis hypoleucos*
Froschweihe / African Marsh Harrier / *Circus ranivorus*

Gabarhabicht / Gabar Goshawk / *Micronisus gabar*
Gabelracke / Lilacbrested Roller / *Coracias caudata*
Gabelschwanz-Seeschwalbe / Antarctic Tern / *Sterna vittata*
Gackeltrappe / Black Korhaan / *Eupodotis afra*
Gaukler / Bateleur / *Terathopius ecaudatus*
Gelbe Baumente / Fulvous Duck / *Dendrocygna bicolor*
Gelbkehl-Flughuhn / Yellowthroated Sandgrouse / *Pterocles gutturalis*
Gelbkehlsperling / Yellowthroated Sparrow / *Petronia superciliaris*
Gelbschnabel-Madenhacker / Yellowbilled Oxpecker / *Buphagus africanus*
Gelbschnabeltoko / Yellowbilled Hornbill / *Tockus flavirostris*
Gleitaar / Blackshouldered Kite / *Elanus caeruleus*
Glockenreiher / Black Egret / *Egretta ardesiaca*
Goldbugpapagei / Meyer's Parrot / *Poicephalus meyeri*
Goldkuckuck / Didrik Cuckoo / *Chrysococcyx caprius*
Goldschnepfe / Painted Snipe / *Rostratula benghalensis*
Goldschwanzspecht / Goldentailed Woodpecker / *Campethera abingoni*
Goliathreiher / Goliath Heron / *Ardea goliath*
Granatastrild (Blaubäckchen) / Violeteared Waxbill / *Uraeginthus granatinus*
Graubruströtel / Rufoustailed Palm Thrush / *Cichladusa rufica*
Graubürzel-Singhabicht / Dark Chanting Goshawk / *Melierax metabates*
Graufischer / Pied Kingfisher / *Ceryle rudis*
Grauflügelfrankolin / Greywing Francolin / *Francolinus africanus*
Graukopfliest / Greyhooded Kingfisher / *Halyon leucocephala*
Graukopfmöwe / Greyheaded Gull / *Larus cirrocephalus*
Graukopf-Rostgans / South African Shelduck / *Tadorna cana*

Graulärmvogel / Grey Lourie / *Corythaixoides concolor*
Graureiher / Grey Heron / *Ardea cinerea*
Graurückendommel / Dwarf Bittern / *Ixobrychus sturmii*
Grautoko / Grey Hornbill / *Tockus nasutus*
Großer Flamingo / Greater Flamingo / *Phoenicopterus ruber*
Großer Goldweber / Golden Weaver / *Ploceus xanthops*
Großer Honiganzeiger / Greater Honeyguide / *Indicator indicator*
Großer Pünktchenamarant / Brown Firefinch / *Lagonosticta nitidula*
Grüner Tropfenastrild / Green Twinspot / *Mandingoa nitidula*
Grünrücken-Camaroptera / Bleating Warbler / *Camaroptera brachyura*
Guineataube / Rock Pigeon / *Columba guinea*

Habichtsadler / African Hawk Eagle / *Hieraaetus fasciatus*
Halsband-Zwergfalke/ Pygmy Falcon / *Polihierax semitorquatus*
Hammerkopf / Hamerkop / *Scopus umbretta*
Harlekinwachtel / Harlequin Quail / *Coturnix delagorguei*
Hartlaubfrankolin / Hartlaub's Francolin / *Francolinus hartlaubi*
Haubenbartvogel / Crested Barbet / *Trachyphonus vaillantii*
Haussperling / House Sparrow / *Passer domesticus*
Helmperlhuhn / Helmeted Guineafowl / *Numida meleagris*
Helmturako / Knysna Lourie / *Tauraco corthaix*
Hirtenregenpfeifer / Kittlitz's Plover / *Charadrius pecuarius*
Höckerente / Knobbilled Duck / *Sarkidiornis melanotos*
Hornrabe / Ground Hornbill / *Bucorvus leadbeateri*

Kalahariheckensänger / Kalahari Robin / *Erythropygia paena*
Kammblässhuhn / Redknobbed Coot / *Fulica cristata*
Kampfadler / Martial Eagle / *Polemaetus bellicosus*
Kapente / Cape Teal / *Anas capensis*
Kapgeier / Cape Vulture / *Gyps coprotheres*
Kapkormoran / Cape Cormorant / *Phalacrocorax capensis*
Kapkrähe / Black Crow / *Corvus capensis*
Kappapagei / Cape Parrot / *Poicephalus robustus*
Kapralle / African Rail / *Rallus caerulescens*
Kaptölpel / Cape Ganet / *Morus capensis*
Kaptriel / Spotted Dikkop / *Burhinus capensis*
Kardinalspecht / Cardinal Woodpecker / *Dendropicos fuscescens*
Keilschwanz-Glanzstar / Sharptailed Starling / *Lamprotornis acuticus*
Kiebitzregenpfeifer / Grey Plover / *Pluvialis squatarola*
Klaffschnabel / Openbilled Stork / *Anastomus lamelligerus*
Kleiner Honiganzeiger / Lesser Honeyguide / *Indicator minor*
Klippensänger / Rockrunner / *Achaetops pycnopygius*
Klunkerkranich / Wattled Crane / *Grus carunculata*
Kräuselhauben-Perlhuhn / Crested Guineafowl / *Guttera puchevani*
Kronenkiebitz / Crowned Plover / *Vanellus coronatus*
Kronenkranich / Crowned Crane / *Balearica regulorum*
Kronenscharbe (Wahlbergscharbe) / Crowned Cormoran / *Phalacrocorax coronatus*
Kronentoko / Crowned Hornbill / *Tockus alboterminatus*
Kuckucksweih / Cuckoo Hawk / *Aviceda cucoloides*
Küstenseeschwalbe / Arctic Tern / *Sterna paradisaea*
Kuhreiher / Cattle Egret / *Bubulcus ibis*

Langschnabel-Sylvietta / Crombet / *Sylvietta rufescens*
Langspornkiebitz / Whitecrowned Plover / *Vanellus albiceps*
Langzehenkiebitz / Longtoed Plover / *Vanellus crassirostris*
Lannerfalke / Lanner Falcon / *Falco biarmicus*
Lappenstar / Wattled Starling / *Creatophora cinerea*
Ludwigstrappe / Ludwig's Bustard / *Neotis ludwigii*

Madagaskar-Bienenfresser / Olive Bee-eater / *Merops superciliosus*
Mahaliweber / Whitebrowed Sparrow-Weaver / *Plocepasser mahali*
Malachitnektarvogel / Malachite Sunbird / *Nectarinia famosa*
Mangrovereiher / Greenbacked Heron / *Butorides striatus*
Marabu / Marabou Stork / *Leptoptilos crumeniferus*
Maskenbülbül / Redeyed Bulbul / *Pycnonotus nigricans*
Maskenweber / Masked Weaver / *Ploceus velatus*
Mäusebussard / Steppe Buzzard / *Buteo buteo*
Meves-Glanzstar / Meves's Longtailed Glossy Starling / *Lamprotornis mevessii*
Mittelreiher / Yellowbilled Egret / *Egretta intermedia*
Mohrenmeise / Southern Black Tit / *Parus niger*
Mohrenralle / Black Crake / *Amaurornis flavirostris*
Mohrenweihe / Black Harrier / *Circus maurus*
Monteirotoko / Monteiro's Hornbill / *Tockus monteiri*

Nachtflughuhn / Doublebanded Sandgrouse / *Nyctiperdix bicinctus*
Nachtreiher / Blackcrowned Night Heron / *Nycticorax nicticorax*
Nacktohrdrossling / Barecheeked Babbler / *Turdoides gymnogenys*
Namaflughuhn / Namaqua Sandgrouse / *Pterocles namaqua*
Namaspecht / Bearded Woodpecker / *Thripias namaquus*
Namatrappe / Karoo Korhan / *Eupodotis vigorsii*
Namiblerche / Gray's Lark / *Ammomanes grayi*
Namibschmätzer / Sicklewinged Chat / *Cercomela sinuata*
Namibschnäpper / Herero Chat / *Namibornis herero*
Narina-Trogon / Narina Trogon / *Apaloderma narina*
Natalfrankolin / Natal Francolin / *Francolinus natalensis*
Neuntöter / Redbacked Shrike / *Lanius collurio*
Nilgans / Egyptian Goose / *Alopochen aegyptiacus*
Nimmersatt / Yellowbilled Stork / *Mycteria ibis*

Odinshühnchen / Rednecked Phalarope / *Phalaropus lobatus*
Ohrengeier / Lappedfaced Vulture / *Torgos tracheliotus*
Ovambosperber / Ovambo Sparrowhawk / *Accipiter ovampensis*

Palmtaube / Laughing Dove / *Streptopelia senegalensis*
Papyrusrohrsänger / Greater Swamp Warbler / *Acrocephalus gracilirostris*
Paradieskranich / Blue Crane / *Anthropoides paradisea*
Perlastrild / Pinkthroated Twinspot / *Hypargos margaritatus*
Perlkauz / Pearlspotted Owl / *Glaucidium perlatum*
Pfuhlschnepfe / Bartailed Godwit / *Limosa lapponica*
Purpurhuhn / Purple Gallinule / *Porphyrio porphyrio*
Purpurreiher / Purple Heron / *Ardea purpurea*

Rallenreiher / Squacco Heron / *Ardeola ralloides*
Raubadler / Tawny Eagle / *Aquila rapax*
Raubseeschwalbe / Caspian Tern / *Hydroprogne caspia*
Rebhuhnfrankolin / Orange River Francolin / *Francolinus levaillantoides*
Riesenfischer / Giant Kingfisher / *Ceryle maxima*
Riesenglanzstar / Burchell's Starling / *Lamprotornis australis*
Riesentrappe / Kori Bustard / *Ardeotis kori*
Rötelfalke / Lesser Kestrell / *Falco naumanni*
Rosapelikan / White Pelican / *Pelecanus onocrotalus*
Rosenamarant / Jameson's Firefinch / *Langonosticta rhodopareia*
Rosenpapagei (Rosenköpfchen) / Rosyfaced Lovebird / *Agapornis roseicollis*
Rosenseeschwalbe / Roseate Tern / *Sterna dougallii*
Rossturako / Ross's Lourie / *Musophaga rosae*
Rostkehl-Eremomela / Burntnecked Eremomela / *Eremomela usticollis*
Rostrennvogel / Burchell's Courser / *Cursorius rufus*
Rostwangen-Nachtschwalbe / Rufouscheeked Nightjar / *Caprimulgus rufigena*
Rotbauchreiher / Rufousbellied Heron / *Butorides rufiventris*
Rotbauchwürger / Crimsonbreasted Shrike / *Laniarius atrococcineus*
Rotbrust-Nektarvogel / Scarletchested Sunbird / *Nectarinia senegalensis*
Rotbrust-Zwerggans / Pygmy Goose / *Nettapus auritus*
Rotfußfalke / Western Redfooted Kestrel / *Falco vespertinus*
Rothalsfalke / Rednecked Falcon / *Falco chicquera*
Rotkehl-Tropfenastrild / Redthroated Twinspot / *Hypargos niveoguttatus*
Rotschnabelente / Redbilled Teal / *Anas erythrorhyncha*
Rotschnabelfrankolin (Sandhuhn) / Redbilled Francolin / *Francolinus adspersus*
Rotschnabel-Madenhacker / Redbilled Oxpecker / *Buphagus erythrorhynchus*
Rotschnabeltoko / Redbilled Hornbill / *Tockus erythrorhynchus*
Rotschopftrappe / Redcrested Korhaan / *Eupodotis ruficrista*
Rotschulter-Glanzstar / Cape Glossy Starling / *Lamprotornis nitens*
Rotstirn-Bartvogel / Pied Barbet / *Tricholaema leucomelas*
Rüppellmeise / Carp's Black Tit / *Parus carpi*
Rüppellpapagei / Rueppell's Parrot / *Poicephalus rueppellii*
Rüppelltrappe / Rueppell's Korhaan / *Eupodotis rueppellii*
Rußnektarvogel / Dusky Sunbird / *Nectarinia fusca*

Säbelschnäbler / Avocet / *Recurvirostra avosetta*
Sandregenpfeifer / Ringed Plover / *Charadrius hiaticula*
Scharlachspint / Carmine Bee-eater / *Merops nubicoides*
Scharlachweber / Redheaded Weaver / *Anaplectes rubriceps*
Schieferreiher / Slaty Egret / *Egretta vinaceigula*
Schikra / Little Banded Goshawk / *Accipiter badius*
Schildrabe / Pied Crow / *Corvus albus*
Schilfrohrsänger / European Sedge Warbler / *Acrocephalus schoenobaenus*
Schlangenhalsvogel / Darter / *Anhinga melanogaster*
Schlangensperber / Gymnogene / *Polyboroides typus*
Schleiereule / Barn Owl / *Tyto alba*
Schmalschnabel-Honiganzeiger / Sharpbilled Honeyguide / *Prodotiscus rekulus*
Schopffrankolin / Crested Francoiln / *Francolinus sephaena*
Schreiadler / Lesser Spotted Eagle / *Aquila pornarina*
Schreiseeadler / African Fish Eagle / *Haliaeetus vocifer*
Schwalbenschwanzspint / Swallowtailed Bee-eater / *Merops hirundineus*
Schwarzbauchtrappe / Blackbellied Korhaan / *Eupoditis melanogaster*
Schwarzbrust-Schlangenadler / Blackbreasted Snake Eagle / *Circaetus pectoralis*
Schwarzer Austernfischer / Black Oystercatcher / *Haematopus moquini*
Schwarzer Milan / Yellowbilled Kite / *Milvus migrans*
Schwarzhalsreiher / Blackheaded Heron / *Ardea melanocephala*
Schwarzhalstaucher / Blacknecked Grebe / *Podiceps nigricollis*
Schwarzkuckuck / Black Cuckoo / *Cuculus clamosus*
Schwarzohrpirol / African Golden Oriole / *Oriolus auratus*
Schwarzstirnwürger / Lesser Grey Shrike / *Lanius minor*
Schwarzstorch / Black Stork / *Ciconica nigra*
Seidenreiher / Little Egret / *Egretta garzetta*
Sekretär / Secretarybird / *Sagittarius serpentarius*
Senegalkiebitz / Wattled Plover / *Vanellus senegallus*
Sichelhopf / Scimitarbilled Woodhoopoe / *Rhinopomastus cyanomelas*
Sichelstrandläufer / Curlew Sandpiper / *Calidris ferruginea*
Siedelweber / Sociable Weaver / *Philetairus socius*
Silberadler / Wahlberg's Eagle / *Hieraetus wahlbergi*
Silberreiher / Great White Egret / *Egretta alba*

Smaragdkuckuck / Emerald Cuckoo / *Chrysococcyx cupreus*
Sporengans / Spurwinged Goose / *Plectropterus gambensis*
Stelzenläufer / Blackwinged Stilt / *Himantopus himantopus*
Steppenadler / Steppe Eagle / *Aquila nipalensis*
Steppenbaumhopf / Redbilled Woodhoopoe / *Phoeniculus purpurens*
Steppenfalke / Greater Kestrel / *Falco rupicoloides*
Steppenlerche / Fawncoloured Lark / *Mirafra africanoides*
Steppenralle / African Crake / *Crex egregia*
Steppenweihe / Pallid Harrier / *Circus macrourus*
Strauß / Ostrich / *Struthio camelus*
Streifenliest / Striped Kingfisher / *Halcyon chelicuti*
Sumpfrohrsänger / European Marsh Warbler / *Acrocephalus palustris*
Sumpfzistensänger / Chirping Cisticola / *Cisticola pipiens*
Swainsonfrankolin / Swainson's Francolin / *Francolinus swainsonii*

Teichhuhn / Moorhen / *Gallinula chloropus*
Teichwasserläufer / Marsh Sandpiper / *Tringa stagnatilis*
Temminckrennvogel / Temminck's Courser / *Cursorius temminckii*
Textorweber / Spottedbacked Weaver / *Ploceus cucullatus*
Thorshühnchen / Grey Phalarope / *Phalaropus fulicarius*
Trauerdrongo / Forktailed Drongo / *Dicrurus adsimilis*
Trauerkiebitz / Lesser Blackwinged Plover / *Vanellus lugubis*
Trauerseeschwalbe / Black Tern / *Chlidonias niger*
Trompeterhornvogel / Trumpeter Hornbill / *Bycnistes bucinator*
Tüpfelsumpfhuhn / Spotted Crake / *Porzana porzana*
Tulukuckuck / Black Coucal / *Centropus bengalensis*
Turmfalke / Rock Kestrel / *Falco tinnunculus*

Wachtel / Common Quail / *Coturnix coturnix*
Wachtelastrild / Quail Finch / *Ortygospiza atricollis*
Waffenkiebitz / Blacksmith Plover / *Vanellus armatus*
Waldnektarvogel / Collared Sunbird / *Anthreptes collaris*
Wanderfalke / Peregrine Falcon / *Falco peregrinus*
Weißbauch-Nektarvogel / Whitebellied Sunbird / *Nectarinia talatala*
Weißbrustkormoran / Whitebreasted Cormorant / *Phalacrocorax carbo*
Weißbürzel-Singhabicht / Pale Chanting Goshawk / *Melierax canorus*
Weißflügel-Seeschwalbe / Whitewinged Tern / *Chlidonias leucopterus*
Weißrückenente / Whitebacked Duck / *Thalassornis leuconotus*
Weißrückengeier / Whitebacked Vulture / *Gyps africanus*
Weißrücken-Nachtreiher / Whitebacked Night Heron / *Gorsachius leuconotus*
Weißstirn-Bienenfresser / White-fronted Bee-eater / *Merops bullockoides*
Weißstirn-Regenpfeifer / White-fronted Plover / *Charadrius marginatus*
Weißstirnweber / Thickbilled Weaver / *Amblyospiza albifrons*
Weißstorch / White Stork / *Ciconia ciconia*
Wellenastrild / Common Waxbill / *Estrilda astrild*
Wiedehopf / Hoopoe / *Upupa epops*
Wiener Astrild / Goldenbacked Pytilia / *Pytilia afra*
Wiesenweihe / Montagu's Harrier / *Circus pygargus*
Witwenpfeifgans / Whitefaced Duck / *Dendrocygna viduata*
Witwenstelze / African Pied Wagtail / *Motacilla aguimp*
Wollhalsstorch / Woollynecked Stork / *Ciconia episcopus*
Wollkopfgeier / Whiteheaded Vulture / *Trigonoceps occipitalis*
Woodfordkauz / Wood Owl / *Strix woodfordii*
Wüstenregenpfeifer / Sand Plover / *Charadrius leschenaultii*
Wüstenschmätzer / Karoo Chat / *Cercomela schlegelii*

Zweifarbenwürger / Swamp Boubou / *Laniarius bicolor*
Zwergadler / Booted Eagle / *Hieraaetus pennatus*
Zwergblatthühnchen / Lesser Jacana / *Microparra capensis*
Zwergflamingo / Lesser Flamingo / *Phoenicopterus minor*
Zwerg-Honiganzeiger / Slenderbilled Honeyguide / *Prodotiscus ambesiae*
Zwergrohrdommel / Little Bittern / *Ixobrychus minutes*
Zwergseeschwalbe / Little Tern / *Sterna albifrons*
Zwergsperber / African Little Sparrowhawk / *Accipiter minullus*
Zwergspint / Little Bee-eater / *Merops pusillus*
Zwergstrandläufer / Little Stint / *Calidris minuta*
Zwergsumpfhuhn / Baillon's Crake / *Porzana pusilla*

Reptilien

Angola-Python / Anchieta's Dwarf Python / *Python anchietae*

Baumnatter / Boomslang (Tree Snake) / *Dispholides typus*
Büschelbrauenotter / Western Many-horned Adder / *Bitis cornuta*

Felsenpython / African Rock Python / *Python sebae natalensis*

Gehörnte Puffotter / Horned Adder / *Bitis caudalis*
Glattechse / Fitzsimons' Burrowing Skink / *Typhlacontias brevipes*

Höcker-Landschildkröte / Tent Tortoise / *Psammobates tentorius*

Kapkobra / Cape Cobra / *Naja nivea*
Kapskink / Cape Skink / *Mabuya capensis*

Lappenchamäleon / Flapnecked Chameleon / *Chamaeleo dilepsis*
Lederschildkröte / Leatherback / *Dermochelys coriacea*

Nilkrokodil / Nile Crocodile / *Crocodylus niloticus*
Nilwaran / Water Monitor / *Varanus niloticus*

Pantherschildkröte / Leopard Tortoise / *Geochelone pardalis*
Puffotter / Puff Adder / *Bitis arietans*

Sandechse / Shovel-snouted Lizard / *Aporosaura anchietae*
Sand-Schildechse / Desert-plated Lizard / *Angolosaurus skoogi*
Schreigecko / Giant Ground Gecko / *Chondrodactylus angulifer*
Schwarze Mamba / Black Mamba / *Dendroaspis polypepis*
Stachelrand-Landschildkröte / Kalahari Tortoise / *Psammobates oculifer*
Steppenwaran / Rock Monitor / *Varanus albigularis*

Wüstenchamäleon / Namaqua Chameleon / *Chamaeleo namaquensis*
Wüstengecko / Webfooted Gecko / *Palmatogecko rangei*

Zwergpuffotter / Sidewinding Adder / *Bitis peringueyi*

Amphibien, Wirbellose

Afrikanische Radspinne / Wheel Spider / *Carparachne aureoflava*
Afrikanischer Ochsenfrosch (Gesprenkelter Grabfrosch) / African bullfrog / *Pyxicephalus adspersus*

Dünenameise / Namib Dune Ant / *Camponotus detrius*

Ernteameise / Harvester Ant / *Messor denticornis*

Gesprenkelter Grabfrosch (Afrikanischer Ochsenfrosch) / African bullfrog / *Pyxicephalus adspersus*
Gobabis-Garnele / Armoured Ground Cricket / *Acanthoplus discoidalis*
Grauer Baumfrosch / Grey Tree Frog / *Chiromantis xerampelina*

Kaplanguste / West Coast Rocklobster / *Jasus lalandii*

Marbled Rubber Frog / – / *Phrynomantis annectens*
Messing-Maulbrüter / Southern mouthbrooder / *Pseudocrenilabrus philander*
Mondfisch / Ocean Sunfish / *Mola mola*

Nebeltrinker / Fog Basking Beetle / *Onymacris unguicularis*

Rote Tiefseekrabbe / Deep-Sea Red Crab / *Chaceon maritae*

Saugwanze / Welwitschia Bug / *Probergrothius sexpunctatis*
Stechmücke (Anopheles-Mücke) / Mosquito / *Anopheles*

Tigerfisch (Tigersalmler) / Tiger Fish, Striped Water Dog / *Hydrocynus vittatus*

Pflanzen

Affenbrotbaum / Baobab / *Adansonia digitata*
Ahnenbaum / Leadwood Tree / *Combretum imberbe*
Aloe viridiflora / Aloe viridiflora / *Aloe viridiflora*
Anabaum / Ana Tree / *Acacia albida*

Baumaloe / Mopane Aloe / *Aloe littoralis*
Bärenohr, Schakalblume / Ausser Daisy / *Arctotis fastuosa*
Bitterbusch / Bitter Bush / *Pechuel-Loeschea leubuitziae*
Blutfruchtbaum / Purplepod Terminalia / *Terminalia prunioides*
Brandbergakazie / Brandberg Thorn / *Acacia montis-usti*
Buschmannkerze rötlich blühend / Bushman's Candle / *Sarcocaulon marlothii*
Buschmannkerze, blassgelb blühend / Bushman's Candle / *Sarcocaulon crassicaule*

Dolfholzbaum / Bloodwood, Mukwa / *Pterocarpus angolensis*
Drüsenakazie / Water Acacia / *Acacia nebrownii*
Dünen-Federgras / Kalahari Coach / *Stipagrostis amabilis*

Ebenholzbaum / False oder Wild Ebony / *Euclea pseudebenus*
Elefantenohren / Elephants Ears (Hedgehog Lily) / *Massonia depressa*

Farbkätzchenstrauch / Sickle Bush / *Dichrostachys cinerea*
Fensterpflanze / Window Plant (Babies Toes) / *Fenestraria rhopalophylla*
Flaschenbaum / Bottelboom / *Pachypodium lealii*

Gelbholz / Silver Terminalia / *Terminalia sericea*

Hakendornakazie / Black Thorn / *Acacia mellifera*
Halbmensch (Dickfuß) / Halfmens / *Pachypodium namaquanum*
Herzblattfeige / Namaqua Fig / *Ficus cordata*
Hirtenbaum s. Weißstamm
Honig-Mesquite / Honey Mesquite / *Prosopis glandulosa*
Hoodia Gordonii / Hoodia Gordonii / *Hoodia gordonii*

Kalahari-Wolfsmilch / – / *Euphorbia avasmontana*
Kameldornbaum / Camelthorn Tree / *Acacia erioloba*
Kandelabereuphorbie / Desert Euphorbia / *Euphorbia virosa*
Kapernstrauch / Sirub (Namib-Kaper) / *Capparis hereroensis*
Knopfdorn / Knobthorn / *Acacia nigrescens*
Köcherbaum / Kokerboom / *Aloe dichotoma*
Korallenbaum / Namib Coral Tree / *Erythrina decora*

Lebender Stein / Lithops / *Lithops sp.*
Leberwurstbaum / Sausage-tree / *Kigelia africana*

Maiden's Quiver Tree / *Aloe ramosissima*
Makalani-Palme / Real Fan Palm / *Hyphaene ventricosa*

Marula / Marula / *Scelerocarya birrea*
Mittagsblume / Red Ice-plant (Fyn t'nouroebos) / *Drosanthemum hispidum*
Mopane / Mopane / *Colophospermum mopane*
Moringa / African Moringo / *Moringa ovalifolia*

Nara / Nara / *Acanthosicyos horridus*

Papyrus / Papyrus / *Cyperus papyrus*

Riesenköcherbaum / Giant Quiver Tree / *Aloe pillansii*
Rosinenbusch / Raisin Bush / *Grewia sp.*

Sauerpflaume / Blue Sourplum / *Ximenia americana*
Schakalblume s. Bärenohr
Schilf / Reed / *Phragmites mauritianus*
Schirmakazie / Umbrellathorn / *Acacia tortillis*
Schwarzer Hakendorn / Black Thorn / *Acacia millifera subsp. detinens*
Südwester Edelweiß / South West Edelweiss / *Helichrysum roseo-niveum*
Süßdorn-Akazie / Sweet Thorn / *Acacia karroo*

Tamariske / Wild Tamarisk / *Tamarix usneoides*
Tambuti / Tamboti / *Spirostachys africana*

Weißstamm (Hirtenbaum) / Shepherd's Tree / *Boscia albitrunca*
Welwitschia / Welwitschia / *Welwitschia mirabilis*
Wilde Dattelpalme / Wild Date / *Phoenix reclinata*
Wilder Tabak / Wild Tobacco / *Nicotiana glauca*
Wüstensukkulente / Desert Succulent / *Trianthema hereroensis*

Englisch / Deutsch

Säugetiere

Aardwolf / Erdwolf
African Buffalo / Afrikanischer Büffel
African Elephant / Afrikanischer Elefant
African Wild Cat / Falbkatze (Afrikanische Wildkatze)

Banded Mongoose / Zebramanguste
Bat-eared Fox / Löffelhund
Black Rhinoceros / Spitzmaulnashorn, Spitzlippennashorn
Black-backed Jackal / Schabrackenschakal
Blackfaced Impala / Schwarznasenantilope
Blue Wildebeest / Streifengnu
Brown Hyaena / Braune Hyäne
Brukkaros Pygmy Rock Mouse / Brukkaros-Zwergfelsenmaus
Burchell's Zebra / Steppenzebra
Bushbuck / Schirrantilope

Cape Clawless Otter / Kap-Fingerotter
Cape Fox / Kapfuchs
Cape Ground Squirrel / Kap-Borstenhörnchen
Cape Hare / Kaphase
Cape Pangolin / Steppenschuppentier
Caracal / Wüstenluchs
Chacma Baboon / Bärenpavian

Cheetah / Gepard

Damara Dikdik / Kirk-Dikdik

Eland / Elenantilope

Gemsbok / Spießbock
Giraffe / Giraffe
Grant's Golden Mole / Goldmull
Greater Kudu / Großkudu

Hartmann's Mountain Zebra / Hartmann-Bergzebra
Hippopotamus / Großflusspferd

Impala / Schwarzfersenantilope

Kaokoveld Ground Squirrel / Kaokoveld-Borstenhörnchen
Klipspringer / Klippspringer

Lechwe / Moorantilope
Leopard / Leopard
Lion / Löwe

Oribi / Bleichböckchen

Porcupine / Südafrika-Stachelschwein
Puku / Puku-, Grasantilope

Red Hartebeest / Kuhantilope
Roan Antelope / Pferdeantilope
Rock Dassie / Klipp- oder Wüstenschliefer

Sable Antelope / Rappenantilope
Sassaby / Leierantilope
Scrub Hare / Buschhase
Sidestriped Jackal / Streifenschakal
Sitatunga / Sumpfantilope oder Sitatunga
Smith's Red Hare / Smith-Rothase
South African Fur Seal / Südafrikanische Pelzrobbe
Spotted Hyena / Tüpfelhyäne
Spotted-necked Otter / Fleckenhalsotter
Spring Hare / Springhase
Springbok / Springbock
Steenbok / Steinböckchen
Striped Polecat / Streifeniltis

Vervet Monkey / Grüne Meerkatze

Warthog / Warzenschwein
Waterbuck / Wasserbock
White Rhinoceros / Breitmaulnashorn, Breitlippennashorn
Wild Dog / Hyänenhund (Afrikanischer Wildhund)

Vögel

Abdim's Stork / Abdimsstorch
African Crake / Steppenralle
African Fish Eagle / Schreiseeadler
African Golden Oriole / Schwarzohrpirol
African Hawk Eagle / Habichtsadler
African Hobby Falcon / Afrikanischer Baumfalke
African Jacana / Blaustirn-Blatthühnchen

African Little Sparrowhawk / Zwergsperber
African Marsh Harrier / Froschweihe
African Pied Wagtail / Witwenstelze
African Rail / Kapralle
African Skimmer / Braunmantel-Scherenschnabel
African Spoonbill / Afrikanischer Löffler
Alpine Swift / Alpensegler
Antarctic Tern / Gabelschwanz-Seeschwalbe
Arctic Tern / Küstenseeschwalbe
Augur Buzzard / Augurbussard
Avocet / Säbelschnäbler

Baillon's Crake / Zwergsumpfhuhn
Barecheeked Babbler / Nacktohrdrossling
Barn Owl / Schleiereule
Bartailed Godwit / Pfuhlschnepfe
Bat Hawk / Fledermausaar
Bateleur / Gaukler
Bearded Woodpecker / Namaspecht
Benett's Woodpecker / Benettspecht
Black Coucal / Tulukuckuck
Black Crake / Mohrenralle
Black Crow / Kapkrähe
Black Cuckoo / Schwarzkuckuck
Black Eagle / Felsenadler
Black Egret / Glockenreiher
Black Harrier / Mohrenweihe
Black Korhaan / Gackeltrappe
Black Oystercatcher / Schwarzer Austernfischer
Black Sunbird / Amethyst-Glanzköpfchen
Black Stork / Schwarzstorch
Black Tern / Trauerseeschwalbe
Blackbellied Korhaan / Schwarzbauchtrappe
Blackbreasted Snake Eagle / Schwarzbrust-Schlangenadler
Blackcheeked Waxbill / Elfenastrild
Blackcrowned Night Heron / Nachtreiher
Blackheaded Heron / Schwarzhalsreiher
Blacknecked Grebe / Schwarzhalstaucher
Blackshouldered Kite / Gleitaar
Blacksmith Plover / Waffenkiebitz
Blackwinged Stilt / Stelzenläufer
Bleating Warbler / Grünrücken-Camaroptera
Blue Crane / Paradieskranich
Blue Waxbill / Angola-Schmetterlingsfink
Bluecheeked Bee-eater / Blauwangenspint
Booted Eagle / Zwergadler
Bradfield's Hornbill / Bradfieldtoko
Bronze-winged Courser/ Bronzeflügel-Rennvogel
Brown Firefinch / Großer Pünktchenamarant
Brown Snake Eagle / Einfarb-Schlangenadler (Brauner Schlangenadler)
Brownhooded Kingfisher / Braunkopfliest
Burchell's Courser / Rostrennvogel
Burchell's Sandgrouse / Fleckenflughuhn
Burchell's Starling / Riesenglanzstar
Burntnecked Eremomela / Rostkehl-Eremomela

Cape Cormorant / Kapkormoran
Cape Ganet / Kaptölpel
Cape Glossy Starling / Rotschulter-Glanzstar
Cape Parrot / Kappapagei
Cape Teal / Kapente
Cape Vulture / Kapgeier
Cardinal Woodpecker / Kardinalspecht
Carmine Bee-eater / Scharlachspint
Carp's Black Tit / Rüppellmeise
Caspian Tern / Raubseeschwalbe
Cattle Egret / Kuhreiher
Chestnutbanded Plover / Fahlregenpfeifer
Chirping Cisticola / Sumpfzistensänger
Cinderella Waxbill / Cinderella-Schönbürzel
Collared Sunbird / Waldnektarvogel
Common Quail / Wachtel
Common Sandpiper / Flussuferläufer
Common Tern / Flussseeschwalbe
Common Waxbill / Wellenastrild
Coppery-tailed Coucal / Angola-Mönchskuckuck
Coqui Frankolin / Coquifrankolin
Crested Barbet / Haubenbartvogel
Crested Francolin / Schopffrankolin
Crested Guineafowl / Kräuselhauben-Perlhuhn
Crimsonbreasted Shrike / Rotbauchwürger
Crombet / Langschnabel-Sylvietta
Crowned Cormoran / Kronenscharbe (Wahlbergscharbe)
Crowned Crane / Kronenkranich
Crowned Hornbill / Kronentoko
Crowned Plover / Kronenkiebitz
Cuckoo Hawk / Kuckucksweih
Curlew Sandpiper / Sichelstrandläufer

Damara Tern / Damara-Seeschwalbe
Dark Chanting Goshawk / Graubürzel-Singhabicht
Darter / Schlangenhalsvogel
Didrik Cuckoo / Goldkuckuck
Doublebanded Courser / Doppelband-Rennvogel
Doublebanded Sandgrouse / Nachtflughuhn
Dune Lark / Dünenlerche
Dusky Sunbird / Rußnektarvogel
Dwarf Bittern / Graurückendommel

Egyptian Goose / Nilgans
Emerald Cuckoo / Smaragdkuckuck
Ethiopian Snipe / Afrikanische Bekassine
European Bee-eater / Europäischer Bienenfresser
European Marsh Warbler / Sumpfrohrsänger
European Roller / Blauracke
European Sedge Warbler / Schilfrohrsänger

Fawncoloured Lark / Steppenlerche
Fiscal Shrike / Fiskalwürger
Flappet Lark / Baumklapperlerche
Forktailed Drongo / Trauerdrongo
Fulvous Duck / Gelbe Baumente

Gabar Goshawk / Gabarhabicht
Giant Kingfisher / Riesenfischer
Golden Weaver / Großer Goldweber
Goldenbacked Pytilia / Wiener Astrild
Goldentailed Woodpecker / Goldschwanzspecht
Goliath Heron / Goliathreiher
Gray's Lark / Namiblerche
Great White Egret / Silberreiher
Greater Flamingo / Großer Flamingo
Greater Honeyguide / Großer Honiganzeiger
Greater Kestrel / Steppenfalke
Greater Swamp Warbler / Papyrusrohrsänger

Green Twinspot / Grüner Tropfenastrild
Greenbacked Heron / Mangrovereiher
Grey Heron / Graureiher
Grey Hornbill / Grautoko
Grey Lourie / Graulärmvogel
Grey Phalarope / Thorshühnchen
Grey Plover / Kiebitzregenpfeifer
Greyheaded Gull / Graukopfmöwe
Greyhooded Kingfisher / Graukopfliest
Greywing Francolin / Graufügelfrankolin
Ground Hornbill / Hornrabe
Gymnogene / Schlangensperber

Hamerkop / Hammerkopf
Harlequin Quail / Harlekinwachtel
Hartlaub's Francolin / Hartlaubsfrankolin
Helmeted Guineafowl / Helmperlhuhn
Herero Chat / Namibschnäpper
Hobby Falcon / Baumfalke
Hoopoe / Wiedehopf
House Sparrow / Haussperling

Jackal Buzzard / Felsenbussard
Jackass Penguin / Brillenpinguin
Jameson's Firefinch / Rosenamarant

Kalahari Robin / Kalahariheckensänger
Karoo Chat / Wüstenschmätzer
Karoo Korhan / Namatrappe
Kelp Gull / Dominikanermöwe
Kittlitz's Plover / Hirtenregenpfeifer
Knobbilled Duck / Höckerente
Knysna Lourie / Helmturako
Kori Bustard / Riesentrappe

Lanner Falcon / Lannerfalke
Lappedfaced Vulture / Ohrengeier
Laughing Dove / Palmtaube
Lesser Blackwinged Plover / Trauerkiebitz
Lesser Flamingo / Zwergflamingo
Lesser Grey Shrike / Schwarzstirnwürger
Lesser Honeyguide / Kleiner Honiganzeiger
Lesser Jacana / Zwergblatthühnchen
Lesser Kestrell / Rötelfalke
Lesser Masked Weaver / Cabanisweber
Lesser Spotted Eagle / Schreiadler
Lilacbrested Roller / Gabelracke
Little Banded Goshawk / Schikra
Little Bee-eater / Zwergspint
Little Bittern / Zwergrohrdommel
Little Egret / Seidenreiher
Little Stint / Zwergstrandläufer
Little Tern / Zwergseeschwalbe
Longtailed Shrike / Elsterwürger
Longtoed Plover / Langzehenkiebitz
Ludwig's Bustard / Ludwigstrappe

Malachite Sunbird / Malachitnektarvogel
Marabou Stork / Marabu
Marico Sunbird / Bindennektarvogel
Marsh Sandpiper / Teichwasserläufer
Martial Eagle / Kampfadler
Masked Weaver / Maskenweber
Melba Finch / Buntastrild

Meves's Longtaild Glossy Starling / Meves-Glanzstar
Meyer's Parrot / Goldbugpapagei
Montagu's Harrier / Wiesenweihe
Monteiro's Hornbill / Monteirotoko
Moorhen / Teichhuhn
Mountain Chat / Bergschmätzer

Namaqua Sandgrouse / Namaflughuhn
Narina Trogon / Narina Trogon
Natal Francolin / Natalfrankolin

Olive Bee-eater / Madagaskar-Bienenfresser
Openbilled Stork / Klaffschnabel
Orange River Francolin / Rebhuhnfrankolin
Osprey / Fischadler
Ostrich / Strauß
Ovambo Sparrowhawk / Ovambosperber

Painted Snipe / Goldschnepfe
Pale Chanting Goshawk / Weißbürzel-Singhabicht
Palewinged Starling / Bergstar
Pallid Flycatcher / Fahlschnäpper
Pallid Harrier / Steppenweihe
Pearlspotted Owl / Perlkauz
Pel's Fishing Owl / Bindenfischeule (Fischeule)
Peregrine Falcon / Wanderfalke
Pied Babbler / Elsterdrossling
Pied Barbet / Rotstirn-Bartvogel
Pied Crow / Schildrabe
Pied Kingfisher / Graufischer
Pinkthroated Twinspot / Perlastrild
Purple Gallinule / Purpurhuhn
Purple Heron / Purpurreiher
Pygmy Falcon / Halsband-Zwergfalke
Pygmy Goose / Rotbrust-Zwergglans

Quail Finch / Wachtelastrild

Redbacked Shrike / Neuntöter
Redbilled Buffalo Weaver / Büffelweber
Redbilled Francolin / Rotschnabelfrankolin (Sandhuhn)
Redbilled Hornbill / Rotschnabeltoko
Redbilled Oxpecker / Rotschnabel-Madenhacker
Redbilled Quelea / Blutschnabelweber
Redbilled Teal / Rotschnabelente
Redbilled Woodhoopoe / Steppenbaumhopf
Redcrested Korhaan / Rotschopftrappe
Redeyed Bulbul / Maskenbülbül
Redheaded Weaver / Scharlachweber
Redknobbed Coot / Kammblässhuhn
Rednecked Falcon / Rothalsfalke
Rednecked Phalarope / Odinshühnchen
Redthroated Twinspot / Rotkehl-Tropfenastrild
Ringed Plover / Sandregenpfeifer
Rock Bunting / Bergammer
Rock Kestrel / Turmfalke
Rock Pigeon / Guineataube
Rockrunner / Klippensänger
Roseate Tern / Rosenseeschwalbe
Ross's Lourie / Rossturako
Rosyfaced Lovebird / Rosenpapagei (Rosenköpfchen)
Rueppell's Korhaan / Rüppelltrappe
Rueppell's Parrot / Rüppellpapagei
Rufousbellied Heron / Rotbauchreiher

Rufouscheeked Nightjar / Rostwangen-Nachtschwalbe
Rufoustailed Palm Thrush / Graubrusttrötel

Sacred Ibis / Heiliger Ibis
Saddlebilled Stork / Afrika-Sattelstorch
Sand Plover / Wüstenregenpfeifer
Sandwich Tern / Brandseeschwalbe
Scarletchested Sunbird / Rotbrust-Nektarvogel
Scimitarbilled Woodhoopoe / Sichelhopf
Scops Owl / Afrikanische Zwergohreule
Secretarybird / Sekretär
Sharpbilled Honeyguide / Schmalschnabel-Honiganzeiger
Sharptailed Starling / Keilschwanz-Glanzstar
Sicklewinged Chat / Namibschmätzer
Slaty Egret / Schieferreiher
Slenderbilled Honeyguide / Zwerg-Honiganzeiger
Sociable Weaver / Siedelweber
South African Shelduck / Graukopf-Rostgans
Southern Black Tit / Mohrenmeise
Spectacled Weaver / Brillenweber
Spotted Crake / Tüpfelsumpfhuhn
Spotted Dikkop / Kaptriel
Spottedbacked Weaver / Textorweber
Spurwinged Goose / Sporengans
Squacco Heron / Rallenreiher
Steppe Buzzard / Mäusebussard
Steppe Eagle / Steppenadler
Striped Kingfisher / Streifenliest
Swainson's Francolin / Swainsonfrankolin
Swallowtailed Bee-eater / Schwalbenschwanzspint
Swamp Boubou / Zweifarbenwürger
Swift Tern / Eilseeschwalbe

Tawny Eagle / Raubadler
Temminck's Courser / Temminckrennvogel
Thickbilled Weaver / Weißstirnweber
Threebanded Plover / Dreiband-Regenpfeifer
Trumpeter Hornbill / Trompeterhornvogel

Violet Woodhoopoe / Damara-Baumhopf
Violeteared Waxbill / Blaubäckchen (Granatastrild)

Wahlberg's Eagle / Silberadler
Wattled Crane / Klunkerkranich
Wattled Plover / Senegalkiebitz
Wattled Starling / Lappenstar
Western Banded Snake Eagle / Bandschlangenadler
Western Redfooted Kestrel / Rotfußfalke
White Helmetshrike / Brillenwürger
White Pelican / Rosapelikan
White Stork / Weißstorch
Whitebacked Duck / Weißrückenente
Whitebacked Night Heron / Weißrücken-Nachtreiher
Whitebacked Vulture / Weißrückengeier
Whitebellied Sunbird / Weißbauch-Nektarvogel
Whitebreasted Cormorant / Weißbrustkormoran
Whitebrowed Sparrow-Weaver / Mahaliweber
Whitecrowned Plover / Langspornkiebitz
Whitefaced Duck / Witwenpfeifgans
Whitefaced Owl / Büscheleule
White-fronted Bee-eater / Weißstirn-Bienenfresser
White-fronted Plover / Weißstirn-Regenpfeifer
Whiteheaded Vulture / Wollkopfgeier
Whitetailed Shrike / Drosselwürger
Whitewinged Tern / Weißflügel-Seeschwalbe
Wood Owl / Woodfordkauz
Wood Sandpiper / Bruchwasserläufer
Woollynecked Stork / Wollhalsstorch

Yellowbilled Egret / Mittelreiher
Yellowbilled Hornbill / Gelbschnabeltoko
Yellowbilled Kite / Schwarzer Milan
Yellowbilled Oxpecker / Gelbschnabel-Madenhacker
Yellowbilled Stork / Nimmersatt
Yellowthroated Sandgrouse / Gelbkehl-Flughuhn
Yellowthroated Sparrow / Gelbkehlsperling

Reptilien

African Rock Python / Felsenpython
Anchieta's Dwarf Python / Angola-Python

Black Mamba / Schwarze Mamba
Boomslang s. Tree Snake

Cape Cobra / Kapkobra
Cape Skink / Kapskink

Desert-plated Lizard / Sand-Schildechse

Fitzsimons' Burrowing Skink / Glattechse
Flapnecked Chameleon / Lappenchamäleon

Giant Ground Gecko / Schreigecko

Horned Adder / Gehörnte Puffotter

Kalahari Tortoise / Stachelrand-Landschildkröte

Leatherback / Lederschildkröte
Leopard Tortoise / Pantherschildkröte

Namaqua Chameleon / Wüstenchamäleon
Nile Crocodile / Nilkrokodil

Puff Adder / Puffotter

Rock Monitor / Steppenwaran

Shovel-snouted Lizard / Sandechse
Sidewinding Adder / Zwergpuffotter
Southern mouthbrooder / Messing-Maulbrüter

Tent Tortoise / Höcker-Landschildkröte
Tree Snake (Boomslang) / Baumnatter

Water Monitor / Nilwaran
Webfooted Gecko / Wüstengecko
Western Many-horned Adder / Büschelbrauenotter

Amphibien, Wirbellose

African bullfrog / Afrikanischer Ochsenfrosch (Gesprenkelter Grabfrosch)
Armoured Ground Cricket / Gobabis-Garnele

Deep-Sea Red Crab / Rote Tiefseekrabbe

Fog Basking Beetle / Nebeltrinker

Grey Tree Frog / Grauer Baumfrosch

Harvester Ant / Ernteameise

Marbled Rubber Frog / –

Mosquito / Stechmücke (Anopheles Mücke)

Namib Dune Ant / Dünenameise

Ocean Sunfish / Mondfisch

Tiger Fish, Striped Water Dog / Tigerfisch (Tigersalmler)

Welwitschia Bug / Saugwanze
West Coast Rocklobster / Kaplanguste
Wheel Spider / Afrikanische Radspinne

Pflanzen

African Moringo / Moringa
Aloe viridiflora / Aloe viridiflora
Ana Tree / Anabaum
Ausser Daisy / Bärenohr, Schakalblume

Baobab / Affenbrotbaum
Bitter Bush / Bitterbusch
Bloodwood, Mukwa / Dolfholzbaum
Black Thorn / Schwarzer Hakendorn
Blue Sourplum / Sauerpflaume
Bottelboom / Flaschenbaum
Brandberg Thorn / Brandbergakazie
Bushman's Candle / Buschmannkerze rötlich blühend
Bushman's Candle / Buschmannkerze blassgelb blühend

Camelthorn Tree / Kameldornbaum

Desert Euphorbia / Kandelabereuphorbie
Desert Succulent / Wüstensukkulente

Elephants Ears (Hedgehog Lily) / Elefantenohren

False oder Wild Ebony / Ebenholzbaum

Giant Quiver Tree / Riesenköcherbaum

Halfmens / Halbmensch (Dickfuß)
Hoodia Gordonii / Hoodia Gordonii
Honey Mesquite / Honig-Mesquite

Kalahari Coach / Dünen-Federgras
Knobthorn / Knopfdorn
Kokerboom / Köcherbaum

Leadwood Tree / Ahnenbaum
Lithops / Lebender Stein

Maiden's Quiver Tree / –
Marula / Marula
Mopane / Mopane
Mopane Aloe / Baumaloe
Mukwa s. Bloodwood

Namaqua Fig / Herzblattfeige
Namib Aloe / Namib-Aloe
Namib Coral Tree / Korallenbaum
Nara / Nara

Papyrus / Papyrus
Purplepod Terminalia / Blutfruchtbaum

Raisin Bush / Rosinenbusch
Real Fan Palm / Makalani-Palme
Red Ice-plant (Fyn t'noureobos) / Mittagsblume
Reed / Schilf

Sausage-tree / Leberwurstbaum
Shepherd's Tree / Weißstamm (Hirtenbaum)
Sickle Bush / Farbkätzchenstrauch
Silver Terminalia / Gelbholz
Sirub (Namib-Kaper) / Kapernstrauch
South West Edelweiss / Südwester Edelweiß
Sweet Thorn / Süßdorn-Akazie

Tamboti / Tambuti

Umbrellathorn / Schirmakazie

Water Acacia / Drüsenakazie
Welwitschia / Welwitschia
Wild Date / Wilde Dattelpalme
Wild Tamarisk / Tamariske
Wild Tobacco / Wilder Tabak
Window Plant / Fensterpflanze

Register

Verweise auf Abbildungen in **fetter Schrift**, auf Essays *kursiv* (im Text beige unterlegt), auf ausführliche Beschreibungen unterstrichen.

Tier- und Pflanzennamen

Orts-, Sach- u. Personenregister

Flamingos auf einer Lagune von Walfischbucht.

Bildnachweis

Amanzi Trails: 246
B. Fischer: 201 r
Heinrich-Barth-Institut / Erz: 107
H. Kesselmann: 110
A. Moult: 30, 31
Namibia Country Lodges: 59
Namibia Wildlife Resorts: 132
E. Pott: 187 u
J. Schmusch, Living Culture Foundation Namibia: 101
W. Wisniewski: 166 Mr
H. Zutter-Roth: 204 l, 228

Alle anderen Fotos: A. Sycholt

Umschlagfotos:
Hermann Brehm (vorne: Spießbock in der Namibwüste)
August Sycholt (hinten: Köcherbäume bei Keetmanshoop, Kalahari-Löwe, Giraffen-Kindergarten bei der Goas-Wasserstelle)

Fotos Seite 1 von links nach rechts: Zebras Olifantsbad, Sossus Vlei, Mähnenlöwe Okaukuejo, Mutterherde Klein Namutoni
Foto Seite 2/3: Mutterherde marschiert in der Abenddämmerung an der Okaukuejo-Wasserstelle auf.

Die Deutsche Bibliothek – CIP-Einheitsaufnahme

terra NaturReiseführer Namibia
August Sycholt
Steinfurt, Tecklenborg Verlag, 2013
ISBN: 978-3-939172-90-1
NE: Sycholt, August

Die Zusammenstellung der praktischen Reiseinformationen und die Beschreibung der Touren in diesem Führer erfolgten mit größtmöglicher Sorgfalt und mit Rücksicht auf die Natur. Bitte verhalten auch Sie sich entsprechend und beachten Sie im Interesse Ihrer eigenen Sicherheit die Hinweise des Autors, z. B. zu gefährlichen Wegstrecken. Ob eine Route gefährlich ist, hängt neben den Wetterverhältnissen auch von der persönlichen Konstitution des Reisenden ab. Befragen Sie im Zweifelsfall vor einer Reise ihren Hausarzt.
Bitte haben Sie Verständnis dafür, dass sich nach Erscheinen des Buches Wegführungen, Anschriften, Telefonnummern oder Internet-Adressen ändern können. Korrekturhinweise werden Autor und Verlag gerne aufgreifen.

1. Auflage 1999 BLV Verlag, München
2. Auflage 2013 (vollständig überarbeitet)
©Tecklenborg Verlag,
Siemensstraße 4, 48565 Steinfurt

Lektorat: Diana Kirstein
Karten: Christian Rolle, Holzkirchen; Tecklenborg Verlag
Karte vordere Umschlagklappe:
Angelika Thieme / mapdesign@arcor.de
Gesamtherstellung:
Druckhaus Tecklenborg, Steinfurt

Printed in Germany
ISBN: 978-3-939172-90-1